叱咤江湖立鳌头

——玩掼蛋超绝技巧

石巅 著

人民体育出版社

图书在版编目（CIP）数据

吒咤江湖立鳌头：玩掼蛋超绝技巧 / 石巅著. --北京：人民体育出版社, 2019（2023.11重印）
ISBN 978-7-5009-5542-9

Ⅰ. ①吒… Ⅱ. ①石… Ⅲ. ①扑克—牌类游戏—基本知识 Ⅳ. ①G892.1

中国版本图书馆CIP数据核字(2019)第047463号

*

人民体育出版社出版发行
三河紫恒印装有限公司印刷
新　华　书　店　经　销

*

850×1168　32开本　10.5印张　230千字
2019年7月第1版　　2023年11月第5次印刷
印数：6,201—8,200册

*

ISBN 978-7-5009-5542-9
定价：41.00元

社址：北京市东城区体育馆路8号（天坛公园东门）
电话：67151482（发行部）　　邮编：100061
传真：67151483　　邮购：67118491
网址：www.psphpress.com
（购买本社图书，如遇有缺损页可与邮购部联系）

献　辞

我生性好玩，爱好广泛，休闲时，喜欢做各种有趣的活动。休闲生活给了我很多乐趣，使我的心情非常愉快。在人生的每个阶段，我都有一些伙伴。我的伙伴陪伴过我，给我带来了许多欢乐。休闲生活是我人生的重要组成部分，伙伴是我生命中不能缺少的人。希望我以后的休闲生活更加丰富多彩、更能愉悦身心，希望我以后有更多更好的伙伴。享受我快乐的休闲生活，感谢我可爱的伙伴，谨以此书：

献给我的休闲生活和伙伴！

前 言

“掼蛋”游戏起源于江苏淮安民间，由“争上游”和“双升级”等扑克游戏发展演化而来。据说掼蛋最早产生于20世纪60年代。掼蛋规则经过多年的逐步变革，在21世纪前基本完善。2017年4月15日，国家体育总局棋牌运动管理中心在淮安市正式对外发布国家版《淮安掼蛋竞赛规则》，使掼蛋游戏有了统一规范的权威规则。掼蛋游戏是四个人用两副扑克来玩，牌手分成两方，每方皆有二人，人员数量均衡，而且，每位牌手的全牌数量相同，没有底牌，四个人在游戏中的地位相同，是典型的对称分组。淮安人把力度和幅度大的摔、甩动作叫“掼”。这种游戏的炸弹较多，出炸弹时牌手的动作往往很有气势，打起来显得非常激烈，很多人出炸弹时的样子很像“掼”东西的架势，因此，当地人就在早期把这种游戏俗称为“掼弹”。“弹”与“蛋”读音相同，而“蛋”更贴近群众的生活，以前，人们在写这种游戏的名称时，既有写作“掼弹”的，也有写作“掼蛋”的。2005年6月14日，淮安网开发的掼蛋游戏正式上线，游戏名称被命名为“掼蛋”，《淮安日报》为此发布了第一个关于掼蛋的新闻，“掼蛋”的正式写法面世，之后，人们就统一将这种游戏写成“掼蛋”了。

掼蛋游戏的规则简明、合理，打法复杂、多变。它不设庄家，不留底牌，同一方的两个人座次相隔，对面而坐，所有人的地位都是一样的，因此，各家技巧的运用相同，打法一致。它的牌型种类多样；在连牌中A可以下放为2的下一级；级牌既可以当点值仅次于小王的特大牌用，又可以回归到原点值组连牌用；有两张百搭牌，可以代替除大小王之外的任意牌，因此，手牌调配变化多端，组合灵活机动。

掼蛋游戏的多种牌型都是五六张的多张牌组成；炸弹数量总体上多；牌手对他人手牌的牌形不好推断，对敌人炸弹的多少和大小不易判断；双方座次交错，各家的下一家都是敌人，每一家都在一定程度上担负着进攻和防守的双重责任；头游出完牌后，战斗并未结束，要一直等到对家的名次决出才算结束，残局剩下两三个人时仍然打得不亦乐乎。因此，在众多的扑克牌游戏中，掼蛋游戏的行牌过程刺激而曲折，牌局场面热闹而有趣，打起来既显得气势磅礴，又让人感到酣畅淋漓，是一种娱乐性强、魅力极大的扑克游戏。其原理简单，新手一听就懂，一学就会，入门非常容易；在打牌过程中，新手经常会因为运气好或得到对家的帮助而获胜。所以，很多人一旦学会，就会对它产生兴趣。但掼蛋游戏的组牌变化大，在行牌过程中需要不断根据牌情发展变化进行调整，对家的配合对牌局的影响很大，打好并不容易；随着打牌次数的增多，牌手会发现掼蛋很讲究技巧、打法很奥妙，容易激发起研究的热情。所以，很多人越打越爱打，长期保持着浓厚的兴趣。而且，掼蛋游戏的牌具简单、对场地的要求不高，成本十分低廉，组织起来非常容易。正因为如此，起源于地方、发明于民间、先前全靠群众自发扩散的掼蛋游戏，流传速度并不算慢，流传范围也不算小，深受各界人士喜爱，群众基础广泛而牢固。它每流传到一地，就能感染一方，吸引许许多多的爱好者热情参与。如今，会玩掼蛋、爱玩掼蛋、常玩掼蛋的人有成千上万。而且，这种游戏的扩散潜力巨大，发展势头很好，大有普及全天下之势。

掼蛋游戏完全是在民间萌芽、发展、成熟起来的，其名字虽然朴实直率，但打法并不简单粗糙，需要较高的智慧和较大的勇气。掼蛋的输赢判定取决于首位出完牌的人是谁，成绩大小与其余三家的名次相关，一方的成绩由两名队员共同决定；进攻和防守都需要对家密切配合才能达到最佳效果，好的成绩多是二人协作配合取得的，因此，牌手要有很强的团队精神尤其是牺牲精神。无论从牌手的座次关系上看，还是从行牌的过程特点上看，掼蛋的打法都要以进攻为主，同时兼顾防守，牌手要既攻又防，边攻边防，攻防结合，适时转化。掼蛋游戏牌情发展快、组牌变化大、出牌方法多，牌手要因牌定计、因势设谋，反应迅速、应对灵活，因此，要有很高的统筹能力和运筹能力。可以说，玩掼蛋既是人们休闲消遣的好方式，也是锻炼智力的好途径，还是社会交往的好渠道，它不但能愉悦人们的心情，而且能提高人们的能力。

在玩掼蛋游戏时，有的人觉得主要靠运气。我不否定运气对牌局的重大影响，但我认为技巧更加重要。手牌好坏的随机因素与行牌过程的偶然因素对牌局的影响的确很大，往往会直接决定输赢。但是，人的运气总是时好时坏，从长期看，人们的运气总体是差不多的。那么，为什么有的牌手经常赢，而有的牌手经常输，就是因为各人的水平有高有低。所以，掼蛋玩得如何，最终还是由牌手的水平决定的。

虽然由于运气因素的重要影响，即使水平很高的牌手，也不能保证场场都赢。但是，高水平的牌手组牌恰当，攻防科学，打法灵活，配合密切，无论拿到好牌差牌，都能发挥出牌的最大效能，打出最好成绩，赢得多，输得少。在风云变幻的牌场上，我们常见炉火纯青、登峰造极的高手在打牌时老谋深算、出神入化、游刃有余、挥洒自如、叱咤风云、笑傲江湖，就是因为他们怀有超绝的技巧。所以，玩掼蛋的技巧非常重要，凡是想打好掼蛋游戏的人，不能不重视玩掼蛋的技巧。

掼蛋游戏于20世纪90年代后期开始逐步从淮安向周边地区流传，不断向外蔓延。淮安离安徽不远，据说掼蛋游戏在20世纪末已经开始在安徽北部流行开了，之后不断扩散，逐渐盛行于安徽全省各地，多年来长盛不衰。我在安徽长期工作生活，前些年就接触过掼蛋游戏，但只是偶一为之。近几年，掼蛋的影响持续扩大，玩的人越来越多，逐渐代替了其他扑克游戏的主流地位。2015年，我开始经常玩这种游戏。随着玩牌次数的不断增多，我对掼蛋游戏的认识渐渐深入，慢慢喜欢上了它。在玩牌的过程中，我有不少心得体会，觉得有必要系统地总结一下经验和教训，把玩掼蛋的技巧写成一本书。2017年6月，我开始写这本书，半年后写成了初稿，之后对书稿进行了多次修改，如今，我觉得这本书稿的体系比较完整、内容比较全面，可以成形出版了。但是，玩掼蛋游戏只是我的业余爱好，我对它的研究还比较粗浅、片面，因此，书中肯定还存在一些疏漏。并且，由于我写作水平有限，许多地方写得还不是很好。对于书中的错误和不当之处，我诚恳地请各位读者和牌坛高手不吝指教，来信请发电子邮件至sd822@163.com或sd822@sina.com。您的任何批评、指正、建议、讲授都是对我的帮助，我不胜感激！

作 者

2018年11月

目 录

第一章　游戏规则简介

掼蛋游戏是四个人用两副扑克玩。这种游戏的分组具有典型的对称性，两人一组结为同盟，二对二进行对抗，各位牌手的全牌数量相同，在游戏中的地位没有差异。同一方的两个人座次相隔，对面而坐，对自己来说，对家是同盟，上家和下家是敌人。如图1–1所示。

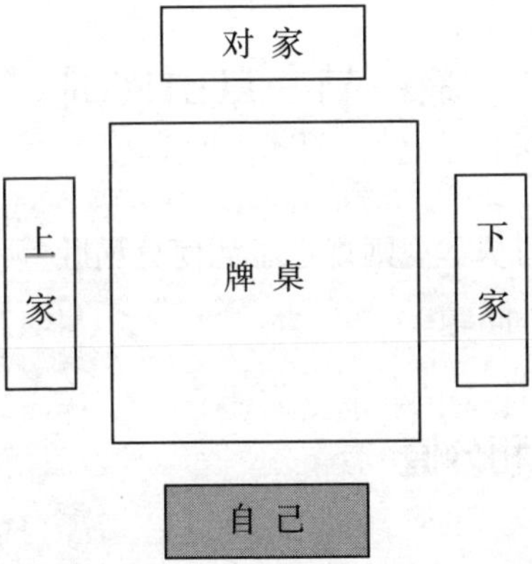

图1–1

随着掼蛋游戏的发展，其规则也日渐成熟、完善。目前，虽然各地掼蛋规则还不完全一样，但基本规则越来越趋向科学、统一。可以说，掼蛋游戏已经基本形成了固定的规则。

为了帮助初学的牌手全面掌握掼蛋游戏的规则，也为了保持本书的系统完整，本章专门简介掼蛋游戏的规则。

为行文方便、使读者看得清晰自然，本书中，由大小相同的牌组成的牌型，牌与牌之间没有间隔，例如QQQQ、999、55；由大小不同的牌组成的牌型，不同大小的牌之间用“-”连接，例如101010-22、9-8-7-6-5、AA-KK-QQ、444-333；任意大小的牌用“x”“y”“z”等英文字母代替，例如“xx”，表示任意一对；牌的不同花色，用该花色图案表示，红心用“♥”、黑桃用“♠”、方块用“♦”、梅花用“♣”，说牌时如果需要说明花色，就先说花色，后说点值，连续多张牌的花色相同时，后面可不再说花色，例如♥4♠4、♦J-10-9-8-7。

第一节　基本规则

掼蛋游戏的基本规则规定了如何分出胜负和在程序上如何进行游戏等核心问题。

一、输赢和分值

掼蛋游戏一局的输赢判定有两种基本规则，一种是传统的升级玩法，一种是创新的计分玩法。传统的升级玩法一局不论盘数，从2打起，每盘的赢家升一定的级数，直到一方打过A算一局结束，打过A的一方获胜。创新的计分玩法一局规定一定的盘数，每盘始终打2或随机决定打几（例如随机抽一张非王牌，其点值加1），赢家得分，一局结束时，累积得分多的人获胜。

每一盘，以是否先出完牌论胜负，先出完的一方是赢家，另一方是输家。

传统的升级玩法规定的升级级数，根据赢家二人的名次，分三个档次。赢家是头游和二游的，多数规定升3级，也有规定升4级的；赢家是头游和三游的，升2级；赢家是头游和末游的，升1级。升级玩法一般同时规定要进还贡。

升级玩法对打A时一般还有一些特别规定。有的规定A必打，即打A前即使升级可以超过A，也只能打A；有的规定A不必打，只要所升级数超过A，就算打过A了。规定A必打的，有的规定打A一方的一家必须取得头游，另一家不为末游就可以过关；有的规定打A一方的一家必须取得头游，另一家必为二游才能过关；有的规定打A一方的一家只要取得头游就算过关。规定另一家必须是二游或不为末游才能过关的，即使一家取得头游，如果另一家是三游或末游，下盘仍然打A。有的还规定三次打A如果不过关，就降级，有的规定降回到2，也有的规定降回到10或J。

创新的计分玩法规定的得分分值，也是根据赢家二人的名次，分三个档次。一般规定，赢家是头游和二游的，得3分；赢家是头游和三游的，得2分；赢家是头游和末游的，得1分。也有规定其他分值大小的，例如300分、200分、100分。

二、座次和换位

传统的升级玩法两人固定结对，相对位置关系只有两种。座次顺序在一局开始前，按照抽签或其他办法决定。每局座次固定下来后，一般不再换座位。

创新的计分玩法既有两人固定结对的牌局，也有随机结对的牌局，随机结对的牌局较多。

计分玩法中随机结对的牌局，每盘都要根据具体的随机情况看如何结对和换位。人们也把这种玩法形象地叫作“掼蛋团团转”。第一盘的起牌座次由四个人按照随机抽签决定，一般是抽四张牌，按照大小或花色决定座次。以后各盘的起牌座次就是上一盘的行牌座次。每盘洗牌后，随机抽取一张牌，翻明随机插入牌摞中，一般可以放在切牌时后揭的那沓牌的最上面。甲牌手揭到明牌后，他在当盘的座位就不动了。如果甲牌手的上家或下家揭到了另一张和明牌相同的牌，他就与甲牌手的对家互换座位，在当盘与甲牌手结对，另两家结对。如果甲牌手的对家或自己揭到了另一张和明牌相同的牌，那么，结对情况不变，很多牌局也规定就不用换座位了。我认为，即使甲牌手或其对家揭到了另一张和明牌相同的牌，也应该换座位。这种情况下，虽然结对情况不变，但为了使相对位置关系发生变化，甲牌手的两个对手应该互换座位，这样更科学。如此一来，计分玩法随机结对的牌局，每一盘都会有人换座位，这才是名副其实的掼蛋团团转！

三、备牌和起牌

掼蛋用的工具是两幅扑克，共108张牌。

每一盘起牌前，为了使牌的次序随机排列，都要洗牌。每局第一盘，可以由牌手随机洗牌。以后各盘，可以规定根据上一盘牌手的名次按一定规则洗牌，比如，由末游或双下时头游的下家洗牌。

在每盘起牌前，先要切牌。“切牌”就是由牌手把整摞牌从中间随意一处切开，以便指定从何处开始起牌。切牌时往往会把一摞牌拦腰搬开，因此，也叫“腰牌”或“搬牌”。每局第一盘，可以由不洗牌的任一位牌手或洗牌者的对手任一位牌手切牌；以后各盘，可以由头游或首先揭牌人的上家切牌。

传统的升级玩法各局的第一盘和创新的计分玩法的每一盘，要随机决定揭牌和出牌顺序，因此，一般规定，切牌时，要求翻出一张除大小王外的明牌，根据明牌的点值，从翻牌人开始逆时针计数，数到明牌点值大小的牌手先揭牌。

传统的升级玩法各局的以后各盘，一般规定末游或双下时头游的下家先揭牌。

翻明牌时，在洗好的牌中，任意取出一张牌，翻为正面朝上的明牌，明牌如果是王，要重新取。之后，把明牌随机插于牌摞中，其位置只要不过于偏上或偏下，都是可以的。为了方便，人们常常这样切牌：把牌搬成两沓，先起原牌下部分那沓，在搬牌之前或之后顺便把其中任一沓最上面的牌作为明牌放在后起的那沓牌的最上面。

牌备好后，就可以起牌了。起牌就是各家把牌揭到手中的过程。根据牌局规则，先揭牌的人揭第一张，然后按照逆时针的顺序依次循环揭牌，直至把108张牌揭完。起完牌后，每位牌手的牌都是27张。

起牌时，牌手要一边揭牌一边整理，为行牌，或还要为进还贡做准备。如果在起牌过程没有把牌充分理好，揭完牌后，牌手还可以专门理牌。

在起牌过程中，一般起到明牌的人可以把明牌放在自己跟前，不要插入牌面中，以免出现有人忘记自己曾经起过明牌，等牌起完后四家都不知道是谁起的明牌的情况。

使用自动发牌机（桌）时，洗牌和发牌按设定的程序进行。

四、进贡和还贡

创新的计分玩法中，随机结对的牌局肯定不会规定进还贡，固定结对的牌局一般也规定不进还贡。传统的升级玩法一般规定要进还贡。

上一盘的末游或三游向头游或二游贡献除逢人配外的一张最大牌，叫“进贡”。头游或二游收贡后，向进贡者返还一张牌，叫“还贡”。

每局游戏的第一盘不存在进还贡问题，从第二盘开始，牌手在起完牌后，要根据前一盘的名次，先进行进贡和还贡环节，尔后才开始行牌。

进贡分为双贡和单贡，双贡即两人进贡，单贡即一人进贡。

如果头游和二游为同一方，则另一方两人皆须进贡。进贡时，输家两人先把手中的贡牌拿出来，头游收取较大的牌，二游收取较小的牌。若两张贡牌大小相同，有两种规定。一种规定是，先由头游挑选，剩下的给二游；一种规定是，头游和二游各收取其下家或上家的贡牌，尤其是两张贡牌的花色也相同时。

如果头游和二游不为同一方，则只须末游向头游进贡。

牌手收贡后，要还贡。有的牌局规定还贡不论大小，可以还任意牌；有的规定必须还10以下的小牌。规定还10以下的，有的规定包括10，有的规定不包括10。还有的规定还给对家时，不能大于10；还给敌方时，可任意大小。

双贡时，有的规定收谁的贡，就向谁还贡，进贡方的两人不能挑选还贡的牌；有的规定两张进贡牌相同时，进贡方的两人可以挑选还贡的牌；有的规定不论进贡牌相同不相同，进贡方的两人都可以挑选还贡的牌。

双贡时，为避免后进贡者根据先进贡的牌决策自己如何进贡，一般规定，进贡者把牌选好后，牌面要朝下放于桌面，待两张贡牌都放到桌上后，再由进贡者翻明。同理，还贡时，为避免后还贡者根据先还贡的牌决策自己如何还贡，一般规定，还贡时，牌面也要先朝下放于桌面，待两张还贡牌都放到桌上后，再由还贡者翻明。如果还贡的牌不允许进贡方挑选，也可以等两张还贡牌都放到桌上后，由收还贡牌者先亮明，再插到自己的手牌中。

单贡时，如果头游和末游不为同一方，那么，进贡和收贡的人是游戏的敌对方；如果头游和末游为同一方，那么，进贡和收贡的人是游戏的同一方。向敌对方和同一方进还贡的技巧是不同的。

掼蛋游戏还规定，如果应该进贡的人揭到了两张大王，就不用进贡了，即“抗贡”。两张大王无论是单贡时的进贡者独自揭到的，还是双贡时的进贡者两家共同或其中一家独自揭到的，都满足抗贡条件，不进贡。当然，不进贡，也就不还贡。

五、行牌和唱牌

各位牌手整理好牌后，就可以行牌了。“行牌”就是指出牌的全部过程，也叫“走牌”。

创新的计分玩法的每一盘和传统的升级玩法各局的第一盘，由揭到明牌的人先出牌。

传统的升级玩法各局的以后各盘，由进贡情况决定谁先出牌。在不抗贡的情况下，如果是单贡，则由进贡者出牌。如果是双贡，当贡分大小花色时，由向头游进贡者先出牌；当贡不分大小花色时，由头游的下家先出牌，也有规定进贡方可以商量决定由谁先出牌的。在抗贡的情况下，由头游先出牌。

先出牌者首发牌后，牌手按逆时针顺序依次决定是否要牌，不断循环，直到某家之后的三家都不要，第一轮出牌就结束了。每一轮结束后，再由当轮最后出牌的人，即上手的人发牌，开始下一轮出牌。照此不断进行，直至决出各位牌手的名次。如果同一方的两人获得了头游和二游，由于另一方双下，因此，不必再决出三游和末游，当盘就结束了。如果不同方的两人获得了头游和二游，那还须决出三游和末游。

头游或与头游不是同一方的二游出完牌后，如果无人压牌，下一轮该由谁发牌？这存在一个借风问题。“借风”是指一盘游戏未结束时，有牌手出完其全手牌后，在无人压牌的情况下，由未出完牌的某位牌手借着顺风取得下一轮的发牌权。借风也叫“接风”。

借风分为下家借风和对家借风两种规则。我主张对家借风。因为，如果规定下家借风，那么，当下家是对手时，牌手会为了不让下家顺利借风，而在最后想办法把自己的牌力变弱，这不符合掼蛋游戏的基本牌理和打牌精神。如果规定对家借风，那么，牌手会为了让对家顺利借风，而在最后想办法把己方的牌力发挥到最强，这更符合掼蛋游戏的基本牌理和打牌精神。

牌手双方的对抗淋漓尽致地体现在行牌的全部过程中，行牌情况充分展现了牌手技巧的优劣。掼蛋的行牌过程非常激烈、特别有趣，是打牌最精彩的部分。

行牌过程中，没有轮到牌手要牌时，牌手不能提前表态要不要；轮到牌手要牌时，无论牌手要不要，都应该及时、主动表态。如果牌手要牌，可以先说“要”，然后出牌；也可以直接出牌。如果不要，应该口头声明，说“不要”或者“过”“走”。日常游戏中，有的地方在打牌时也用没有歧义的动作表示，比如敲桌面表示不要。无论是口头声明还是动作表示，只要意思明确，都是可以的。为避免引起争议，牌手在应该表态时不能迟迟不表态，或者表态时意思不清。比如，出对子时，南家出了33，东家半天不说话，北家以为东家不要，就顺了55，结果东家这时说：“不行，我还没有说话呢！”再如，有的牌手在表态时说：“大！”别人以为他不要，就出牌了，结果这时，他让人把牌拿回去，自己上了个炸弹，还振振有词地说：“我说‘大’是指这个牌能封顶，又没有说我不要。”

为避免引起争议和作弊，牌手在出牌时，要一次性把一手牌出完，不能一手牌分几次出。出三带对和连牌时，还应该把所有牌张按照一定的顺序一次性出完。逢人配与其他牌搭配着出时，应该放在其所代替牌的应有位置处。

无论是发牌还是要牌，牌手在出牌时，应该主动唱牌。所谓“唱牌”，就是牌手在出牌的同时或预先大声说出自己出的牌是什么。唱牌的目的是为了让其他牌手听清楚自己出的是什么牌，所以，唱牌时声音要清晰、宏亮。打牌时，牌桌上四个人的距离都很近，因此，唱牌时也不必用太大的声音，只要其他人能听清楚就行了。唱牌时应该具体，既要说所出牌的类型，又要说所出牌的大小。如果是用同种类型的牌压，牌型没有变，在日常游戏时也可以不说牌型，只说大小，这不会引起争议。而如果是发牌，或者用炸弹压牌，唱牌时就应该说全。

实战中，如果牌手出牌后不唱牌，后面的牌手可能会因为看不清楚或不敢肯定自己是否看清楚而问出牌的人，或者拨开牌仔细看，这样很麻烦，也浪费时间。如果前面的牌手出牌时不唱牌，而后面的人既没有问，也没有仔细看，还很有可能把牌看错。比如，把444-333看成了444-33或333-44，把QQQQQ看成了QQQQ……这些情况在日常游戏中经常出现。

另外，牌手出牌时如果不唱牌，其他人可能会问，这就给了一些牌手借问牌传递情报的机会。比如，西家发三连对后，北家手中刚好有一个大三连对，他就可能会问出的是什么牌，这样，南家很可能会通过北家问话时的口气得知一些信息，这很可能对西家一方不利。

六、报牌和问牌

掼蛋以先于敌方出完牌为赢。当牌手的余牌在一定张数以内时，往往能很快把牌出完。为了有针对性地攻防，一般地，掼蛋游戏规定，如果某家牌的余数在十张（有的地方也规定六张或七张）以内，就有报牌的义务；相应地，牌手也有问牌的权利。

“报牌”就是告诉大家手中还余有几张牌，也叫“报张”。十张以上不必报张。

“问牌”就是问某位牌手余牌的数量。当然，如果被问及的牌手余牌的数量在十张以上，就不用报。

有的牌局规定必须主动报牌，这样的话，如果牌手在余牌数量为十张以内时没有报牌，即使先把牌出完，也不能算赢牌。

有的牌局规定报牌要主动报，有的规定他人问时才报；有的规定只报一次，有的规定只要问牌就得报；有的规定不能问，有的规定可以随时问。

笔者主张：牌手在第一次出现十张以内的情况时，自己必须主动报牌。之后，只有在问及时才能报牌。这样规定好处较多。

一方面，主动报牌能够使牌手更好地进行攻防。从防的角度讲，如果牌手不知道对手的牌已在十张以内，在防御对手时，有可能会因为不知道对手的余牌数量而产生失误，甚至有可能会被对手偷袭。从攻的角度讲，如果对家主攻，他的牌在十张以内而自己不知道，在配合对家进攻时，有可能会因未掌握对家的余牌数量而产生失误，甚至有可能犯很低级的错误。而且，事实上，凡规定不问则不报的牌局，大家一般都在不停地问牌，反而麻烦。

另一方面，不允许牌手随便问牌和报牌能够避免牌手借问牌和报牌的机会向对家传递信息，或者欺骗对手。如果允许随便问牌，有的牌手会在其他牌手还有很多牌、明显没有问牌的必要时借问牌向对家表明自己有炸、有大炸。这对对手不公平。如果规定牌手第一次出现十张以内主动报牌，之后他人才能问牌，否则不能问牌，牌手就不能在其他牌手余牌很多时借问牌表明自己有炸弹。如果允许十张以内可以随便报牌，有的牌手会借报牌向对家暴露自己的牌型，或借报牌欺骗对手。这对对手威胁更大。如果规定第一次报牌后不问则不报，问了才能报，牌手就不能借主动报牌暴露自己的牌型。

第二节　牌值大小

掼蛋游戏的牌值有大小之分。

一、基本规定

掼蛋游戏是打级的，级牌地位高，游戏规定级牌大于除王外的其他牌。也就是说，大王最大，其次是小王，再次是级牌，然后再按A、K、Q、J、10、9、8、7、6、5、4、3、2的顺序论大小。

各种牌型的牌值均以各牌点值大小的基本规定为依据论大小。

二、特殊规定

掼蛋游戏有三种特殊牌，它们的大小是可以变化的。

（一）级牌

当盘的级别牌，叫“级牌”。在连牌中，级牌仍然只当作原牌值使用。例如，当级打8，8在连牌中，只能向上与9、向下与7相连，不能向下与A相连。

（二）百搭牌

红心级牌可以代替除大小王之外的任意牌，与一些相关牌搭配着组牌，因此，人们把它叫“逢人配”。由于逢人配在组牌时可以代替任何一张除王之外的牌，近似于百搭牌，因此，人们也把它叫作“百搭牌”。

有些地方把王叫鬼。既然王是“鬼”，那么其他牌就是“人”了。由于当级红心牌不能代替鬼，只可代替人，因此，从这个意义上说，百搭牌叫“逢人配”更为恰当。

红心级牌配成同牌（包括同牌炸弹）时，其大小与所配牌相同；配成连牌（包括同花顺炸弹）时，其大小及花色与所缺牌相同。

逢人配在与一些牌搭配时，会出现既可以代替这一张这么配牌，也可以代替那一张那么配牌的情况。

一是，逢人配与两个对子搭配时，既可以配成较大的三带对，也可以配成较小的三带对。例如，逢人配与QQ、33搭配时，既可以代替Q配成QQQ–33，也可以代替3配成333–QQ。

二是，逢人配与不含A的四连单搭配时，既可以配成较大的五连单，也可以配成较小的五连单。例如，逢人配与J、10、9、8搭配时，既可以代替Q配成Q–J–10–9–8，也可以代替7配成J–10–9–8–7。

三是，逢人配与同一花色的四连单缺乏、五连单缺一搭配时，既可以配成同花顺，也可以配成杂花顺。例如，逢人配与♣7、6、5、3搭配时，既可以代替♣4配成同花顺♣7–6–5–4–3，也可以代替其他4配成杂花顺7–6–5–4–3。

两张逢人配同时与一些牌搭配时，会出现既可以代替这两张这么配牌，也可以代替那两张那么配牌的情况。

一是，两张逢人配同时与三头搭配时，既可以配成五头炸，也可以配成三带对。例如，两张逢人配与999搭配时，既可以代替两个9配成五头炸99999，也可以代替除9外的任意一个对子配成三带对999–xx（除王外）。

二是，两张逢人配同时与一对一单搭配时，既可以配成较大的三带对，也可以配成较小的三带对。例如，两张逢人配与AA、2搭配时，既可以代替一个A和一个2配成AAA–22，也可以代替两个2配成222–AA。

三是，两张逢人配同时与不含A、K、2的三连单搭配时，既可以配成大的五连单，也可以配成中的五连单，还可以配成小的五连单。例如，两张逢人配与8、7、6搭配时，既可以代替一个10和一个9配成10–9–8–7–6，也可以代替一个9和一个5配成9–8–7–6–5，还可以代替一个5和一个4配成8–7–6–5–4。

四是，两张逢人配同时与不含A的四连单缺一，或含K或2

的三连单搭配时，既可以配成较大的五连单，也可以配成较小的五连单。例如，两张逢人配与5、4、2搭配时，既可以代替一个6和一个3配成6–5–4–3–2，也可以代替一个3和一个A配成5–4–3–2–A。再如，两张逢人配与K、Q、J搭配时，既可以代替一个A和一个10配成A–K–Q–J–10，也可以代替一个10和一个9配成K–Q–J–10–9。

五是，两张逢人配同时与同一花色的三连单、四连单缺一、五连单缺二搭配时，既可以配成同花顺，也可以配成杂花顺。例如，两张逢人配与♦J、9、7搭配时，既可以代替一个♦10和一个♦8配成同花顺♦J–10–9–8–7，也可以代替至少一张不是方块的其他10和8配成杂花顺J–10–9–8–7。

六是，两张逢人配同时与两连对搭配时，既可以配成双飞，也可以配成三连对；配三连对时，既可以配成较大的三连对，也可以配成较小的三连对。例如，两张逢人配与88、77搭配时，既可以代替一个8和一个7配成双飞888–777，也可以代替两个9配成三连对99–88–77或代替两个6配成三连对88–77–66。

出以上六种情况的牌组时，牌手要唱出其牌型及大小，必要时还要说明逢人配具体代替的是什么牌。

（三）下放牌

下放牌就是A。在出连牌时，A可以下放，排在2之后，算最小的点数1。A下放可以形成三种连牌，分别是：五连单（包括杂花和同花）5–4–3–2–A、三连对33–22–AA、双飞222–AAA。

第三节　牌型种类

一般地，掼蛋游戏的牌型可以分为四类。第一类是单牌；第二类是同牌，包括对子、三头、三带对，共三种牌型；第三类是连牌，包括杂花顺（杂花五连单）、三连对、双飞（两连三），共三种牌型；第四类是炸弹，包括王炸、同牌炸、同花顺（同花五连单）炸。牌的种类也可以叫“门类”，还可以简称为“门”。

相对于单牌来说，同牌、连牌、炸弹都是整牌。由于炸弹特殊，因此，人们在说整牌时，常常不包括炸弹，指的就是同牌和连牌。又由于同牌是基本的整牌，因此，有的时候，人们所说的整牌仅指同牌。

炸弹是特殊牌，相对于炸弹来说，其他牌就是一般牌，或说普通牌。

在一般牌中，单牌、对子和三头是基本牌型，其他牌型都是由基本牌型构成的。基本牌型的牌数在三张以内，属于少牌类牌型；三带对、杂花顺、三连对和双飞等牌型的牌数在五张以上，属于多牌类牌型。

除炸弹外，其他各种牌型只能压相同的牌型，不同种类的牌型之间不能相压。也就是说，相同的牌型才有大小之分，不同的牌型没有可比性。炸弹比其他任何牌都大，可以压其他所有种类的牌型。

在每一种牌型中，都有大小之分，也都有最大牌和最小牌。

一、单牌

单张牌或者说一张牌就是“单牌”，也叫“单张”，简称为“单”。当然，所有的整牌都可以拆成单牌。

单牌的大小以各牌点值大小的基本规定为依据。例如打6，各单牌按从大到小的顺序就依次为：大王、小王、6、A、K、Q、J、10、9、8、7、5、4、3、2。

大单牌可以压小单牌。

唱牌时，单牌读作“单x”或“一个x”。例如，3读作“单3”、小王读作“一个小王”。

二、同牌

一张以上的同点值牌就是“同牌”。由于四张以上的同牌是炸弹，因此，一般说的同牌不包括四张以上的同牌。同牌有三种：对子、三头、三带对。其实，对子就是二同牌，三头就是三同牌，三带对就是三同牌带二同牌。

同牌中，每一种牌的大牌只能压同种类的小牌，不同种类的牌不能相压。

（一）对子

两张点值相同的牌是“对子”，简称为“对”。

对子的大小以各牌点值大小的基本规定为依据。例如打2，各对子按从大到小的顺序就依次为：大王大王、小王小王、22、AA、KK、QQ、JJ、1010、99、88、77、66、55、44、33。

大对子可以压小对子。

唱牌时，对子读作“对x”或“一对x”。例如，JJ读作“对J”、大王大王读作“一对大王”。

（二）三头

三张点值相同的牌是“三头”，或叫“三个头”，简称为“仨”。与“三带对”的牌型相比，三头不带对子，因此，有时人们也把它叫“三不带”。

三头的大小以各牌点值大小的基本规定为依据。例如打Q，各三头按从大到小的顺序就依次为：QQQ、AAA、KKK、JJJ、101010、999、888、777、666、555、444、333、222。因为大小王各只有两张，逢人配又不能代替王，因此，大小王都没有三头。

大三头可以压小三头。

唱牌时，三头读作“三头x”或“三个x”。例如，777读作“三头7”、KKK读作“三个K”。

（三）三带对

三头带上任意一个其他点值的对子，叫“三带对”。在群众日常游戏中，人们通常也把三带对叫“三带两”。

三带对的大小只看三头，不论对子。例如打10，QQQ-44比JJJ-AA大，555-1010和555-33一样大。

大三带对可以压小三带对。

唱牌时，三带对读作“三个x带一对y”。例如，999-55读作“三个9带一对5”。

三头和三带对统称为三头类牌。

三、连牌

王以下若干个相连的牌就是“连牌”。由于同花顺是炸弹，因此，一般说的连牌不包括同花顺。连牌有三种：杂花顺、三连对、双飞。

连牌中，每一种大的连牌只能压同种类小的连牌，不同种类的连牌不能相压。

（一）杂花顺

相连且花色不全部相同的五张单牌叫“杂花五连单”，通常称为“杂花顺”，简称为“顺子”。

杂花顺的大小只论点值，不论花色。牌力大小只需看最大的单牌或最小的单牌就行了，即大杂花顺最大的单牌比小杂花顺最大的单牌大，或者说大杂花顺最小的单牌比小杂花顺最小的单牌大。比如，9-8-7-6-5比8-7-6-5-4大。最大的杂花顺为A-K-Q-J-10；由于A在连牌中可以下放，因此，最小的杂花顺为5-4-3-2-A。

唱牌时，杂花顺读作“顺子x、y、z、w、v”或“x到v杂花顺”。例如，6-5-4-3-2读作“顺子2、3、4、5、6”、Q-J-10-9-8读作“Q到8杂花顺”。

（二）三连对

三个相连的对子，叫“三连对”。三连对也叫“姊妹对”，俗称为“木板”。

三连对的大小只要看最大的对子或最小的对子就行了，即大三连对最大的对子比小三连对最大的对子大，或者说大三连对最小的对子比小三连对最小的对子大。比如，QQ–JJ–1010比JJ–1010–99大。最大的三连对为AA–KK–QQ；由于A在连牌中可以下放，因此，最小的三连对为33–22–AA。

唱牌时，三连对读作“三连对x、y、z”或“x到z三连对”。例如，88–77–66读作“三连对6、7、8”、KK–QQ–JJ读作“K到J三连对”。

（三）双飞

两个相连的三头，叫“两连三”或“二连三”。通常，人们把两连三叫“双飞”，俗称为“钢板”。

双飞的大小只要看较大的三头或较小的三头就行了，即大双飞较大的三头比小双飞较大的三头大，或者说大双飞较小的三头比小双飞较小的三头大。比如，444–333比333–222大。最大的双飞为AAA–KKK；由于A在连牌中可以下放，因此，最小的双飞为222–AAA。

唱牌时，双飞读作“双飞x、y”或“x、y双飞”。例如，777–666读作“双飞6、7”、101010–999读作“10、9双飞”。

四、炸弹

四个王、四头以上的同牌、同花顺是“炸弹”，简称为“炸”。有的地方也把炸弹叫“火”“轰”“枪”“雷”“水”等。炸弹共分三类。

第一类是王炸，是由两个大王和两个小王共四个王组成的炸弹。王炸中的大王和小王分大小没有意义，因此，写王炸时，它们之间不用“-”连接，直接写成：大王大王小王小王。王炸只有一种，是最大的炸弹。由于王炸最大，因此，有的地方也把它叫“四大天王”“天炸”“天王炸”“通天炸”。

第二类是同牌炸，是由四头以上的同牌组成的炸弹。由于存在逢人配，因此，从理论上说，同牌炸最多可有十头炸。同牌炸共有七种：四头炸、五头炸、六头炸、七头炸、八头炸、九头炸、十头炸。相同头数的同牌炸弹，以各牌点值论大小，例如，除过打J，QQQQ都比JJJJ大。不同头数的同牌炸弹，同牌的头数越多，炸弹越大，例如，无论是否打2，22222都比AAAA大。

第三类是同花顺炸，即同花五连单炸，是由相连且花色全部相同的五张单牌组成的炸弹，俗称为“火箭”。同花顺的大小只论点值，不论具体花色，最大的同花顺为A-K-Q-J-10，由于A在连牌中可以下放，因此，最小的同花顺为5-4-3-2-A。同花顺比五头炸和四头炸大，比六头以上的炸小。例如，♥7-6-5-4-3比AAAAA大，♣Q-J-10-9-8比222222小。

在炸弹中，四个头和五个头的同牌炸是小炸弹，同花顺炸是大炸弹，六个头以上的同牌炸是特大炸弹，王炸是超级炸弹。

炸弹可压其他所有牌型。

唱牌时，王炸读作“四个王”；同牌炸读作“几个x”，例如，99999读作“五个9”；同花顺炸读作“同花顺（花色）x、y、z、w、v”或“花色x到v（同花顺）”，例如，♠8-7-6-5-4读作“同花顺（黑桃）4到8”、♦J-10-9-8-7读作“方块J到7”。

第四节　重要术语

任何一种专门活动都有一定的术语，掼蛋游戏也一样有一些术语。为了使大家在掼蛋时准确恰当地使用这些术语，也为了本书行文用语统一，本节专门介绍掼蛋游戏的术语。

一、静态术语

掼蛋的静态术语是指称呼有关人和牌，以及打牌时的条件和环境的术语。

1. 牌手

好比称呼运动员为“选手”一样，人们称呼掼蛋游戏的玩家为“牌手”。

2. 牌局

人们常常把进行的一场牌、一局牌或一盘牌笼统地称为“牌局”。

3. 场

在一定时间内，从开始打牌到结束不打叫一“场”。

4. 局

在一场中，传统打法从打2开始到打过A、创新打法打完规定的若干盘，分出一个阶段的胜负和成绩，叫一“局”牌。一场牌可以打多局，也可以打一局。

人们往往也把一场牌和一盘牌都笼统地叫一“局”。

5. 盘

在一局中，每次重新洗牌后，从开始起牌到分出胜负叫一“盘”。

6. 轮

在一盘行牌过程中，某家发牌后直至没有人再压，叫一“轮”。

7. 圈

在一轮中，每从发牌者发牌或要不要牌到发牌者的上家要不要牌，叫一“圈”。一轮可能有一圈以上，也可能不到一圈，还可能刚好一圈。

8. 回合

在一轮中，敌我双方你来我往对抗一次，叫一个“回合”。

9. 步

行牌时，对每一位牌手来说，每出一次牌，叫走一“步”。

10. 上家、上风、下家、下风、对家、对门

按走牌的逆时针顺序，牌手前面的人是牌手的“上家”，上家的位置叫“上风”；牌手后面的人是牌手的“下家”，下家的位置叫“下风”；牌手对面的人是牌手的“对家”，对家的位置叫“对门”。

11. 东家、南家、西家、北家

人们通常按各家坐的方位称呼各位牌手，坐在东方的牌手是“东家”、坐在南方的牌手是“南家”、坐在西方的牌手是“西家”、坐在北方的牌手是“北家”。

12. 前手、后手

行牌时，先轮到要牌的人为“前手”，后轮到要牌的人是“后手”。

13. 主攻方、助攻方

同一方两个人中，想先走的那家以自己跑牌为主打

牌，是“主攻方”，简称为“主攻”；不想先走的那家以配合对家和打击敌人为主打牌，是“助攻方”，简称为“助攻”。

14. 全场、外面

一盘牌中，四位牌手的全部就叫“全场”。

相对于自己来说，其他人的全部就是“外面”。

15. 级、级次、级数

“级”是级次或级数的简称。

级次即当盘的级别。级次简称为“级”，当盘打几，级次就是几。

“级数”是指升级时所升级别的数量。级数也简称为“级”，例如：“这一盘升了几级？”“升了三级。”

16. 级牌

当盘的级别牌，叫“级牌”。有的也叫“主牌”或简称为“主”，还有叫“参谋”的。

17. 百搭牌（逢人配）

红心级牌可以代替除大小王之外的任意牌，与一些相关牌搭配着组牌，因此，人们把它叫“逢人配”，也称为“配牌”。由于逢人配在组牌时可以代替任何一张除王之外的牌，近似于百搭牌，因此，人们也把它叫“百搭牌”，简称为“百搭”。把级牌叫参谋的地方，也把红心级牌叫作“红心参谋”。

18. 头游、二游、三游、末游、上游、中游、下游、双上、双下

一盘游戏中，四位牌手按先出完牌的顺序，第一名为“头游”，第二名为“二游”，第三名为“三游”，第四名即最后一名为“末游”。头游也叫“头家”，末游也叫“末家”。

有时，也根据收贡和进贡情况划分为上游、中游和下游，收贡的为“上游”，不收不进的为“中游”，进贡的为“下游”。这样，头游和二游为同一方、三游和末游为同一方时，把头游和二游统称为上游，也叫“双上”；把三游和末游统称为下游，也叫“双下”。头游和二游不为同一方时，头游为上游，二游和三游为中游，末游为下游。

19. 单贡、双贡

只有一个人进贡的情况，叫“单贡”，单贡分为输家单贡和赢家单贡两种情况。

输家两个人都要进贡的情况，叫“双贡”。

20. 进贡牌、还贡牌

末游或三游向头游或二游进贡的那张牌，叫“进贡牌”，简称为“贡牌”或“贡”。

头游或二游收贡后向进贡者还回的那张牌，叫“还贡牌”或“回贡牌”。

21. 点值

牌的大小叫“点值”，也叫“点数”。比如，黑桃3的点

值是3，梅花Q的点值是Q，大王的点值是大王。

22. 邻点、邻点牌

某一点值牌的相邻点值就叫“邻点”。比某牌大的邻点叫其“上邻点”，比某牌小的邻点叫其“下邻点”。比如，排除级牌的特殊情况，4的上邻点是5，A的下邻点是K。最小的牌2或打2时的3没有下邻点，最大的牌大王没有上邻点。

某牌邻点的牌就是其“邻点牌”。相应地也分为“上邻点牌”和“下邻点牌”。

23. 上级、下级、上一级、下一级

掼蛋游戏中，按牌的大小可以相应地称其关系为上下级。比某牌大的牌叫某牌的“上级”“上级牌”，比某牌小的牌叫某牌的“下级”“下级牌”。

比某牌刚好大的牌叫某牌的“上一级”“上一级牌”，比某牌刚好小的牌叫某牌的“下一级”“下一级牌”。

实战中，随着某些牌的落地，某牌的上一级既可以是某牌的上邻点，也可以比其上邻点大。比如，在一开始，级牌的上一级牌是小王。如果在行牌过程中，两个小王已经落地而大王未出完，那么，级牌的上一级牌就成了大王。

从对抗双方压牌的角度看，如果一方缺少某个点值的牌，那么，这个点值的上邻点牌也只能算这个点值的下邻点牌的上一级牌。比如，某一方两家手中都没有小王，对他们来说，级牌的上一级牌就是大王。如果一方缺少几个连续点值的牌，那么，这些点值的最大牌的上邻点牌也只能算这些点值的最小牌的下邻点牌的上一级牌。比如，排除级牌的特殊情

况，某一方两家手中没有A、K和Q，对他们来说，J的上一级牌就是级牌。

24. 封顶牌

除炸弹外，在同一类牌中，最大的牌叫“封顶牌”。自然形成的最大牌必是封顶牌。比如，大王、三头级牌、最大是A的连牌，都必是封顶牌。有的牌局，大牌未形成同牌或连牌，一些较大的同牌或连牌也能封顶。比如，大小王皆不成对时，对级牌就是封顶牌；不打A时，级牌没有形成三头，AAA就是封顶牌。再如，没有形成A–K–Q–J–10时，K–Q–J–10–9就是封顶牌。在一盘中，随着大牌的不断落地，相对较小的牌也会成为封顶牌。比如，两个大王下去后，出单牌时，小王就成了封顶牌。

25. 特大牌、大牌、中等牌、小牌

掼蛋的牌有大小之分，大牌和小牌是相对的。

特大牌是指大王、小王和级牌。特大牌非常容易封顶。

除过级牌，还有12个点值的牌，大中小牌各分4个点值，假设当盘打2，就按以下的分法分大中小牌。如果打其他级，就依次递增或递减一级牌。

大牌是指A、K、Q、J。一般地，扑克牌K、Q、J上印有人形图画，黑桃A上的大黑桃也是图画，因此，大牌就是人们常说的花牌。有大牌的连牌封顶的可能性非常大，如果连到A，自然就成了封顶牌。中场之后，大牌中的同牌也容易封顶。当特大牌全部落地后，A也会单张封顶。

如果笼统地说，大牌也包括特大牌。

中等牌是指10、9、8、7。中等牌单张封顶的希望很小，

但是有中等牌的连牌封顶的希望较大，尤其到了后半场，当大牌纷纷落地后，中等牌形成的同牌或有中等牌的连牌往往可以封顶。

小牌是指6、5、4、3。小牌封顶的希望不大，但有小牌的连牌有一定的能量，越到最后，有小牌的连牌封顶的希望越大。

26. 常牌

任意一组顺子，必有5或10，因此，5和10是顺子中最常出现的牌，叫“常牌”。

27. 累赘牌

必须依靠自己上手才能发出去的牌，或者必须依靠对家专门送走的牌，就像是累赘一样，因此，叫“累赘牌”，简称为“赘牌”。累赘牌多数是小牌，比如，最小的单牌、整牌及连牌必是累赘牌；少数情况下，大牌也可能成为累赘牌，比如，自己虽然有大王，但是没有机会上，要想成功跑牌，自己必须上手主动发大王，这种情况下，大王就成了累赘牌。

28. 明牌

从能否看见牌的角度讲，凡是被大家看见的牌都叫“明牌”。例如，切牌后翻开的那张牌，进贡还贡的牌，出牌时已经落地的牌，都是明牌。

29. 牌型结构

牌型结构是指牌型的构成情况。比如，三带对的牌型结构是三个头和一个对子；再如，顺子的牌型结构是五张相连的单牌。

30. 成炸、成三头、成对

某些牌形成了炸弹，就说这些牌“成炸”了。

某一点值的牌形成了三个头，就说这种牌“成三头”了。

某一点值的牌形成了对子，就说这种牌“成对”了。

31. 一手牌、手、组、牌组、手数

牌手一次出的牌叫“一手牌”。“手”是一次所出牌的量词。一手牌可以是一张，也可以是多张。

一手牌的所有牌是合在一起的，这些牌是按照牌型的构成规则组织起来的，因此，每种牌型的一手牌也叫一“组”牌。

每一组牌是按照一定的牌型组织起来的一组，叫“牌组”。一个牌组就是一手牌。

“手”和“组”的实质是一样的。站在出牌的角度，人们习惯于说“手”；从整体上分析，尤其在说牌手所有的牌时，人们习惯于说“组”。

手的数量叫“手数”。

32. 手牌、全牌、余牌

牌手当前手中的牌简称为“手牌”。

牌起好后，未出牌前，牌手的全部牌就叫牌手的“全牌”“全手牌”。每位牌手的全牌都是27张。

牌手出过一部分牌后，手中剩余的牌就叫“余牌”。

33. 一把牌、牌面、牌形

一般地，打牌时，每位牌手都会把所有的牌拿在手中，所以，人们就把牌手当前手中所持的所有牌叫自己的“一把牌”，或者叫“整把牌”“满把牌”。

一把牌排列起来往往像一个扇面，因此叫“牌面”。

一把牌，按照点值大小顺序排列起来，能够呈现出一定的形状，这个形状就叫“牌形”。比如，单牌过多，就叫牌形不整；单牌较少，就叫牌形整齐。一般地，牌形多指牌型种类情况，但由于各点值牌的多少也是牌面形状的重要构成部分，因此，如果笼统地说牌形如何，也包括不同点值的牌的分布情况。

34. 断牌、缺牌

牌起好后，如果把牌按大小顺序排列，缺少某个点值的牌，就好像牌从那个地方断了一样，因此，人们就把这个点值的牌叫“断牌”。

组连牌时，常常会出现因缺少一张或几张牌不能组成连牌的情况，人们把组连牌时缺少的牌简称为“缺牌”。

断牌也是缺少了的牌，因此，有时人们也把断牌说成“缺牌”。

35. 整牌、散牌

在说牌手的一把牌是否整齐时，比较整齐的牌叫“整牌”，评价牌时，也说“牌整”；比较零散的牌叫“散牌”或“零牌”，评价牌时，也说“牌散”。牌的整与散是相对的。

牌的整散可以从两个角度讲。

一是看单牌的多少。单牌越少，牌就越整；单牌越多，牌就越散。

二是看手数的多少。手数越少，牌就越整；手数越多，牌就越散。比如这样一些牌：KK、JJ、88、66、55、33，虽然没有单牌，但由于需要出很多手，因此，也是散牌。

日常游戏中，人们更倾向于从单牌多少的角度讲牌是否整齐。实质上，说牌的整散时，论牌的手数更加重要。

在打牌的过程中，如果把较散的牌打成了整牌，就说“把牌打整了”“牌打整了”；如果把较整的牌拆成了散牌，就说“把牌打散了”“牌打散了”。日常游戏中，人们往往把单牌已经出完或者出得只剩一张单牌的情况叫“牌整了”。

另外，在说牌型时，单牌以外的牌都属于整牌。

36. 长项、短项、缺项

如果牌手某一类型的牌多，那么，这类牌就是他的“长项”，或叫“强项”，尤其是当这类牌型有大牌时叫“强项”。如果牌手某一类型的牌少，那么，这类牌就是他的“短项”，或叫“弱项”，尤其是当这类牌型没有大牌时叫“弱项”。如果牌手没有某一类型的牌，那么，这类牌就是他的“缺项”，也叫“缺门”或“空门”。

37. 牌路

出牌时，除炸弹外，只有相同的牌型才可以要牌，这好像牌有一定的路子，因此，人们就把因为出某种牌型而形成的路子叫“牌路”。比如，假设前一轮出的是对子，后一轮如果接着出对子，就叫牌路没变；后一轮如果改出三头，就叫牌路变了。

38. 牌力、强牌、弱牌、烂牌

牌的力量就叫“牌力”。牌力的强弱主要由大小牌的多少、逢人配的多少、炸弹的多少及大小、牌形的整散决定。

大牌多、逢人配多、炸弹多且大、牌形整的牌容易先出完，战胜对手的可能性大，是“强牌”“好牌”。评价牌时，也可以说“牌强”“牌好”。

相反，大牌少、逢人配少、炸弹少且小、牌形散的牌很难先出完，战胜对手的可能性小，是“弱牌”“差牌”，评价牌时，也可以说“牌弱”“牌差”。

有时，有的牌手在行牌过程中消耗了很多实力，使余牌变得非常差，几乎没有任何力量，不能有任何作为，这样的余牌往往被人们称为“烂牌”。助攻因为经常要不惜血本地与敌方对抗，较容易形成烂牌。

39. 够手、不够手

在分析牌力时，要比较发牌的手数和上手的次数。如果上手的次数大于或等于需要发牌的手数，可以先走成功，也就是说，上手的次数足够了，这就叫“够手”。相反，如果上手的次数不够发牌的手数，不能先走成功，就叫“不够手”。

40. 赢牌、输牌

评价手中的牌是否能打赢时，“赢牌”是指打赢的可能性大或必能打赢的牌，“输牌”是指打输的可能性大或必会打输的牌。

41. 活牌、死牌

有变化的牌叫“活牌”。比如，AA、KKK、QQ，这样的牌可以调整的余地较大，因此，是活牌。

相应地，没有变化的牌就叫“死牌”。比如，大王、8888、5，这样的牌可以说没有任何变化，因此，是死牌。

有时，人们还把没有希望先走的牌叫“死牌”。比如，某家冲牌失败后，手中还有一张最小的单牌，不可能先走成功了，从能否先走成功的角度讲，这样的牌就是死牌。

42. 首牌、首发牌、尾牌、尾发牌

一盘游戏中，牌手出的第一手牌，是该牌手的“首出牌”，简称为“首牌”。牌手发的第一手牌，是该牌手的“首发牌”。

一盘游戏中，牌手出的最后一手牌，是该牌手的“尾出牌”，简称为“尾牌”。如果尾牌是发出的，也叫“尾发牌”。

一盘开始时，最先出牌的人发的第一手牌，是该盘的“首发牌”，或“首牌”。

一盘结束时，使牌局结束的人出的最后一手牌，是该盘的“尾牌”。如果尾牌是发出去的，也叫“尾发牌”。

43. 海、海里的牌、地、落地的牌

打牌时，盛放已经出过的牌的桌面叫“海”。出牌后放于桌面上的牌，叫“入海的牌”或“海里的牌”。

因为桌面比人低，所以，人们也常把桌面叫“地”。如果大家是坐在地上打牌，把出过的牌放在地面上，这时，“地”就是名副其实的“地”了。相应地，海里的牌也就叫“地上的牌”或“落地的牌”。

44. 牌情

从整盘牌的角度讲，“牌情”是指敌我双方实力消耗、力量对比、攻守态势、形势利弊、局势特点等各种情况；从牌手个人的角度讲，“牌情”是指自己的牌力强弱和牌形特点。

45. 牌语

掼蛋时，牌手往往会通过出牌来表达自己的意思，这就好比用牌来“说话”，因此，叫“牌语”。

二、动态术语

掼蛋的动态术语是指打牌时的行为、动作，以及描写有关状况和态势的术语。

1. 升级

赢家取得胜利，下一盘打的牌级高于本盘，叫“升级”。说升级的数量时，人们一般把级数放在“升级”的中间，说成“升几级”。

2. 进贡、收贡、还贡、收还贡

末游或三游向头游或二游贡献除逢人配外的一张最大

牌，叫“进贡”。

头游或二游收取末游或三游进贡的牌，叫“收贡”。

头游或二游收贡后，向进贡者还回一张牌，叫“还贡”或“回贡”，也叫“还牌”或“回牌”。

进贡者收取还贡者返还的牌，叫“收还贡”。

3. 抗贡

应该进贡的所有人揭到了两张大王，就不用进贡了，这叫“抗贡”。两张大王无论是单贡时的进贡者独自揭到的，还是双贡时的进贡者两家共同或其中一家独自揭到的，都满足抗贡条件。

4. 借风、留风

一盘游戏未结束时，某位牌手出完其全手牌后，在无人压牌的情况下，由其对家取得下一轮的发牌权，这叫“借风”。借风也叫“接风”。

先出完牌的牌手能够让对家成功借风，叫给对家“留风”。

5. 入海、落地

人们通常把盛放出过牌的桌面叫“海”或“地”，牌出后进入海里，或说落到地上，就叫“入海”或“落地”。

6. 保、费

不能顺走而必须由自己发出的累赘牌要靠封顶牌或炸弹上手才能发出。从封顶牌和炸弹的角度讲，就是它们上手保障、保护出累赘牌，因此，叫“保护”“保”“护”。从累赘牌的角度讲，就是它们发出时需要花费封顶牌和炸弹，因此，叫“费”“花费”“耗费”“浪费”。

7. 操牌

打牌时接触牌的各种动作叫“操牌”。包括揭牌、出牌、理牌等动作。

8. 出牌、发牌

牌手把牌出下去，就叫“出牌”“出”，也叫“走牌”“走”。通常，从是否出牌的角度讲，人们也把出牌叫“打牌”“打”，有时，“打”侧重于指压牌时的出牌。

出牌时，牌从手中下去，因此，也叫“下”。下多指出大牌或炸弹，出什么大牌就叫“下什么”，出炸弹就叫“下炸弹”“下炸”。

每一轮的第一家出牌叫“发牌”“发”。发牌也叫“领出”。

因为小牌多是累赘牌，发出它就好像吐出不快一样，所以，发小牌时，也叫“吐牌”“吐”。

为了跑牌或不让敌方顺牌而发某种牌型，具有攻击性、对抗性，因此，这种发牌叫“攻”，发什么牌型就叫“攻什么”，比如攻单牌、攻三头。

9. 出首牌、发首牌、出尾牌、发尾牌

在一盘游戏中，牌手第一次出牌，是该牌手“出首牌”。第一次发牌，是该牌手“发首牌”。

在一盘游戏中，牌手最后一次出牌，是该牌手“出尾牌”。如果最后一次出牌是发出去的，也叫“发尾牌”。

一盘开始时，最先出牌的人第一次发牌，是该盘“发首牌”。

一盘结束时，使牌局结束的人最后一次出牌，是该盘“出尾牌”。如果最后一次出牌是发出去的，也叫“发尾牌”。

10. 有效出牌、无效出牌、负效出牌

跑牌时，需要自己出牌的手数越少越好，对自己下一步跑牌形势越有利越好。所以，从跑牌的角度讲，如果出牌能使自己余牌的手数变少，或者使情况得到改善，那么，这样的出牌就是“有效出牌”；如果出牌后自己的手数没有变化，而且状况也没有得到改善，那就是“无效出牌”；而如果出牌后自己需要出牌的手数增多，或者手数虽然没有变化，但情况变得更加糟糕，那就是“负效出牌”。

例如，AA、KKK、QQ、JJJ、99、888。从出牌的手数上算，这些牌最少是三手牌——三个三带对。从单纯跑牌的角度讲，如果出了888-99，减少了一手牌，就是有效出牌；或者对手出三连对时用AA-KK-QQ封顶上手，虽然余牌还是三手，但上手使情况得到了改善，也是有效出牌。如果出了99或888，牌的手数没有减少，情况也没有得到什么改善，就是无效出牌。如果出了A，使牌变成了至少四手，就是负效出牌；或者出了QQ，虽然牌的手数没有变化，但破坏了连牌，使情况变得不如出牌前了，也算是负效出牌。

发牌时，属于以上各情况也可以叫“有效发牌”“无效

发牌”“负效发牌”。

顺牌时，属于以上各情况也可以叫“有效顺牌”“无效顺牌”“负效顺牌”。需要说明的是，在实战中，多次顺牌可以形成一次有效顺牌，这种情况下，前面的顺牌多属于无效顺牌甚至负效顺牌。比如，上例中，如果先顺走了99，尔后又顺走了888，就等于顺走了一个三带对，虽然前面顺走99是无效顺牌，但两次顺牌形成了一次有效顺牌。或者，分两次顺走A后，又顺走了一个三头，也等于顺走了一个三带对，虽然前面两次顺走A是无效顺牌，而且第一次顺走A还是负效顺牌，但是，最终三次顺牌形成了一次有效顺牌。

11. 要、不要、要不上

轮到牌手出牌时，牌手出牌叫“要”“要牌”。

根据要牌的不同情况，要牌还有许多具体叫法。

从压制对手的角度讲，要牌也可以叫“压”“压牌”，有的地方还叫“盖”“盖牌”。

为避免对手上手或顺牌，用大牌压牌，尤其用封顶牌封顶，叫“管”“管牌”。如果用封顶牌压牌，也叫“封顶”“封”“封牌”。

用炸弹要牌叫“炸”或“轰”。如果用大炸弹压对手的小炸弹，叫“回炸”。极少数情况下，同一方牌手还会用大炸弹压对家的小炸弹，这叫“加炸”。

如果牌手以不使对手上手为目的进行打击、压制，把对手的走牌步伐停了下来，使其定住不能走牌，这样的压牌叫“打停”“停”“停住”“停牌”，或者叫“定住”。用炸弹停牌叫“炸停”。

为了防止敌方走牌，尤其是顺小牌而出较大的牌进行阻拦、阻挡叫“拦截”“拦”“拦牌”或“挡”“挡牌”。

为了防止对手过小牌而适当垫高叫“垫”“垫牌”。

为了跑牌而要牌叫“顺”“顺牌”或“过”“过牌”。顺什么牌就叫“顺什么”“过什么”。说顺过了什么牌时，也叫“顺走”。把整牌拆开分多次顺走，也叫“滑”“滑牌”。

有人出牌后自己跟着出一手，叫“跟”“跟牌”。跟牌时出的牌往往不大，其目的常常不是压牌、拦牌或管牌，有时是为了顺牌，有时带有试探性质。

对家之间要牌，或者为了控制对手而要牌，叫“接”“接牌”。

如果牌手出的牌较大，通常也叫“上”，出什么牌就叫“上什么”。

以上都是“要”，相反，不出牌就叫“不要”。因为不要牌就等于自己空过了，让牌走了，所以，在日常游戏中，牌手不要牌时往往也说一声“过”或“走”。在叙述牌手不要牌时，通常还说成“让过”。

如果自己没有更大的牌，尤其是同种牌型中没有更大的牌而没有能力要牌，就叫“要不上”。

12. 抬高、降低

为了阻挡对手过牌，尤其是不让对手过小牌，自己出的牌更大一些，叫“抬高”。抬高通常用在防止对手跑牌时。

为了方便对家接牌，或自己无力再出大牌，出的牌比前次更小，叫“降低”。降低通常用在助攻或传牌时。

13. 吃、不吃

某一家因为某种牌型的牌较多，很需要出这种牌型，如果有人出牌后他可以要牌，能形成有效出牌，就叫“吃”某种牌。很不需要出某种牌，有人出了后不要，或者虽然要了，但不能形成有效出牌，就叫“不吃”某种牌。

14. 堵、憋、空

出牌后，把别人想出的牌堵住，不让其出，叫“堵”。堵住别人的牌主要有两种情况：一是故意堵住对手的牌，比如助攻守门时，其目的就是要堵住对手主攻的牌；二是同一方牌手无意堵住了对家的牌，比如西家主攻，手中有单小王，南家出A后东家上小王，东家堵住了西家的小王就是无意的。

想出的牌，没有能力或机会出掉，被憋在手中，叫“憋”。一般来说，被憋住的牌主要有两种：一是大牌被人阻挡，二是小牌没能发掉。

大牌空闲在手中没有出去叫“空”。

15. 打超、漏打

压牌时，不是用刚好大对手一级的牌压，而是用相对较大的牌越级压对手相对较小的牌，造成对手手中较小的牌在后面出牌时得以封顶，叫“超打”，通常也叫“打超”。比如，北家手中有一个大王，南家手中有一个小王，东家出级牌后，北家直接上大王，结果造成对手后面小王封顶，北家用大王压东家的级牌就是打超。炸弹打超也叫“炸超”或

“超炸”。

对手出较小的牌后，自己有能力压牌但没有压，造成对手的小牌封顶，叫“漏打”。比如，北家手中有两个大王，东西家手中各有一个小王，东家出级牌后，北家没有用大王压，造成东家级牌封顶，北家没有出大王压东家的级牌就是漏打。炸弹漏打也叫“漏炸”。

多数情况下，牌手因为常常不能准确判断对家的牌，容易发生因担心漏打而超打和因担心打超而漏打的情况。少数情况下，牌手为了欺骗对手或其他一些原因会故意超打或漏打。

16. 伤牌

掼蛋时，某次出牌或某种打牌方式对己方的牌力造成了很大损伤，叫“伤牌”。比如，一手出的特大牌较多，往往会伤牌。

17. 逼牌、顶牌、引炸

出较大的牌，引诱、逼迫对手下更大的牌，就叫“引牌”“引”，或“逼牌”“逼”，也可以笼统地叫“诱逼”。引牌或逼牌往往是为了使对手的大牌先下，或拆开大牌，它有利于牌手在后面的对抗中取得主动。

逼牌或引牌时，出较大的牌，把对手的大牌引下来，叫“顶牌”“顶”。比如，出级牌，把对手的王顶下来。我出较小的牌，使对手为了压我而把较大的整牌拆开，后面，我出整牌时，对手就会因为较大的整牌已经拆开而管不上我，对我有利。这种使敌方拆开整牌的顶牌叫“顶开”。

以引诱、逼迫对手下炸弹为目的出牌，通常叫“引炸”，也叫“逼炸”。

18. 组牌、拆牌、修牌、配牌、补缺

组织手牌，调整成可出的各种牌型，叫“组牌”。组牌就是调整搭配牌型，即人们常说的“调配牌型”，简称为“调配牌”或“调牌”。

把整牌拆开出叫“拆牌”“拆”。拆牌主要指把整牌拆成单牌，也包括把三头拆成对子和单张，还可以包括拆开炸弹或连牌。把整牌拆成单牌，简称为“拆单”。把三头拆开出一张，还有两张，这就好像剥了一层皮一样，因此也叫“剥牌”“剥”。

把多余的牌拆开打出去，使剩下的牌成为三连对或顺子，叫“修牌”。把三个头拆出一张先打出去，使留下的对子和另两对牌形成三连对，叫“修三连对”；把对子拆出一张先打出去，使留下的单牌和另四张牌形成顺子，叫“修顺子”。

把逢人配与别的牌搭配成可以出的各种牌型，叫“配牌”。配牌也属于组牌。

逢人配与别的牌搭配组成连牌（包括同花顺炸弹）时，其作用是补上了连牌所缺的牌，这叫“补缺”。

19. 送牌、传牌、递牌

为了送别的牌手跑牌而发牌叫“送牌”。送牌一般发生在对家之间，多是助攻给主攻送牌。

隔着敌人给对家送牌叫“传牌”。

送牌和传牌都是“递牌”。

送牌和传牌如果做得非常巧妙、十分神奇，人们会称之为“妙送”“妙传”，或“神送”“神传”。

20. 引路、发信号

主攻为了让对家给自己送牌，会专门发自己需要的牌型，使对家明白。这种发牌的方式就像用牌给对家引导发牌的路子一样，因此，人们把这种以引导对家给自己送牌为目的的发牌叫“引路”。从给对家传递信号的角度讲，引路也叫“发信号”。发信号时，发出的引路牌就像信号弹一样，因此，人们也把发引路的牌叫“发信号弹”。

21. 改变牌路、坚持牌路

牌手所发牌型与前面己方所发的牌型不一样，如果从牌路的角度讲，这种改变牌型的发牌等于是把牌的路子改了，因此，叫“改变牌路”，或叫“改道”。

同样的道理，如果牌手所发牌型与前面己方所发的牌型一样，就叫“坚持牌路”，或叫“走老路”。

22. 变招

掼蛋游戏中，牌手带对抗性的出牌，尤其是发牌，类似于一些对抗比赛中的出招，因此，牌手在发牌时如果与以前的打法不同，就像改变了招数一样，所以，人们把改变打法叫“变招”“改招”“换招”。

23. 守门

为防止敌主攻顺走牌而出大牌叫“守门”“守”。用什么牌守门就叫“守什么牌”，比如，用A守门就叫“守A”。

用大的牌守门叫“高位守门”，用小的牌守门叫“低位守门”。守门时用的牌较大，一般就说“守门硬”“守门严”“守门紧”；守门时用的牌较小，一般就说“守门软”“守门宽”“守门松”。

用封顶牌守门也叫“封门”，用炸弹守门也叫“炸门”。这两种守门，敌主攻不能顺走牌，等于牌手死死地守住了门，因此，也叫“把门守死”“守死”“封死”。

24. 上手、回手

自己出牌后没有人再要，该自己发下一轮牌，叫“上手”。上手后能发牌，因此，人们也把上手叫“获得发牌权”。如果自己想上手发牌，但总是被别人压住不能上手，就叫“上不了手”。

自己发牌后，用同种牌型的大牌封顶，叫“回手”，也叫“收回来”。回手后，当对手不用炸弹压时，发牌权就重新回到了自己手中。

25. 控制、放手

用大牌或炸弹管牌，不使对手达到一定的目的，叫“控制”。控制对手时，因为是用大牌或炸弹打击、压制敌方的，所以，也叫“打击”或“压制”。如果是为了达到不使对手上手发牌的目的而进行的控制，叫“制止”。压制敌方强大的进攻势头，叫“遏制”，也可以叫“扼制”。

有能力管别人的牌，但不管，叫“放手”。当对手用封顶牌或者炸弹企图上手发牌时，如果自己有能力管但没有管，就意味着放过对手，让其出牌，所以也叫“放行”。

26. 启动、冲锋、冲刺、反攻、佯攻

开始向对手发起进攻就是启动了攻击的步伐，因此，人们也常常把开始进攻叫“启动”。

在进攻时，牌手与对手展开激烈战斗，不惜拼掉实力，企图一举攻破敌营，打败对手，或者极大地消耗对手的牌力，使对手元气大伤，叫“冲锋”。

最后的进攻叫“冲刺”。

从防守状态转入进攻状态，叫“反攻”。

为了吸引对手的注意力，某家假装主攻或冲锋，叫“佯攻”。

27. 主攻、助攻

进攻时，为实现自己先出完牌的目的而进行的攻击，叫“主攻”；为配合对家主攻而进行的攻击，叫“助攻”。

28. 跑牌、送跑

以把手中的牌先出完为目的的出牌叫“跑牌”，简称为“跑”。因为跑牌成功的人最终会先于他人把牌走完，所以，人们也把跑叫“先走”，有时甚至直接叫“走”；相应地，把跑牌也叫“先走牌”，有时甚至直接叫“走牌”。

跑牌成功的牌手，如果最后一手或最后几手牌是在其他牌手有意送牌或无意出牌时顺牌出完的，这种情况叫“送跑”，有时也叫“送走”。

29. 冲牌

牌手在自己将要出完牌时，往往以这种方式出牌：先出封顶牌或炸弹，对手不要或没有能力要，然后再把最后一手牌出掉。这种出牌方式就叫“冲牌”，或叫“闯牌”“闯关”“冲牌闯关”，也可以简称为“冲”“闯”。

要确保冲牌成功，必须满足这样的条件：余牌只有一手累赘牌，其余的牌都是对手要不上的封顶牌或炸弹。

30. 沉底

牌手先于敌方走完牌时，如果最后出的一手牌或多手牌都是炸弹，人们把这叫炸弹“沉底”。

31. 饿死、节余

当牌局已经以己方失败而结束时，自己本来必能用上的封顶牌或炸弹还没有出，我们就说这些封顶牌或炸弹“饿死”了。

自己主动发出了还能用上的封顶牌或炸弹而先出完牌获胜，我们就说这些封顶牌或炸弹“节余”下了。

有的牌局，我方节余下了封顶牌或炸弹是在对方因有失误而饿死了封顶牌或炸弹的情况下产生的，如果对方用上了封顶牌或炸弹，我方的封顶牌或炸弹就节余不下了；有的牌局，我方的封顶牌或炸弹节余下了，而且对方也没有饿死封顶牌或炸弹，或者对方虽然饿死了封顶牌或炸弹，但是没有失误。后一种情况下，我方必能节余下封顶牌或炸弹，因此，人们讲节余时，更多的是指后一种情况下的节余。

32.获胜、落败

牌手打赢了牌，获得了胜利，叫“获胜”或“取胜”，有时也叫“胜出”，简称为“胜”。日常游戏中，多叫“赢牌”，简称为“赢”。

牌手打输了牌，落下了失败，叫“落败”或“获败”，有时也叫“败北”，简称为“败”。日常游戏中，多叫“输牌”，简称为“输”。

第五节　打牌规范

掼蛋时，对家要配合，牌手还要欺骗敌人，因此，往往需要借助一定的语言和行为传递一些信息。但是，掼蛋游戏只能借助出牌传递信息，而不能用语言或动作明示或暗示。为了防止作弊，打牌时，牌手必须遵守一定的行牌规范。

掼蛋时，语言和动作规范是最重要的，当然，还有一定的态势语言规范。态势语言规范要求较高，在日常游戏中，主要靠牌手自觉。

一、语言规范

正规比赛时，除过唱牌和报牌问牌，牌手在打牌过程中不能说话。日常游戏，牌手多会说话，但牌手不能通过说话交流信息，凡是有可能透露牌情的话都不能说。

牌手不能自暴手中的牌。自暴手中的牌会给其对家传递相当明确的信息。比如，某家牌不好，说自己有若干张单牌，能先走才算怪事。这种话无疑是在告诉对家，自己的牌很差，不能主攻成功，不要送自己了。

牌手不能通过说当前刚刚出到海里的牌表示自己有某种牌。比如，下家出了一个三连对，自己恰好有大的三连对能压，害怕对家出炸浪费实力，高兴地连说："什么？什么？三连对啊！"对家本来想炸的，听到这话后，便不炸了。

牌手不要根据手牌信息推测并评说对手的牌。这样既给了对家信息，同时也往往暴露了对手的牌。比如，对家出了大王后，牌手说："他们没有王了！"这就是在告诉对家，自己有三个王。

牌手更不能讨论牌。有时一讨论，几家的牌就有可能基本上明了。比如，关于某家有无王的讨论，关于某家有无炸的讨论，关于某家喜欢什么牌型的讨论，关于某家余牌是什么牌形的讨论等，都不允许。

牌手不能用语言表示厌烦或喜欢某种牌。比如，对家出了三带对后，自己接住说："我喜欢！"这无疑是告诉对家，自己的三带对多。再如，对家上手后，正要抽出单牌，你一声"唉"吓得对家把手缩了回去，不敢发单牌了。

牌手也不应该说必败、必胜等话。比如，某家手中的余牌是最小的单牌，他觉得自己走不掉了，就说"不行了"。本来对家上手后想发小单牌的，而对手顺走一个大单牌就能获胜，他这样一说，对家自然不会发单牌了。

正规比赛中，牌手也不应该借语气、声调、音量来传递信息，这样的要求看似有些高，但也是必需的。比如，常玩掼蛋的牌手都知道这么一种情况：牌手剩两张牌，当对家问及时，如果牌手回答的语气坚定、声调高扬、音量很大，那往往说明是一个对子；如果语气柔弱、声调低沉、音量很小，那往往说明是两个单张。

二、动作规范

和语言要规范同样的道理，牌手也不能通过不规范的动作来表明自己的牌。有时，牌手就差一手牌，如果对手动作稍一出格，就会导致牌局胜负逆转。

牌手不能把牌亮出来。有的牌手单张牌多，不光说，甚至还把若干张单牌放在桌面上。有的牌手在牌局尚未结束时就把自己的大牌或炸弹亮出来。这都不对。

牌手不能抽牌、出牌过早。比如，下家出了连牌或炸弹后，你刚好能管上，担心对家浪费大牌或炸弹，在对家还没有表态的情况下，你就迫不及待地开始抽牌了，甚至直接把牌提前出了下来，对家看到你的动作后，一般情况下，自然就不会再要牌了。再如，残局时，你的上家已经出完牌，你手中有一张单牌，你的下家由于还有两张单牌，必出一张，下家出牌后，你刚好能要上，正当对家考虑是否压牌时，你开始动手了，这样，对家还会再要牌吗？这当然不行。

牌手不能用牌的背面结构示意自己是什么牌型。有的牌手希望对家送牌，在对家弄不清该送什么牌时，他把手中的牌分开，以此示意自己需要什么牌型。比如，剩三张牌时，把一张牌和另两张牌分开，表明自己不是一手牌，而是一个单张和一个对子。再如，需要送对子时，把两张牌拉到牌面的一边，和其他很多牌分得很开，以表示自己需要对子。甚至有的牌手在剩下一手牌时往桌上一放，那样的话，谁都知道三张牌就是三个头，两张牌就是对子。如果牌手这么做，对手还有办法打牌吗？

牌手不要看着对家，等待对家传递信息。有的牌手在出牌时看着对家，希望对家能给自己一些信息，这也不允许。

牌手不能用态势语言表明自己需要什么牌或不要什么牌。有的牌手经常用丰富的态势语言表明自己的好恶。比如，下家出了一个小顺子，牌手由于急切想过顺子，还未等对家表态，他就把身体拼命往前倾。再如，对手发了一个对子，牌手由于就要吃对子，高兴得笑出了声。再如，对家发了一个单牌，牌手由于不吃单牌，气得把身子扭到一边，或脸色铁青，怒气冲天。这都不好。

第六节 行牌阶段

掼蛋游戏一盘的行牌，可以分为明显的几个阶段。各个阶段有各自的规律和特点。研究并掌握不同阶段的规律和特点，可以帮助牌手认清形势，使牌手做出的决策更加科学、高明，能够避免不必要的失败，尽可能地争取成功。

一、行牌阶段的分类

人们常常把一盘棋牌类游戏分为三个阶段：开局、中局和残局，或者叫开盘、中盘和尾盘，或者叫前场、中场和后场。掼蛋游戏通常也分为这三个阶段。

在开局阶段，牌手往往会先发无望顺走的小牌或自己的长项牌型。开局阶段，往往很多情况不是很明了，因此，不少牌手在长项牌型不明显的情况下，常常会发单牌。有时，牌手的长项牌型很明显，也会在一开始就发长项牌型。开局阶段最大的特点是走单牌和某家发长项牌型。

在中局阶段，双方会开始进攻，随着行牌不断推进，攻防态势越来越明显。通过双方你来我往几个回合的较量，一些牌手往往会发起冲锋。有时牌手会在冲锋受挫后还需要顺一定的牌，所以，冲锋往往有可能不止一个波次，时而激烈时而缓和。中局阶段，双方已经展开了实力的拼杀，余牌的数量急剧减少，炸弹纷纷落地。中局还可以划分为前期和后期两个阶段，在中局前期，双方你来我往会有一些回合的冲杀，会消耗一些炸弹；在中局后期，往往会出现激烈拼杀乃至冲牌的情况。出现明显进攻的情况意味着中局阶段的开始，头游胜出标志着中局阶段的结束。中局阶段最大的特点是进攻和拼实力。

在残局阶段，由于牌力在中局阶段消耗很大，头游的胜出使余下几位牌手的力量、形势和格局都会发生很大的变化，因此，很多情况下，残局的攻防一开始往往会有所缓和。残局时，头游的对家往往会觉得己方已经取得头游，打法会更开放一些；而另两家为了不落双下，会尽全力把头游的对家打成末游或至少三游，阻拦会更用力一些。残局阶段，随时会发生冲牌的情况，因此，还是很激烈的。残局阶段最大的特点是由缓和快速变稳和冲牌。

这三个阶段只是大致划分，有时，某家牌整，会直接发起激烈进攻，很可能就没有开局阶段。有时，某一方的两家牌力都很强，一家头游胜出后，另一家接着很快就出完牌了，这就几乎没有残局阶段了。

二、阶段分类的意义

行牌阶段不同，打牌的规律和特点不同，牌手可以根据牌局的不同阶段采取相应的技巧，看怎么打牌对己最有利、对敌最不利，以图取得更好的战绩。

比如，在开局阶段，主助攻不很明显，防守不很严密，牌手封顶或上小炸后很可能会上手；到中局之后，防守会越来越严密，在敌还有一定力量时，主攻企图用封顶牌或小炸弹上手就难了。所以，从进攻的角度讲，如果你是主攻，急于上手表明态度和长项牌型，就要在开局阶段早封顶或上炸，不要等到中局之后。从防守的角度讲，在开局阶段，主攻由于要保存实力，往往会对敌主攻方防守不那么严密；在中局之后，对敌主攻方就要防守严密了，该拼实力时就要拼实力。

再如，在残局阶段，两家打 家时，对敌防守如果不严，很可能导致饿死大牌或炸弹而双下，因此，两家要全力严防死守，这与开局和中局就不同。

第二章 牌手素养要求

掼蛋游戏对牌手的技巧要求非常高，而要达到较高的水平，牌手必须具备一些基本的能力素质。

第一节 进场须知，熟悉牌局规则

玩掼蛋游戏时，各地的规则不尽相同，甚至同一地方的不同牌局规则也有差别，因此，进入牌场，要先熟悉相关规则，以利于在牌局中遵守规则，发挥技巧。

一、掌握基本规则

掼蛋游戏从创设到完善，是一个不断发展的过程，在这个过程中，其基本规则在不断发展变化着。而且，其基本规则的不同规定还常常在一段时间内并行，有的地方按此规则打牌，有的地方按彼规则打牌，甚至同一地方的不同牌局，都各有各的规则。当前，掼蛋的传统升级打法和创新计分打法不但在民间非常流行，而且在媒体和网络上也是并存共生，各打各的，不亦乐乎。

不同的基本规则对牌手各方面的要求不完全一样，牌手要根据牌局的基本规则设计打法。比如，传统打法中，规定必须打A且过关必须打成头游和非末游的牌局，打A时就比其他各级次重要，其打法也与打其他级次不完全相同，牌手在打A时要高度重视。如果是己方打A，要在一家当上头游的同时，更多地照顾对家，不使对家落为末游；如果是敌方打A，当己方有一家能争取头游时就不要过多地照顾对家，当己方两家皆不能争取头游时可放过敌方一家，合力把另一家打成末游。再如，创新打法中，盘盘打2的牌局，级牌对打法的影响始终相同，牌手只须掌握打2时的技巧就行了；各盘打几由随机抽牌决定的牌局，级牌对打法的影响有变化，牌手必须掌握打不同级次时的技巧。

基本规则决定打法，关键时候，能否发挥出适应基本规则的技巧可决定一盘的胜负，甚至决定一局的胜负，这对牌手来说十分重要，所以，牌手必须掌握基本规则，根据当前的牌局规则制定策略、运用技巧，把牌打好。

二、弄清具体规定

不同的牌局，对打牌的一些具体问题规定往往不完全相同。比如，在不同的牌局，对报牌的张数和报牌问牌的次数规定不完全相同，该报牌时必须报、不该问时不能问。再如，出牌时，很多牌局规定必须一次把一手牌出完，出连牌时要按照大小顺序放置。而且，很多牌局还制定了违反规定的处罚措施，违反了规定，要接受不利于己方的处罚。

对于牌局的具体规定，牌手要搞清楚，要遵守执行，以免受到处罚，导致处于不利地位而失分，甚至直接导致失败。

第二节　未战先谋，精心运筹规划

玩掼蛋游戏时，运筹规划对牌力发挥和战局结果影响重大，牌手必须精心谋划。谋划贯穿一盘游戏的始终，牌手不仅在战斗开始前要根据自己的牌形牌力和进还贡情况分析各家的力量大小，作出预先的谋划，制订相应的预案，而且，在战斗进行中，随着形势的发展变化，牌手还要不断观察和分析最新情况，一边战斗一边谋划。善于谋划要做到：战斗还未开始前，就要制订预案；战斗进行过程中，随时调整方案。

一、研究牌形

在开战前，牌手要先对自己的全牌进行必要的观察和分析，看看自己的牌形有哪些特点：有哪些优势、有哪些短项；是属于强牌还是弱牌；看看自己是适合主攻还是适合助攻；如果主攻，需要顺走哪些牌……这一切对于指导即将开始的激烈战斗具有重要而深刻的意义。

为了更快更准地认清自己的牌形，在起牌过程中，牌手应该一边揭牌，一边对手中的牌进行一定的观察。起完牌后，要认真仔细地观察、全面深入地分析自己的全牌，看看牌形的优劣和特点：牌形整齐与否；什么牌型多，什么牌型少；大牌与小牌的多少；炸弹的多少、大小。

出牌时，牌手要根据自己的牌形特点，运筹如何出牌才对自己最有利。比如，自己有三个王，如果单牌较多，就要考虑出单牌，用王回手；如果牌较整，但整牌小，就可以先出整牌，等他人出单牌时再用王上手。再如，自己的牌型种类齐全，对手出什么都不怕，就可以先让对手上手，自己坐等顺牌。

二、谋算手数

谋划打牌，必须考虑需要出多少手才能把牌打完，哪些牌容易顺过，哪些牌可以封顶，哪些封顶牌和炸弹可以上手，哪些牌必须自己发。怎样能使自己出牌的手数变少，怎样容易顺走更多手数的牌，怎样能够封顶和上手并且增加次数：这对牌手都非常重要。牌手要善于进行手数的谋算。

（一）手数决定输赢

掼蛋时谁能赢谁会输，关键就看够不够手。从形式上说，其实就是看三个重要的手数。

第一，要看自己不能顺过的牌需要多少手才能发完。不能顺过的牌必须由自己发出去，每发一手牌需要上手一次。

第二，要看自己的大牌和炸弹能够封顶多少次、能够上手多少次。大牌封顶，要么浪费对手炸弹，要么自己上手。上炸后，除非对手用更大的炸弹回炸，否则就能上手。因此，大牌和炸弹越多越好。由于炸弹什么牌都能管，它的作用更是非常强大而且明显，因此，尤其是炸弹多了好，每多一炸，便多一分胜算。

第三，要看自己有多少手牌能顺走。掼蛋时，双方交错相坐，对手出完牌后，就轮到自己人出牌，而且，在打牌过程中，对方二人和我方总是要发一些小牌的，因此，一般情况下，牌手总是能顺走一些牌的。从影响战局的角度讲，因为小牌要靠自己走，封顶牌和炸弹用上的可能性非常大，这两类牌在战斗中对牌手的影响比较确定、变化不大，而中等大小的牌能否顺走，在战斗中的变化是非常大的，中等大小的牌能顺走的手数往往最终影响了牌手的输赢，所以，如果自己想先走牌，关键就看能够顺走多少手牌了。

打牌时，每发一手牌需要上手一次，能顺走的牌就不必上手发，因此，以上三种重要牌的手数决定了牌手的输赢。

赢牌是因为上手次数大于或等于发牌手数，能把牌发完，也就是通常说的“够手”。相反，输牌就是因为上手次数小于发牌手数，不能把牌发完，也就是人们通常说的“不够手”。

需要说明的是：每一盘中，首轮发牌的人不用耗费力量就可发牌，等于自然上手一次。

牌手的发牌手数用公式可以表示为：

发牌手数 = 全部手数 – 顺牌手数（包括封顶牌和炸弹手数）

也就是说，凡是顺不走的牌，都需要自己发。

上手次数用公式可以表示为：

上手次数 = 大牌封顶次数 + 上炸次数 – 别人炸我次数

也就是说，如果我出大牌封顶或上炸，只要别人（一般是对手）没有用炸压我，我就能上手一次。

如果封顶牌不是压牌时出的，而是自己主动发的，那么，这一手牌就既需要自己发，又能封顶，因此，算手数时，既要算作发牌的手数，也要算作上手的次数。

因为这三种牌手数的多少共同决定了牌手能否先出完牌，即这三种牌的手数形成的关系最终决定了牌手能否先出完牌，所以，牌手在谋算手数时一定要考虑全面。有时，牌手看到自己王多，炸弹也多，自以为必胜无疑，结果却在对方实力并不是很强的情况下打输了，究其原因就是：虽然他上手次数不少，但需要发牌的手数更多。

（二）根据手数进行决策

根据手数的计算，牌手基本上可以得出一个结论：在什么牌能够封顶、什么牌能够上手、能顺过什么牌的情况下可以获胜。这样，在下一步出牌时，就可以根据手数的谋算，并结合实际情况决策如何出牌了。

谋算手数，首先要会计算手数。许多牌场新手不知道时时需要计算手数，而牌坛老手每一盘自始至终都在计算着手数。

有的牌变化不大，手数明显，相对确定。比如，当盘打2，牌手的全牌是：小王、222、KKKK、QQQ、JJJJ、10、9999、88、7、6、5、4、3。很显然，这把牌一共有八手：

单牌二手2张：小王、10；

三头一手3张：QQQ（222）；

三带对一手5张：222（QQQ）-88；

顺子一手5张：7-6-5-4-3；

炸弹三手12张：KKKK、JJJJ、9999。

更多的情况下，牌型组合具有一定的变化，牌手要能够根据不同的牌型组合来计算牌的手数。而且，牌的手数与牌型变化总是密切联系在一起的，因此，计算牌的手数时必须考虑到牌型的变化。比如，牌手的全牌是：大王、AAAA、KK、QQ、JJ、999、888、666、55、444、33。我们分析一下这一把牌，没有变化和基本没有变化的牌共有四手：

单牌一手1张：大王；

三连对一手6张：KK-QQ-JJ；

双飞一手6张：999-888；

炸弹一手4张：AAAA。

另外十张牌666、55、444、33有可能根据形势变化，既可以是两手牌666-55、444-33，也可以是三手牌666、55-44-33、4，这要看是否能顺走4和其他相关情况。因此，牌的手数会有一定的变化。

总而言之，计算手数是一个基本能力，在打牌时，牌手必须会计算手数。

通过计算手数，牌手要进行如下决策。

1. 通过手数的计算，看要不要拆整牌

掼蛋时，经常要面临拆整牌的决策问题。

很多时候，牌手在开局时就应该注意谋划拆整牌。比如，某盘未行牌前，东家通过手数的计算，发现自己只多一手牌——AA。这样，在开局之初出单牌时，东家就可以考虑拆对A顺单，分两次顺走一手牌。在实战中，我们还发现一些高明的牌手甚至会分两次或三次顺走三个头。

顺牌的关键是看顺了哪些牌手数会变少，有时还要看怎

么顺牌有利于下一步走牌。例如，某盘中局，北家的牌是：KKK、QQ、JJJ、999、7777、444444。如果不顺牌，除炸弹外，怎么走至少都是三手牌。通过分析，北家准备拆牌顺走，以减少手数。某轮打单牌，东家出Q，北家顺K，这样，除炸外就成了两手牌：JJJ-KK、999-QQ。下一轮时，东家出10，北家顺J，除炸弹外还是两手牌：KK-QQ-JJ、999，但三连对封顶的可能性大，冲牌时的把握会更大一些。再下一轮时，西家攻小三头，南家没有，东家没要，北家又顺走了999。这样一来，北家把除炸弹外的三手牌顺得只剩下了一手大三连对，基本上必胜无疑了。

如果必要，牌手还要考虑是否拆大牌分次顺牌。例如，某局，当东家出完牌成头游后，北家上手，北家明显是助攻，手中有很多零牌，西家的牌是：♠Q-J-10-9-8、大王、KK、888-55，南北两家手中各有一炸。北家除炸弹外，还有四张小单牌，他看到西家已经没有除王外的单牌，决定发单牌进攻，先发最小的单牌3。如果西家直接上大王，对手上炸，西家的对K不能冲牌，必输无疑。这时，西家决定拆对K分两次顺牌。顺单K后，北家用小王管上，西家上大王。这时，北家还剩两张单牌。南家考虑到北家已经冲牌，觉得如果再出单牌，北家顺走后还有一张，西家不一定敢过牌；即使西家再顺一张单牌，北家若有一炸，就可以走了，所以，南家上炸，西家不要，南家发小单牌送北家。结果，西家再次顺单K，之后用♠Q-J-10-9-8上手冲牌成功，活活饿死北家一炸。

2. 通过手数的计算，看要不要拆炸弹

掼蛋时不但要面临拆整牌的决策问题，有时还会面临拆同

牌炸弹的决策问题。

拆小牌形成的炸弹主要是看能否把牌拆成连牌，以减少出牌的手数或使连牌封顶，这比较好决策。拆大牌形成的炸弹时牵扯的问题较多，比较复杂。

级牌形成的炸弹威力较大，当炸弹用，上手的可能性较大，但拆开有可能多次封顶，因此，拆与不拆皆有利弊。有时，A或K形成的炸弹也存在这样的问题。

在实战中，很多人都遇到过这样的问题：手中有四个级牌，如果对手打对子，是拆成两个级牌对子好呢，还是当成一炸打好呢？有时，因为没有拆四个级牌管两次牌，使己方上手的次数不够，错了。有时，虽然两次上级牌对子都封顶了，但两次都被对手的小炸弹炸了，或者第一次上级牌对子后，对手用小炸弹炸了上手，之后改发别的牌型，再没有发过对子，使余下的一对级牌没有机会出，这两种情况都造成了牌手虽有四个级牌但没能上一次手的情况，又错了。很多人对拆四个级牌的炸没有一个清晰而明确的认识，不知道什么时候该拆，什么时候不该拆。其实，懂得了根据手数谋划的道理，碰到这种情况就很好处理了，那就是：看手数够不够。如果用四个级牌上一次手就能够手，就不要拆四个级牌，以免被对手的小炸管上，反而造成上手次数不够的局面。如果把四个级牌当成一炸用，上手的次数不够，那就应该拆开，使四个级牌上两次手。当然，这里面有个判断问题，牌手要善于判断直接上四个级牌是否能上手、拆开四个级牌能上几手，其实质是要正确判断对手炸弹的大小多少和出牌的路子。

拆大牌形成的炸不仅仅是把四个头拆成两对，还有其他拆法。比如，四个级牌的炸可以拆成三头级牌和单张级牌，或者四个单张级牌；五个A的炸可以拆成三头A和一对A；六个K的炸可以拆成两个三头K。

许多牌手都很容易明白把炸弹拆开以求多次管牌的道理。但是，还有一种情况下的拆炸弹很特殊，并不是人人都能明白这个道理的。这种情况就是：把大牌形成的四头炸弹拆出三个头，带上一个小对子组成三带对。

比如，自己的对子较多，为了使手数变少，高明的牌手往往会拆级牌形成的炸弹，出三头级牌带一对，这是许多新手不会甚至不能理解的一种打法。我们通过一个例子来分析一下这种打法的高明之处。例如，某盘打2，东家的全牌是：大王、2222、KKKK、Q、JJ、10、9、88888、77、55、444、3。按牌面简单整理为：

单牌三手3张：大王、J、3；

对子一手2张：77；

三带对一手5张：444-55；

顺子一手5张：Q-J-10-9-8；

炸弹三手12张：2222、KKKK、8888。

这把牌，封顶牌有大王一手，炸弹三手，其他牌五手。其他牌中的单牌、对子和三带对都很小，顺走的可能性相对较小，走牌压力较大。

如果把级牌2形成的炸弹拆成三个头和单牌，就可以这样组牌：

单牌四手4张：大王、2、J、3；

三带对二手10张：222-77、444-55；

顺子一手5张：Q-J-10 9-8；

炸弹二手8张：KKKK、8888。

如此组织后，封顶牌有大王和222-77共二手，炸弹二手，其他牌五手。其他牌中的单2很大，一般情况下发单牌时必可顺过，等于减少了一手小牌，对走牌有利。

需要注意的是：因为炸弹可以管任何牌，威力很大，拆炸后就失去了炸弹的机动性，所以拆炸尤其是拆大炸时一定要慎重，实在迫不得已时再拆炸弹。如果自己需要出牌的次数较少，就不要拆炸弹，尤其是不要拆能确保上手的大炸。有时，拆炸管牌会被敌方的小炸管上，失去上手机会，反而得不偿失。

3. 通过手数的计算，看要不要早上封顶牌或小炸弹

如果对手的炸弹都能派上用场的话，封顶牌或小炸弹早上迟上与手数够不够没有关系。而如果自己有大炸弹，只需要用封顶牌或小炸弹上一次手就能把牌打赢，那么，就应该早上封顶牌或小炸弹，以造成对手漏炸的可能。如果封顶牌或小炸弹早上，牌局未明，很可能对手会漏炸，这样，自己就多了一次上手机会。如果封顶牌或小炸弹晚上，牌局较明，对手必然会用炸弹管，就上不了手了。

4. 通过手数的计算，看要不要冲牌

如果牌手最后必须靠冲牌才能取胜，在冲牌前，就要计算手数够不够。

如果手数不够，还需要顺走一些牌，或者还需要对手再主动出一些牌，然后自己有的牌才能封顶。也就是说，这时冲牌的条件不成熟。这种情况下，就要忍耐。如果手数已够，当对手走牌过多，局势已经很危险时，就不能再忍耐，而应该果断

冲牌了。

掼蛋时，两人一对，结为同盟，除过对家已经出完牌的残局外，牌手不能只根据自己的实力判断是否可以冲牌。在很多情况下，虽然自己还可能不够手或者肯定不够手，但对家能够帮助自己，可以给自己送牌。而且，主攻冲牌后余牌往往不多，这有利于把自己的牌打明，使对家送牌送得更加准确。所以，牌手尤其是主攻牌手不能一味忍耐，在适当的时候，就应该冲牌。而如果己方两家的实力都不能确保主攻牌手走完需要走的手数时，就应该考虑再忍耐忍耐，等待对手主动出大牌浪费力量、实力下降，或者等主攻再顺一些牌，手数已够时再冲牌。当然了，如果看出对家已经明显没有了实力，那么，当自己手数不够时，就还需要忍耐。

（三）谋算手数时需要注意的问题

在谋算手数时，牌手要注意这么几个问题：

第一，封顶的可能性与现实性。有的牌出了可以封顶，但并不一定能出去。比如，大王是封顶牌，但有可能来不及出，这样，它就没有发挥出封顶的作用。不仅大牌有可能出不去，实战中，有时候炸弹也会因为种种原因没有出去。牌手应该尽最大努力把封顶的可能性转化为现实性。我们经常看到有的人把大牌、炸弹，甚至很大的炸弹饿死，非常可惜，其实就是他没有把封顶的可能转化为现实。

第二，封顶与上手。大牌封顶但不一定能上手，比如，大王虽然可以封顶，但被对方炸弹压住，就上不了手。炸弹出去后，也不一定能够上手，甚至很大的炸弹都上不了手。我们在牌场上不时可以看到，有的牌手想依靠同花顺甚至很大的同花顺上手冲牌，结果被对手更大的炸弹管上，导致冲牌失败。

第三，一次封顶与多次封顶。如果同一点值的大牌多，一手出去可以封顶一次，拆开可以封顶多次，这就需要谋算了。比如，某家级牌以上的大牌是大王、小王、三个级牌，如果不拆级牌，三个级牌一起上，可以封顶一次，大王可以封顶一次，但小王不能封顶。如果拆开级牌单出，当能把所有的级牌都用上时，这些牌可以封顶三次。所以，牌手要根据情况，看是否需要拆开大牌以图多次封顶。

第四，牌的大小与封顶。牌的大小是相对的，因此，大牌固然可以封顶，比如大王、三头级牌，但有的牌并非自然的大牌，也可以封顶。这主要有三种情况：一是，随着大牌的落地，原来不能封顶的牌能封顶了。比如，大王全部出去后，小王就可以封顶。二是，在一盘中，由于牌形的原因，对手没有同种类型的大牌。比如，不打A时，三头A并非自然的大牌，但由于每家都各有两个级牌，因此，三头A成了封顶牌。这种情况更常出现在出连牌时，我们经常能看到，由于对手没有连牌，有时很小的连牌也能封顶。三是，由于种种原因，对手没有用更大的牌压。产生这种情况的原因较多。有时，对手觉得压牌损失太大。比如，虽然对手有一对大王，但为了拆成两个单大王两次封顶，你出对子级牌时他没有压，这时，你的对子级牌就封顶了。有时，对手觉得压了你无法出牌。比如，助攻经常会遇到这种情况：明明自己有大牌可压，但压后自己出牌反而对对方有利，干脆不压。有时，牌手会因为判断错误而错过了压制的机会。比如，主攻有一个大王、两个小王，他上级牌后，其下家手中虽然有一个大王，但是觉得用大王压级牌浪费，希望对家有小王压牌，结果错过了压牌的机会。甚至有时，对手还会看错牌。比如，把三个级牌看成两个，对手出三个A或K时他没有压。在出炸弹的时候，也会遇到这些类似的情况：有的小炸弹能够上手，不是对手没有大炸弹，而是由于种种原因对手没有用更大的炸弹回炸。比如，某家手中有五个A，上家出四个3时没有上五个A而放过，就是他觉得用五个A压四个3太浪费，希望这一大炸在更关键的时候再用。明白了牌的大小与封顶的关系，牌手就要善于使自己的小牌和小炸封顶，同时不要让大牌和炸弹漏打甚至饿死。

三、确定主攻

掼蛋时，所有牌手都担负着进攻和防守的任务，大家都要既进攻，又防守，但是，主次有别，主攻以进攻为主，助攻以防守和配合主攻为主，主攻和助攻的打法差别很大。牌手在当主攻时，以自己跑牌为主，适当兼顾防守，比如，能顺牌时就顺牌，发牌时多发自己的长项牌型或顺不掉的小牌，可适当保存炸弹，以备冲牌时用。牌手在当助攻时，以配合对家跑牌和阻止对方跑牌为主，比如，上手后给对家送牌；即使自己能顺牌，也要防备敌人过牌，往往会抬高守门；阻止对方时不保存实力。因此，选择主攻和助攻对牌手非常重要。

（一）强弱的评定

牌手选择主攻和助攻首先需要分析自己牌力的强弱。

牌手起完牌后，首先要审察自己所有的牌，判断一下自己的牌是属于强牌还是弱牌。那么，什么样的牌算强牌，什么样的牌就较弱呢?

一般地说，牌的强弱决定于这么几个因素：

一是，大牌和小牌的多少。大牌多意味着封顶机会和上手机会多，小牌多意味着需要自己发牌的次数多，因此，大牌多牌就强，小牌多牌就弱。

二是，牌面的整散。散牌需要出的次数多，整牌需要出的次数少，因此，整牌是强牌，散牌是弱牌。

三是，炸弹的多少和大小。炸弹的威力大，什么牌都能管，因此，炸弹多是强牌，炸弹少是弱牌。在炸弹多少一定的情况下，大的炸弹上手可能性大，小的炸弹上手可能性小，因此，炸弹大是强牌，炸弹小是弱牌。

四是，逢人配的多少。逢人配可随意配成除王外包括炸弹的任何牌型，使牌的调整余地变大，能增大牌力，而且，其本身就是级牌，只比小王小，不配成别的牌型也是大牌，因此，有逢人配的牌往往更强，无逢人配的牌往往更弱。

强弱是相对的，除了看自己牌的强弱外，还要分析一下对家和对手的牌是强是弱。当然，分析其他三位牌手的牌力强弱具有相当大的不确切性，只能是大概估计。在行牌之前，可以根据自己的牌型大致判断一下其他三家的牌情。例如，自己的断牌很多，这些牌在其他三家手中形成炸弹的可能性就较大，而对家只有一人，对手有二人，因此，对手形成炸弹的概率更大。还可以根据进贡情况判断一下各家的牌力。例如，进贡者只进了一个级牌，那说明他手中没有大小王，大牌少。在行牌过程中，可以根据各家的用炸情况和其他表现判断一下他们的牌情。例如，用炸痛快的多是强牌，处理牌情果断的多是牌型变化不大。

炸弹的威力大、机动性强，对牌局的胜负影响最大，因此，牌手必须重点对其他人手中炸弹的多少进行一个初步的估计。根据实战经验，牌手一人有两个或三个炸的情况较多，每一方两人共有五个或六个炸的情况较多，估计炸弹时可以以这个数据作为一个参考。

（二）主攻助攻的决定

通过评定自己牌力的强弱和对其他人牌力强弱的判断，可以初步估计出自己和对家牌力的强弱对比，结合其他情况，牌手基本上就可以对自己是当主攻还是助攻作出比较正确的决策了。

如果是强牌，适合先走，就要找机会给对家传递信息，适时发起攻击信号；如果是弱牌，就要以配合对家和阻击敌人为主；如果是中等牌，就要边打边看，如果对家在主攻，自己就配合，如果对家在助攻，自己就主攻。

四、推演进展

牌手在决策如何出牌时，往往会对后面的牌局进展情况进行一番推演。

通过推演牌局的进展，牌手可以推测出下一步牌力消耗的程度，计算出大牌封顶的次数。例如，某家手中的特大牌有大小王各一张、级牌两张，在对家没有大小王的情况下，这样的牌能封顶几次？如果打对子，对级牌可以封顶一次，大王在出单牌时可以封顶一次。这判断起来很简单。如果不出对子，只打单牌，那就要进行一番推演了：第一次出单牌时，先上级牌，对方出小王，自己出大王封顶；第二次出单牌时，自己再上级牌，对方上大王；第三次出单牌时，自己的小王封顶。所以，如果自己的级牌和大小王都能用上，那么，无论拆不拆一对级牌，这样的牌都可以封顶两次。

通过推演牌局的进展，牌手能够正确进行决策，看如何调配牌型、怎样出牌对自己最有利。比如，某家手中的特大牌只有大王和两个级牌，在对家没有大小王的情况下，如果拆牌，两个级牌必会被对手压住，只有大王能封顶一次。这样，如果必须依靠一对级牌封顶才能打赢牌，就不要拆对子级牌单出。当然，如果分两次滑过级牌后可以打赢，就应该考虑把一对级牌分两次滑过去。再举个最简单的例子：残局时，只有东家和北家两位牌手在战斗，东家手中有场上唯一的一个大王和若干对子，北家手中还有两张牌，东家怎么出牌？很明显，东家要先拆一个对子，如果北家过单，东家用大王回手后就一直发对子；如果北家不过牌，东家就再打所拆对子余下的那张单牌。之后如法炮制，北家必败。其实，这个分析过程就是在推演牌局的进展。

通过推演牌局的进展，牌手不但可以预测到可能发生的各种情况，制订出相应的预案，甚至，高明的牌手还会根据推演的情况比较准确地预测出牌局的结果。例如，当盘打8，南家的牌是：大王、小王、888、KKK、QQ、JJ、10101010、77、5555、44、333。在出牌前，南家可以这样推演：先出333-44，一般情况下，必会遭到敌人的压制。

但是，压制的可能性有多种：如果对手没上KKK以上的三头带对，那南家就上KKK-77，之后，无论能不能封顶，都比较好打。如果对手上KKK或AAA带对，那南家就上888-77，之后，再根据牌情过单K或一个对子。如果对手有888并且首先封顶，那么，对手的特大牌就所剩不多，在发单牌时南家就可以拆8以求打单牌时多次封顶。通过推演，南家不但能制订出多种预案，而且基本上能确定这把牌是强牌，获胜的可能性非常大。

总之，推演牌局的进展能使牌手的决策更加科学合理，有利于把牌打好。

其实，每个牌手在决策出牌时都在自觉不自觉地推演着牌局的进展。而高明的牌手推演牌局进展的意识更强，推演牌局进展的水平更高。推演牌局进展的意识和水平从根本上决定了一个人的打牌水平。要想成为高明的牌手，必须养成推演牌局进展的习惯，掌握好推演牌局进展这个高级基本功。

第三节　胸怀全局，把握总体态势

掼蛋游戏的对抗性非常强，因此，牌手决策时，不能只看自己的牌，而要胸怀全局，始终把握住牌局的总体态势，根据战局的总体态势做出对自己最有利的部署。

要做到胸怀全局，把握总体态势，牌手必须会分析判断形势。随着战斗的推进，牌手分析判断形势主要是看：全场牌力消耗到了什么程度，各家的余牌数量，对方谁在主攻、主攻者实力如何，以及对家是在主攻还是在助攻。

善于分析形势，能够准确估计形势，把握住总体态势，牌手的决策往往就正确，措施往往就得当，弱牌也可能会打赢；反之，不会分析形势，不能准确估计形势，把握不住总体态势，牌手的决策就可能错误，措施就可能失当，强牌也有可能会打输。

一、牌力的耗费程度

随着牌局的进展，牌力在不断消耗。根据牌力的消耗程度，牌手要能够看到自己牌力发生的变化和其他三位牌手牌力发生的变化。比如，四个王已经落地，级牌就成了封顶牌，如果己方级牌多，就非常有利；如果对手级牌多，将非常麻烦。

牌力的消耗主要体现在三个方面。

一是大牌的消耗程度。大牌的不断消耗会让相对小的牌封顶。比如，大小王和七个级牌落地后，对A无疑就能封顶。在有的牌局中，由于大牌消耗过多，甚至相对很小的牌都能封顶，比如单J、对8、三个6，这一点需要牌手特别注意。

二是整牌的消耗程度。对子、三头、三带对、顺子、三连对、双飞的不断消耗也会让相对小的牌封顶。

三是炸弹的消耗程度。炸弹的数量相当有限，一方的炸弹消耗越多，另一方就越容易占主动。比如，敌方的炸弹消耗完后，我方的封顶牌就必能上手。再如，敌我各有一炸，如果把对方的炸弹诱逼下来后，我方就能用炸弹较好地掌握牌场上的主动权了。

二、各家的余牌数量

掼蛋时，在一盘的不同阶段，牌手处置相同情况采取的方式方法不同，甚至差异很大。比如，在开局阶段，为了顺一些牌，牌手可以适当忍耐；在中局后期，就要对敌进行强有力的制止。因此，打牌时，牌手要注意牌局进展到了什么阶段，以便决策应该采取什么样的打法。

各家余牌的数量直接关系到牌局进展的阶段，对牌局的影响非常大，是影响打法的重要因素，因此，打牌时，牌手一定要注意各家余牌的数量。

牌手的全牌是27张，知道了各家全牌的数量，减去其已出掉的数量，就可以计算出各家手中余牌的数量了。当然，在牌局进展中，要把每家余牌的数量都注意到并计算准确有很大难度。实战中，在各家余牌够报之前，应该重点关注主攻者的余牌数量。

对手的余牌数量越少，对我的威胁程度越人，因此，从防备对手跑牌的角度讲，牌手要注意对手余牌的数量。一盘出牌前，每人手中都是一大把，因此，在开局之初，防备对手跑掉的必要性不是太大。但当进行到中局前期时，牌手就可以大略看出其余三家的情况了，要注意不能让对手走牌过多、余牌太少。特别是当自己的炸弹比较多的时候，适当地上炸十分必要，不然，很可能到后面会来不及用，使炸弹作废甚至饿死，后悔莫及。因此，在中局前期，牌手就要把注意各家余牌的多少放在心上了。注意各家余牌的多少最关键的是在中局后期和残局阶段。因为在中局后期和残局阶段，要跑的一家余牌已经相当少了，很可能只需要两三手甚至一手就能把牌出完，所以，中局后期和残局阶段，牌手要密切关注对手余牌的数量，时刻防备对手跑牌。

掼蛋时，不但要防备对手跑牌，还需要互相配合着进攻，因此，从己方进攻的角度讲，牌手还要关注对家余牌的数量。比如，对家主攻，你做助攻，手中有一大炸，从配合主攻跑牌的角度讲，你就要关注对家余牌的数量，以便决策自己在什么时候用炸。如果对家余牌很多，情况不明，那你可以暂不用炸；如果对家余牌很少，能肯定或基本上能肯定需要顺一手牌，那你应该用大炸上手，给对家送牌。再如，你做主攻，假设还有两手牌，一手是封顶的单牌，一手是中等大小的三带对，你出任意一手牌，对手都会管牌，另一手必须依靠对家送走，这时，无论你选择出哪一手牌，从进攻的角度讲，都各有利弊：如果先出大单牌，留下中等大小的三带对，好处是能引对手下炸，坏处是万一对家没有小三带对，送不走自己，那就会很麻烦；如果先出中等大小的三带对，留下大单牌，好处是对家非常容易送走自己，坏处是出三带对后，不但不能引对方下炸，还有可能会让对手顺牌甚至封顶。那么，到底出哪一手牌才有利于进攻成功呢？这就必须看对家余牌的数量了。如果对家的牌较多，能肯定有小三带对或者有小三带对的可能性很大，基本上可以肯定能送走自己的三带对，那么，你就应该出大单牌引炸，留下中等大小的三带对等对家送自己；如果对家的牌较少，有小三带对的可能性很小，很有可能不能送走自己的三带对，那么，你就可以考虑出中等大小的三带对，留下大单牌，使对家容易送走自己。

总之，各家余牌的多少是当前格局的重要因素，是进行决策和行动的重要依据，因此，牌手必须掌握各家余牌的数量，特别是在中局后期和残局阶段。

三、敌我的主助情况

其他人的牌力强弱和选择主攻助攻的态度关系到自己是当主攻还是助攻，因此，要能够根据情况判断其他人的牌力强弱，并进一步判断其他人选择主攻助攻的态度。

虽然强弱并不绝对决定做主攻助攻，但是，强弱对选择主攻助攻的影响是最大的，因此，判断强弱非常重要，牌手要善于判断他人的牌力强弱。比如，开局时，上家出了级牌后，下家直接用大王压，很可能他还有一个大王或者有一对小王，这说明其特大牌多，具有强牌特征。再如，中局时，某家欲炸又止，往往说明这家的牌手数不够，强中有弱。

强弱只是选择主攻助攻的重要因素，而主攻的成败直接决定了输赢，因此，判断他人的主攻助攻情况比强弱本身更加重要。

牌手重点要看敌方两家的哪位在主攻，哪位在助攻，是否有人在佯攻。对主攻对手，要死死盯住，绝不放过；对助攻对手，要适当注意，根据具体情况进行处置；如果对手在佯攻，可任其胡作非为，不要上当。牌手要通过对手的出牌情况判断其主攻助攻态度。比如，某家在出什么牌，他有没有顺单牌，他是准备主攻还是在做助攻送其对家？某家已经在进攻了，他出的是什么牌型，是对子还是三个头？再如，大家都遇到过这样的情况：某家不惜老本地在出大牌引炸弹，上手后还在送对家，这一般就能说明他手中的牌太乱，不想先走。

牌手在看对手两家是主攻还是助攻的同时，还要看对家是在主攻还是在助攻。如果对家在主攻，自己就要注意配合；如果对家没有主攻的意思，自己就要根据情况看看能否主攻。

第四节　牢记牌情，做到心中有数

打牌决策时，如果知道外面还有哪些牌、哪位牌手已经出过了哪些牌、各家出的牌型和次序等情况，那对做出正确高明的决策是非常有利的。在实战中，既不允许讨论前面出牌的情况，也不允许牌手拨开落地的牌进行逐一查对，所以，要知道各家的牌情，就要靠记牌了。记牌是分析判断的基本前提和根本基础，是牌手每盘都要用到的非常重要的基本功。

记牌包括记各种牌情，主要是两个方面，一是明牌，包括已经出过的牌和未出的明牌，二是各家所出的牌型及具体牌。

明牌中，已经落地的牌是主要部分，记明牌主要就是指记这部分牌。除此之外，还有一些未出过的牌也是明的。在传统升级牌局的第一盘和创新计分牌局的每一盘，都需要在切牌时翻出一张明牌。在传统升级牌局中，进还贡的牌也是明牌。有时，一些牌手出错牌又拿回去，或者因为牌没有拿好而露明，或者因为一些别的原因把牌弄明，牌手也要重视记这些牌。所有的牌中，除大小王各是两张外，其他各点值的牌均是八张。记住了某个点值的牌落地的数量，就可以计算出这个点值的牌在余牌中的数量。知道了在余牌中这个点值的牌的数量，再结合其他明牌及其他情况，就可以进一步分析这些牌的分布情况，这对牌手做出正确的决策至关重要，尤其在中局后期和残局时，更是非常关键。

牌手所出牌型和具体牌是其牌情非常明显的表现，可以判断其牌型组成情况和牌力强弱，因此，牌手要用心记住各家的出牌情况，尤其是重要情况。

记住了各种牌情，能够判断余牌的情况，把握战斗进行的情况，掌握战场的态势，决策时可以做到心中有数。如果记不住牌，在决策时往往无从着手，常常会犯错误，甚至犯非常低级的错误。

记牌的重点是要能够记住一些已经出过的关键牌和未出过的重要牌。如果牌手能够把所有的牌情都记住，那是最好不过的了。但是，把所有的牌都记住难度太大，而且，有的牌对全局的影响相对较弱，所以，在能力有限的情况下，先要记住一些关键牌。如果可能，就多记一些牌，记得越多越好。

记牌是一种功力，一开始记得少，先记大牌和关键牌，然后循序渐进，不断记更多的牌。有的高手记牌非常多，到中局后期基本上可以判断出各家的具体牌情，这对取得胜利有直接而重大的帮助。

牢记牌情，特别要注意记住以下几个方面的内容。

一、记大牌

大牌能封顶，可以起到引炸、上手、威慑的重大作用，因此，记住大牌是否已出、已出多少非常重要。作为牌手，首先要能够记住王、级牌、A（打A时是K）等大牌。

王最容易封顶，封顶后，要么能引炸，要么能上手。当王出到一定程度时，级牌就能引炸或者上手。同样的道理，当级牌出到一定程度时，A（打A时是K）也能引炸或者上手。因此，记住这些大牌，就能够准确地判断下一步是否敢出对子、能否确保某一手是大牌、用什么压住对方的牌最有利，等等。这在中局和残局非常重要。我建议，记大牌至少要记王、级牌、A（打A时是K）已经出了多少。如果能够再往下记住K、Q、J，那更好。

为了能更加准确地判断其余三家手中的牌及其实力等更多的情况，在记住大牌已经出过多少张的同时，往往还需要记住哪一家出过哪些大牌了，这对于分析判断牌场上的情况同样很重要。比如，某盘打6，开头几轮走的是单牌，在前一轮，南家上A后，东家用小王压，后一轮，北家上A后，西家没有压，东家犹豫后用6压，根据这一情况，基本上能够判断出东家的6是拆出来的。

牌手都知道记住大牌尤其是特大牌的重要性，但在实战中一边研究如何打牌，一边要记住所有出过的大牌，并不容易。这里我分别推荐一种记大小王、级牌和A、K等大牌的方法。

先介绍记大小王的方法。大小王虽然只有四张，但由于区分大王和小王，要记清楚，还挺麻烦的。我研究出了一个非常简单的方法，不用记忆，只用动动脚的位置就行了。我们用左脚的位置变化表示大王的出牌情况，用右脚的位置变化表示小王的出牌情况。在每盘出牌前，把双脚并拢并收在靠近身体处。在行牌过程中，用脚移动位置来代表出过王的各种情况。左脚朝左平移，代表出了一个大王；右脚向右平移，代表出了一个小王；左脚朝左平移并向前伸出，代表出了两个大王；右脚向右平移并向前伸出，代表出了两个小王。以记小王为例，如果先出了一个小王，右脚位置就向右平移，再出第二个小王时，只需把右脚向前伸出就行了；如果同时出了两个小王，直接把右脚朝右前方伸出就行了。如果怕一只脚移动后另一只脚的状态不清楚，不知是移动了还是原地未动，那么，也可以这样做，当小（大）王已出而大（小）王未出时，左（右）脚跟着右（左）脚一起向右（左）移或向右（左）前方移，这样，左（右）脚根本没有在中间，绝对不会发生混淆。出大（小）王后，左（右）脚再向左移。如此一来，出王的八种情况就是：

一个小王：左右两脚一起平移至右边；

一个大王：左右两脚一起平移至左边；

两个小王：左右两脚一起伸向右前方；

两个大王：左右两脚一起伸向左前方；

一大一小：左脚平移至左边，右脚平移至右边；

一大两小：左脚平移至左边，右脚伸向右前方；

两大一小：左脚伸向左前方，右脚平移至右边；

两大两小：左脚伸向左前方，右脚伸向右前方。

这种记大小王的方法是我研究出来的，动作简单、节省脑力，又记得非常牢靠、十分清晰。

再介绍记级牌的方法。玩真实的纸牌游戏时，可以用拿牌的手指位置表示已出级牌的个数。出级牌前，拇指放在牌面正面中间位置，其余四指在牌面背面。行牌后，出几张级牌，拇指就放在牌面内侧第几张牌上。当手牌数量较少时，可以把小指从牌面背面移到牌面正面，用它代表已出四张级牌，用拇指在牌面内侧位置加四表示已出级牌的个数。当手牌仅余三两张时，还可以再把无名指移到牌面正面，用它代表已出两张级牌，用拇指在牌面内侧位置加六表示已出级牌的个数。当手牌仅余一张而级牌已出八张时，用五指把这张牌全握在手中，这样代表已经出完八张级牌。这种方法也是我研究出来的，虽然比记大小王稍微复杂一些，但也很容易操作，很实用。玩电脑游戏时，可以用不拿鼠标的手指表示已出级牌的个数。因为很多人都知道如何用一只手的手指变化表示出一至十，所以这个方法很简单。

需要注意的是：记级牌时，不但要记住普通的级牌，而且要专门注意逢人配。逢人配可以代替除王外的任意一张牌，如果没有出完，别人手牌的变化会较大，因此，要专门注意。

最后介绍记A、K等大牌的方法。用从左到右两个数字分别表示已出A和K的多少，在一盘的开始，从左到右预先默记00，各点值的牌每出一张，就加1记忆。例如，某盘，先出了一张K，这时记为01；后出了一张A，这时记为11；又出了一对K，这时记为13。以此类推，直至记到88。这种方法在实践中很有用，看似记起来有负担，有点费劲，其实并不难，越记越容易。如果一开始记两种大牌有困难，可以先记A，循序渐进，之后会越记越多，越记越容易。这种方法用习惯了就好，很容易掌握。

二、记小牌

关键的小牌有时候也能左右局势，因此，牌手还要特别注意记住关键的小牌。

当主攻牌手需要对家送最后几手特别是最后一手牌时，是否敢留较小的牌，就要看对家有无能送走自己的小牌了。比如，东家上炸后只余一张牌，主攻北家担心南家没有大炸，就用自己最后一炸回炸了东家并上手，他手中还有两手牌：A–K–Q–J–10、66，这时，北家决策如何出牌时就要考虑对家有没有小对子了。南家若有小于6的对子，就应该用最大的顺子A–K–Q–J–10冲牌。冲牌后，若西家没有炸弹，就能冲牌成功；若西家还有炸弹，会引西家上炸，而西家上炸后，南家能控制住局面，南家上手后如果能送小于6的对子，就可送走北家成头游。南家若无小于6的对子，送不走北家，那北家用A–K–Q–J–10冲牌就会很麻烦。这种情况下，北家记住小牌就很关键，能帮助他做出正确的决策。

助攻决策是否送主攻时，也要注意判断主攻余牌的大小。有时，记住了有关小牌的出牌情况，就能判断出主攻余牌的大小。比如，某盘双方的实力都较强，南北方的北家在主攻，东西方的西家在主攻，中局比拼结束后，北家先出完牌成了头游。这时，东家的牌很散，不可能先于南家出完牌，但有一炸。南家手中还有全场最后一个王、一对级牌、三个A。西家余牌为两张。南家用王冲牌，东家被迫上炸。东家上手后，由于记住了南家出过7–6–5–4–3，北家出过4444，自己手中有一张4，因此判断西家手中的余牌肯定是44，于是大胆拆开自己的333，发33送西家，西家顺走成为二游。这盘牌，如果不是东家记住了4的出牌情况，必会打成双下。

主攻在决定是否遏制敌主攻方或是否放任敌助攻方送牌时，判断敌主攻手中的余牌是不是某个小牌很重要。某盘打2，东西方东家在主攻，南北方南家在主攻。在中局后期，西家和南家已经报过牌了。当前，北家上大王封顶。各家的手牌如下图所示：

北家：
J
J
2 QJ 8 4
2AKQJ 87 54
2AKQJ987654

西家：
A
A 6
AQ1064

东家：
9
9
9 4
9 43
Q 109 6543
小王 AQJ109765 43

南家：
KQJ1093
3

东家冲牌明显不够手，必须等顺走一些牌才能获胜。东家记住了出3的情况：北家出了一对3、西家出了一个3，自己手中有三个3，所以，他断定南家手中必有一对3和其他五张牌。东家觉得，即使南家有炸，但由于东家自己还有六个头的特大炸弹，因此，他能管住南家，不会让他跑掉。基于这样的判断，东家没有用炸打停北家，而是让他发牌。

北家判断：南家前面没有上过小炸，又不吃三头，因此，余牌要么是一大炸和两张单牌或一对，要么是一个顺子和一对。因为北家还有一大炸，为了防止东家上小王或过对子，所以，北家出了一个小顺子：9–8–7–6–5。果然，南家顺了K–Q–J–10–9，余牌两张。东家用小炸4444压制。北家想再看看情况，因此，没有用炸回炸东家。

东家发单7，北家上2，东家上小王封顶，北家不要。东家再发333-55，北家出QQQ-88，西家出AAA-66封顶，余牌三张。虽然北家明知西家的余牌不是一手，应该全是散牌，但他担心南家在西家发单牌后拆牌，导致自己不好送牌，又觉得西家已经没有对子了，拦不住自己送南家的小对子，因此，用JJJJJ炸了西家。这时，东家还有A、QQ、J、1010、999999、66，如果上炸，仍然不能冲牌成功，他断定北家会送对子，因此，没有上炸，而是坐等顺牌。

北家由于没有记住3的出牌情况，为了送南家，从三个4中拆出了一对4，发牌。结果西家要不上，南家也要不上，东家过对6，北家上对K。这时，东家还有A、QQ、J、1010四手赘牌，上炸仍然不能冲牌成功，因此继续等待。

北家看到南家连他手中最小的对4都不吃，决定自己进攻，发单5。西家顺单10，余牌二张。南家不要。东家顺单J，北家上2，西家、南家、东家都不要。北家继续发单7，西家顺Q，东家顺A，北家上2，余牌三张。这时，东家除炸外还有QQ、1010两个对子，仍然不能冲牌成功。东家记住了北家送南家时出的是一对4，自己出过四个4的炸弹，南家是一对3，而西家余牌只有一张，因此，他判断北家手中必有单4或对4，而且，单4的可能性极大，对4的可能性极小。因为北家三张牌不能一手出完，所以，东家决定继续不要。由于西家余牌只有一张，因此，北家不敢再发单4，只好发对A冲牌。之后，东家用六个9上手，先出1010，再出QQ，获得头游。西家借风出完最后一张单牌4，获得二游。

这一盘牌，之所以东西家赢得了头游和二游，打成了双上，关键在于东家记住了南家还有一对3。

三、记常牌

掼蛋游戏的顺子中，5和10是常牌，它们非常特殊和重要。任意顺子中，必然有它们中的一张；离开了它们，就组不成顺子。因此，记住这两张牌的出牌情况，能够帮助判断他人手中存在顺子的可能性。记住了10的出牌情况，还能够判断自己到9的顺子是否可以封顶。在关键时候，能否记住这两种牌，关系到战局的胜负。例如，他人冲牌失败后余牌五张，记住5已经出完，而他又出过三个10，基本上可以断定他手中的余牌不是顺子。

四、记炸弹

炸弹的多少是影响一盘胜负最关键的因素，因此，记住已经出过几个炸，这些炸都是谁出的非常重要。通常情况下，某一牌手有两三炸是普遍现象，有四炸的情况较少，四炸以上的情况更少。在实战中，要记住某家是否出过炸弹，出过几个炸弹了。根据他人出过的炸弹多少和大小，对他的余牌还有多少炸可以进行大体的判断，有利于做出正确的决策。比如，某一家已经出过三个炸了，他手中还有炸的可能性比较小，如果这时他手中的牌还有一大把，那么，你就可以考虑他可能是在助攻，多数情况下，可以不把注意力放在他身上。再如，对家已经出过四炸了，他可能再没有炸了，而你手中有一个比较大的炸，这时，对手主攻出了一手封顶牌，那么，你就要考虑是不是该用掉这一炸了。

除过大牌形成的多头炸弹，牌手有可能考虑留着，它们到后面可以拆牌进行调整，有时会先出大于它们的炸弹，一般情况下，多数牌手出炸都是按照由小到大的顺序出的。因此，出过五个头的炸弹，四个头的炸弹就可能没有了；出过同花顺的炸弹，往往就没有多头炸了；出过六个头的炸弹，基本上就没有炸弹了。根据这一情况，可以进一步分析他人余牌中有炸弹的可能性。比如，某家在主攻，出了六头炸后，余牌还有七八张，多是没有炸了，上炸是想发一手牌，最后余下的一手牌等待对家送走。再如，某家助攻，先出四头炸，后出五头炸，又出了一个很大的同花顺，多是炸弹已经耗费光了，手中的牌可能很散。

第五节 注意细节，养成良好习惯

掼蛋时，每个人都要起牌、拿牌、理牌、出牌，日常玩游戏时，人们还往往会说一些话，做一些动作，有的人甚至还会用口头语言和态势语言来欺骗对手，这些都是打牌时的细节。细节影响成败。如果不小心在细节上出现了纰漏，就有可能造成重大损失，甚至会导致最终失败。打牌时的细节非常重要，牌手要养成良好的打牌习惯。

一、精心理牌

掼蛋时需要组牌，组牌离不开理牌。理牌是组牌的基础，组牌时要不断理牌。理牌是打牌的基本功，是打好牌的前提。理牌的直接目的是看清牌情，不错看、漏看牌张。

有的人不会理牌，理牌后，牌面仍然显得比较乱。如果牌面比较乱，牌手很有可能看不清楚自己有什么牌，或者不易看到牌型的变化。连自己的牌都看不明白，怎么能打好牌呢！

在实战中，很多人都见过这样的情况：有的人打着打着才发现自己一开始的某些牌并不是原来的几张，比如把三张看成了两张，把两张看成了三张。有的人一开始不知道自己组成顺子后多出了一张单牌，能顺的时候他没有顺，打到最后才发现自己还有一张单牌，但已经没有机会顺走了。有的人只有一张逢人配，却在两处留着需要配的牌。有的人有时会把一个炸弹分两处放，分两次出。我甚至还见过有的人不知道自己有大王的情况。这些都是因为没有把牌整理好而出现的问题。

在实战中，还有两种情况会经常出现：一是有的人理牌后不知道自己有几对、有几个三个头，出着出着才发现自己需要多过一个对子。二是有的人输牌后才发现自己原本可以那样组牌的。

为了避免因为理牌不当而出现对自己不利的情况，每位牌手都要善于理牌。

理牌的要点主要有这么几条。

一是，要把牌基本上按大小顺序排列，不要把牌分散、割裂开，这样既容易看清楚连牌和组合，也容易根据牌势调配牌。在起牌过程中，可以初步理牌：按大小顺序在手中插入各牌，使手牌按照一定的次序排列。这样既可以避免整牌被误拆，又便于灵活调配牌。起完牌后，一些变化不大或不再变化的牌，可以提出来单独放在一边或牌面里层。有的人理牌时，把炸弹、三头、顺子等牌早早抽出来单独放在一边，很不利于调配牌，是不可取的。那样的话，牌虽然整齐了，但没有变化，太死板，可能会看不出来许多变化，失去顺牌压牌机会，或者不容易组合出好的牌型来。

二是，牌起完后，如果怕自己看不过来有哪些单牌，可以把单牌单独放在一起，这样就能够避免单牌被漏看的情况。在打牌过程中如果拆出了单牌，也要注意把拆出来的单牌和以前理牌时理出的单牌放在一起。为避免单牌数量被人从牌的背面看到，牌手可以把牌分成两层放，把其他牌放在外层，把单牌放在里层。

三是，数一数自己的单牌有多少、对子有多少、三头有多少、连牌有多少、炸弹有多少，做到心中有数。在打牌的过程中，也要经常看自己各种牌型的多少，随时做到心中有数。

四是，在打牌的过程中，为了更好地把牌看清楚，也要注意进一步调整牌张次序，进一步理牌。

把握住这几条，基本上就能够做到自己不会疏漏，也不会使别人从牌面的背面结构上，尤其是结合出牌时抽牌情况看出你手中牌的有关信息了。

如果理牌不当，很有可能让人从动作上看出一定的情况。比如，有的人在理牌时，把对子放在一起，把三头放在一起，出三带对时左一抽牌，右一抽牌，往往能让人看出对子和三头的情况。

随着牌局的进展，牌手还要不断地整理自己手中的牌。否则，即使按照前面的要点理牌，也能让对手从牌的背面结构上看出你手中牌的有关信息。比如，你余牌为八张，按这样的顺序排列：A、QQQ、77、66，如果出三带对，无论是出

QQQ-66，还是出QQQ-77，都必然会让人看出你的三张余牌是一对和一单。如果下家是主攻，他还要过一对或一单，就可以安心等待你再出一手。那么，这八张牌怎么排列才好呢？应该把A提前调到7和6之间这样排列：QQQ、77、A、66，如此排列，无论是出QQQ-66还是QQQ-77，剩余的三张牌都在一起，敌方无法判断。

具体怎么理牌，并没有固定的程式，也不应该有固定的程式，牌手可以参考以上的要点，结合自己的习惯把牌理好。要害是把握住两点：一是让自己从正面把牌看清楚，二是不要让敌人从背面看出自己牌的有关情况。

二、谨慎动作

打牌时，人们需要做一些动作。如果动作做不好，有可能会造成信息泄露。牌手在打牌过程中要注意做好以下几个基本动作。

一是揭牌动作。揭牌时，不要被别人看见所揭的牌。

二是拿牌动作。牌手要把牌拿好，不要让别人看见手中的牌。

三是理牌动作。无论是揭牌时的理牌动作、揭完牌后的理牌动作，还是中途出牌时的理牌动作、出牌后的理牌动作，都要注意不要让别人从你的动作上看出牌情。有的人喜欢把单牌数好放在牌面的一侧，有的人喜欢把炸弹逐一抽出、集中放在牌面的一侧，这很容易让别人看出一定的名堂来。很可能你一边把单牌或炸弹往牌面的一侧放，其他牌手一边在数你的单牌或炸弹的数量呢！甚至有时，有的牌手的炸弹是几个头也能被人从理牌动作上看出来。

四是出牌动作。出牌时，不要让人从出牌的动作上看出你手牌的某些信息，尤其是关键信息。比如，上家出对子时，因为你要对子，迫不及待地出了一对，一下子就让人看出你要过对子。再如，出三连对时，如果你把拆出的一张单牌往旁边一移，一眼就能让人看出你是在拆牌。有的人在出牌时还会因为不小心而把其他牌带下来，掉在了桌面或地上，如果是关键的牌，被对手看见了，会对自己非常不利，甚至会直接导致赢牌打输。

三、不动声色

在打牌过程中，人们往往根据口头语言和态势语言判断他人的牌形和实力，如果牌手的口头语言和态势语言暴露了自己的牌情，那无异于把牌送给人看。所以，在打牌时，要注意不让对手从你的口头语言或态势语言上获得任何对其有利的信息。比如，不要说自己的牌，无论好坏，都不发言。再如，喜忧皆不形于色，让对手无从判断。

在口头上，人们往往稍加注意就能做到不说牌。而态势语言是人们自然而然的情绪外现，牌手需要更加注意才能做到在态势语言上没有任何表现，否则，很难避免暴露情况。从态势语言上讲，牌手常常会在以下几个方面有所表现。

出牌的动作。从出牌的速度上讲，速度快多说明牌好出，速度慢多说明牌难出；从出牌的力量上讲，力量大多是牌力强，力量小多是牌力弱。

流露的表情。高兴、喜悦说明牌如意，痛苦、忧愁说明牌不如意。

说话的语气。语气强硬、坚决说明牌好，语气软弱、犹豫说明牌不好。

根据这些态势语言与牌的关系，他人往往能够判断出你的一些情况。所以，无论是口头语言还是态势语言，牌手都要注意保持沉默寡言，不动声色，不使真实情况外露。

四、细查敌牌

掼蛋时，要养成检查对手所出牌的习惯。实战中，有的牌手会有意无意地出错牌，因此，牌手要及时检查对方的牌，以防被对手蒙混过关。

第六节　认真慎重，争取精益求精

实战中，我们经常发现，有的牌之所以输，就输在关键的一手牌没有出好上。出错一手牌，就可能输掉一盘牌。俗话说的“一着不慎，满盘皆输”讲的就是这个道理。

事实上，在大多数的游戏或竞赛中，凡是势均力敌的双方，决定成败的因素往往是哪一方在态度上更加认真，在决策时更加慎重。

兵家都知道，打仗需要像绣花一样细心。掼蛋是一门非常精细的对抗性游戏，也要有绣花时一样的细心，因此，掼蛋时不能急躁、大意、简单、随意、骄傲、放弃，而要认真细心、谨慎精密。牌手在每一次决策时都要认真观察、慎重思考，争取精益求精、好上加好。

一、戒急躁

玩掼蛋游戏不能急躁，心一急，就容易出错。而且，心急的人打牌时，往往会把自己的心思和意图表露得十分明显，对手一眼就能看穿。

主攻跑牌时次次受到对手的压制是很麻烦的，因此，牌手如果打算跑牌，就不能显得急不可耐，把意图暴露得淋漓尽致，这样不招致对手的痛打才怪呢？实战中，有的人因为有一定实力，牌面又比较整，一开始就迫不及待地跑牌，结果被对手死死盯上，使原本很有希望跑成的牌最终没能跑成。

玩掼蛋游戏，牌手一定要记住，急躁常常是会吃亏的。

二、戒大意

“大意失荆州”，实战中，许多好牌之所以打输，就是因为粗心大意造成的。粗心大意主要表现在两个方面，一方面是看错牌，另一方面是没有注意到他人手中的牌数。

有的人非常粗心，可能会看错牌。不但可能看错自己的牌，还有可能看错别人的牌。理牌时，可能会把自己的牌看错。例如，把三张级牌看成了两张级牌。别人出牌后，还可能会把别人的牌看错。有一次，一位牌手明明手中有KKK，但他把对手出的QQQ-KK看成了KKK-QQ，放弃了管牌，导致对手跑牌成功。

掼蛋的牌级是变化的，各盘打几，牌手要明确记住，不然可能会因为忘记级牌是几而压错牌，暴露牌情。比如，当盘打J，出三带对时，上家用JJJ-xx压了对家的牌，如果你忘了J是级牌，就有可能用手中的三头Q、K或A压牌。当然，这样出牌会被别人提醒，自己只能拿回去。这一出一拿，就会暴露牌情，有可能对对方有利。

在后半场，牌手要注意其他人余牌的数量，尤其是要注意对手余牌的数量，不要因为大意而放走了对手。而且，不但要防止因为大意而放过对手，让对手一手把牌出完的情况发生，更要防止自己发牌恰好把对手送走的情况出现。在实战中，还真的不止一次出现过牌手因大意而送走对手的情况。

所以，打牌时一定要小心谨慎，不能粗心大意。

三、戒简单

打牌时，需要判断他人的牌情。牌场上的情况有时很复杂，判断他人的牌时，牌手千万不要自以为是，不要简单地以为其他人的情况和自己的判断是一模一样的，而应该把问题想得更复杂、更周到一些。

牌手不要把对手想得太简单了，他们的牌形很可能出乎你的意料，他们的实力很可能非常强大。比如，牌打到中局后期时，不要以为对手没有连牌了。再如，对手两家已经下了六炸了，不要以为他们肯定再没有炸弹了。

主攻冲刺前后需要对家配合，尤其是需要对家送牌时，助攻要特别注意，不要把主攻的牌想得太简单了。如果把主攻的牌想得简单，很可能决策错误，导致失败。有时，助攻手中还有力量，能用大牌或炸弹上手，但是，上手后，当给主攻送牌时，如果因为把问题想得太简单而送错了牌，很可能会对对手有利，甚至有可能使对手把必输的牌打赢。如果发生了这种情况，可以说，助攻还不如不用大牌或炸弹上手，甚至还不如助攻手中没有大牌或炸弹呢。

有时，对家在主攻，看似他的余牌已经是整牌了，但由于种种原因，可能牌还比较散。比如，看似已经在最后冲刺的对家还剩五张牌时，手中可能还有不止一张单牌。造成这种情况的原因很多，有可能主攻为了早发信号而没有来得及出单张，也有可能因为拆牌而多出了单张，也有可能因为不想让对手过牌而没有发单牌，还有可能为了吸引对手下炸而先出了整牌。所以，助攻在送牌时一定要注意，不要把对家的牌想得过于简单，尤其是当对家的牌还有两张、三张、五张时，注意判断是不是一手牌，不能简单地认为主攻的余牌必是一手。

牌手主攻时如果需要对家送牌，助攻牌手要更加小心。因为给对家送牌要经过对手，送得不好反而会对对手有利。例如，某盘打9，东家和北家主攻，东家不吃A以上的单牌。北家打出一对9后余牌为五张，东家7777炸掉，之后，报牌十张。看到北家用对9冲牌后还有五张牌，又看到东家出7777后北家没有上炸，南家认为北家的五张牌必是一手，又由于北家一直不要顺子，南家认为他的余牌必是三带对，因此，南家用QQQQQ上手，送了888-44。东家手中的牌是：KKKK、JJJ-99、5，他想到北家的余牌如果是大的三带对，无论如何自己都会输，所以只好顺走JJJ-99，结果北家不要。南家虽然用大的三带对压住了东家，但东家凭借最后一炸KKKK上手，打出了尾牌单5，先走成功。其实，北家手中的五张牌是：

6666、小王。当北家手中余牌是七张时发对9的打法是正确的。因为他想，假若自己最后炸弹不能沉底，还剩一个全场唯一的王，那么，这既让对家很容易送牌，又能在东家有两个以上单牌的情况下被迫先把自己送走。如果用小王冲牌，南家送牌必然经过东家，东家的对9就能封顶。这盘牌南家的错误就是考虑问题太简单了。首先，南家认定北家没有压东家的四个7就说明北家没有炸弹是错误的，因为比四个7小的炸弹还有好几个，北家很可能有小炸在手。其次，前面的行牌过程已经表明东家不吃大单牌，本可用A以上的单牌先试一下，但他没有试。最终，就是因为南家上炸后错送了小三带对而导致了南北方输牌。

总而言之，掼蛋时，牌手不要把问题想得过于简单，而应该把情况想得复杂一些、周到一些。

四、戒随意

掼蛋时，尤其在中局后期和残局阶段，一手牌就可能会导致胜负易位，因此，牌手在出牌时一定不能随意，而要精打细算，把牌力发挥到极致。

实战中经常会遇到这种情况：有的牌手没有注意到花色问题，出牌随意，出完后，才发现刚才出对子或顺子时如果留下某张牌，可以组成一个同花顺。有的牌手在用逢人配配炸弹时，随意配了一个三头，没有想到如果配更小的三头，大的三头还可以在出三头或三带对时压制对方；或者没有想到留下已经打出去的三头还可以使牌型有所变化，能调整成别的牌型。

有的牌手出牌随意，经常出错牌，甚至还有牌手在出级牌时把红心级牌当成普通级牌出掉了。

另外，还要注意一个重要问题。实战中，在要不要牌时，表态不能过于随意。有时，有的牌手会很随意地喊："不要。"回头再仔细一看，明明是自己要的牌，但话音已落，无法收回，结果造成胜负易位。

这就告诉我们，玩掼蛋游戏，出牌时一定要考虑仔细，不可过于随意。

五、戒骄傲

打牌时，有的人觉得自己的牌已经很好了，怎么打都能赢，结果由于骄傲而违背了出牌的基本原则，最后强牌被自己打输了。有的人认为自己有一个大炸，必能上手，在最后冲刺时，本来有更好的打法，但就是不愿意多思考，结果在用大炸冲牌时被对方更大的炸弹甚至王炸炸停，只好认输。

所以，大家在打牌时不要骄傲，不要过于自信，尤其是不要盲目自信，须知天外有天，牌的组合千变万化，人的打法千差万别，什么情况都有可能出现。

六、戒放弃

在实战中，有的牌手看到自己的牌弱，可能对方还没有把自己打败，自己在精神上先把自己打败了。这说明牌手的心理素质太差，对牌场没有一个完整、全面的认识。

一方面，敌我力量是相对的，你的牌差，对手的牌也可能很差。另一方面，虽然对手的牌比你强，但也有可能他打错牌，尤其是对方配合时可能会屡屡失误。

牌手须知牌场上什么情况都有可能出现，差牌也有可能打赢。因此，无论是主攻还是助攻，在拿到差牌时，都应该在战略上藐视敌人，树立信心，要有绝不放弃、永不放弃，逆境求生、绝处求生的心理素质。只要你不放弃，就还有希望；一旦你自己都放弃了，那就绝对没有希望了。

“有什么枪打什么仗”。牌手对待牌力的最佳状态就是，无论拿到一把什么样的牌，无论当前手中的牌有多差，都能把自己的智慧发挥到极限，使当前的牌力发挥到极致。这样打牌，就很可能把看似希望不大，甚至没有任何希望的差牌打赢。即使输了，但因为自己没有失误，也不会感到遗憾。

在牌力非常弱的情况下，牌手要这么想，既然已经开始打牌了，那么，就要根据手中的牌形设计出牌思路，不要放弃，牌场上什么奇迹都发生过，什么情况都出现过，死马当成活马医，很有可能在已经绝望的时候，柳暗花明又一村，弱牌能够打成功。实战中有时还会出现这种情况：主攻用炸弹冲牌失败后，手中最后仅仅剩了一张不大的单牌，自己都已经绝望了，但由于上家送不出别的牌型，会眼睁睁地送走自己这张单牌。

掼蛋时，有的人觉得自己的牌很弱，必输无疑，一点信心也没有，甚至一心求败，只希望早点结束这一盘。尤其是当对手表现出非常强大的实力时，有人甚至会完全放弃，已经不想出牌了。须知你只能看到自己的牌，对家的牌怎么样你并不完全了解，说不定他一个便可战胜对手二人，取得头游。还有可能他不但能取得头游，还能给你送牌、让你借风，帮助你取得较好的名次。

有时，牌手只看到自己的牌如果要先走的话，无论怎么走都会送敌主攻一手牌。而没有想到对家的牌可能比自己的强，结果出了敌主攻能顺走甚至能上手的牌，主动投怀送抱，自找死路。甚至有的牌手干脆放弃，有大牌和炸弹都不用了。俗话说“东方不亮西方亮”，因此，出现这种情况时不要轻易放弃。如果自己跑不掉，要试一下看对家能否跑掉，如果对家也跑不掉，那再放弃也不迟。牌场上什么情况都会出现，如果对家能跑掉，放弃了岂不可惜！

实战中常有这样的例子：一方的主攻手中有必能封顶的大单牌，另一方某家上手后，手中还有两张单牌，由于他一门心思想着自己跑牌，认为必出一个单牌，殊不知其对家虽然没有走什么单牌，但牌很整，接住整牌就能先走成功。某盘，东家主攻，在前轮出三个头时南北家都要不上。打到后来，东家上封顶牌后，余牌还有四张。这时，北家还有一大炸，余牌还有多手，他判断东家的四张牌不是炸弹，一手跑不完，当然，如果是炸弹的话，他炸了也阻止不了东家成为头游，因此，他没有上炸。南家没有炸弹，管不上。东家的四张牌是一个大的三头和一个大王，他考虑到如果自己出大王，北家一旦上炸，自己的三个头就再也走不了了，必输无疑，因此，他决定出三个头。这样出，一来可以逼炸；二呢，他也认为，此盘只出了一轮单牌，南北家肯定还有不少单牌，万一北家炸了三个头，自己留下一个大王，也能先走。东家出三头后，北家认为，即使炸了三个头，自己和对家还是跑不了，干脆不炸算了。等东家把大王走掉后，北家才上炸，尔后发单牌，结果南家用小王上手后，全部出的是对子和连牌，西家根本管不住。这就是说，如果前面北家炸了东家的三头，只要发出对子，南家就能跑牌成功，当上头游。

在实战中，什么牌都有可能取胜，牌手拿到差牌时，一定不要泄气、不要放弃，要一如既往地认真打牌，与对家紧密配合，把手中所有牌的能量都充分发挥出来，这样，就有可能会产生奇迹，把差牌打赢，使弱牌获胜。

第七节　随机应变，贵在灵活机动

孙子兵法说："兵无常势，水无常形"。掼蛋游戏最大的特点和最有魅力的地方就是变化大。在打牌过程中，牌手不能死板教条、不会变化，切忌一条道走到黑，而要时刻根据战局的最新情况不断分析判断，随机应变，灵活机动，随时调整策略打法。

一、主攻与助攻的变化

掼蛋时，双方都在进攻，又都在防守，任何一家都要尽力先于敌出完牌，但是，一般情况下，对家之间不宜同时展开主攻，而应该一主一助，相互配合，才能取得最佳效果，争得最好成绩。因此，掼蛋游戏中，确立好自己是主攻还是助攻非常重要。

强牌宜当主攻，以进攻为主，兼顾防守；弱牌宜当助攻，以配合主攻进攻和防守敌人为主，兼顾进攻。在开局之前，牌手往往会对自己牌力的强弱进行评价，并根据牌力的强弱初步做出攻守的打算。但是，牌的强弱是相对的，因此，随着牌局的发展，如果发现自己和对家的牌力对比并非原来预料的那样，就要适时转化主助攻角色。

一开始，牌力强的牌手，要担负起主攻的责任，以快速跑牌，早出完牌为目标；牌力弱的牌手，要担负起助攻的责任，以配合对家，压制对方尤其是对方的主攻为目标。如果牌力一般，就看对家有无主攻的意思，如果对家在主攻，自己就当助攻，大力支持对家进攻；如果对家没有主攻的意思，自己就当主攻，适时发起冲锋。

如果牌手在开始认为自己的牌力较强，适合主攻，就可以早早发出信号，让对家配合自己出击。但很多情况下，对手都会对主攻方进行强有力的打压，因此，主攻往往会因为受到压制而导致进攻失败。当主攻力量耗费较多而不能进攻成功时，那就应该放弃进攻，让对家把主攻的任务承担起来，自己反过来当助攻，配合对家进攻。

牌手如果在开始认为自己的牌力较弱，适合助攻，就努力配合对家，舍得打击对方。随着牌局的发展，如果主攻受到了对方强大火力的压制，进攻受阻，已无力先跑牌成功，而这时自己的力量相对较强，那就要及时转变角色，担负起主攻的责任。

二、组牌与出牌的变化

牌手在组织手牌和设计出牌时，要制订多套预案，以便应对更多的情况。在牌局进展的过程中，当情况发生变化后，如果某一种打法可能对敌有利，还要注意及时调整组牌出牌方案。

从组牌上讲，牌手在组织调配牌型时，要根据情况变化。比如，主攻有三连对多一张的牌，如果能顺走多出那张单牌，就可以组成三连对和单牌，顺走单牌后余牌为一手三连对；如果能顺走一对，就可以组成三带对和对子，顺走对子后余牌为一手三带对。再如，助攻有五连对，如果主攻吃对子，就拆成多个对子送主攻；如果主攻吃顺子，就组成顺子送主攻。

从出牌上讲，无论是出牌的种类还是出牌的顺序，两个方面都要根据情况变化。

一方面，出牌的类型要变化。比如，自己的小对子多，上手发对子后，发现敌方主攻也在不断顺小对子，而且，自己又没有大对子控制，这种情况下，如果再上手，就要注意改变牌型，慎发对子。再如，北家在打对子，一开始，西家不过，但打着打着，西家突然要起了对子，这时，就要判断西家是否在拆三连对，或者是其他什么变化，如果北家还有两个对子，就要注意考虑是否应该继续打对子了。

另一方面，出牌的顺序要变化。进攻时，除故意留小牌外，跑牌时应该先出小牌，后出大牌，但如果发现出小牌可能对敌有利，出牌的顺序就要变化，注意先出大牌。比如，南家和东家主攻，南家不要单Q以上的牌，但由于西家在前面出三带对和单牌时已把Q、K、A出完了，虽然东家手中有单6和单A两张牌要出，但他担心南家顺过较大的单牌后用大炸冲牌，就在上手后先发了单A，留下单6以后再找机会出。

三、正招与奇招的变化

一般情况下，出牌有一个基本的路子，也就是通常的打法，但特殊情况下，出牌的思路可以非常特殊。这正如军事斗争中出奇制胜的道理一样。如果情况特殊，用通常的打法不能取胜，就要精心设计，用特殊的办法取胜。当然，需要注意的是：出奇制胜之所以“奇”，就奇在情况特殊，如果情况并不特殊，也不用非来个出奇不可，那样，有可能反而会弄巧成拙，变成了“出奇致败”。

比如，我手中有大王，敌上小王后我应该压制，但我希望过单牌，就可以故意不压，让敌错误地以为大王在其对家手上。这样，敌小王上手后，多会继续发单牌，等我顺过了牌后，再用大王压制敌人。

再如，对敌主攻应该严加控制，但如果对方的长项牌型与我一致，而我顺过牌后冲牌成功的把握较大，那就可以放敌一两次，让其发牌，以利我顺牌。

第八节　因人而异，选择不同打法

不同的牌手，能力和打法不同，有的人保守，有的人开放；有的人善于进攻，有的人善于防守；有的人水平高，有的人水平低，因此，我们要根据对方和对家的打牌习惯和水平高低，相应地调整自己的思路，选择不同的打法。

一、根据对方的习惯和水平选择打法

不同的对手，应对方法不一样。我们要根据对方的习惯和水平，制定相应的策略。

打牌习惯不同，打法可能相异。如果对方保守、稳重，善于稳扎稳打，我们打牌就要看得紧一些，并多打自己的长项牌型，严防他顺牌，小心其过一手或几手牌后够手；如果对方开放、着急，善于猛打猛冲，我们可以故意逼大牌和炸弹，并可以适当放松一些，让他把长项大牌出一出，把实力耗费耗费，这样后面我方就会很主动，发起冲锋容易成功。

高水平的牌手攻防往往得当，犯错误的次数少；低水平的牌手攻防常常失当，犯错误的次数多。有的人打牌深谋远虑，主攻时特别善于发信号，对这样的敌人，就要多压制、多阻止，以防其出牌对我不利；有的人打牌简单粗糙，容易出错牌，对这样的对手，就可以适当让一让，给他制造犯错误的机会。

二、根据对家的习惯和水平选择打法

掼蛋游戏非常讲究配合，因此，要发挥出两人的合力，就要根据对家的习惯和水平选择打法。

掼蛋时既不能太保守，也不能太开放，尤其是两家不能同时保守和开放。两家都保守，容易错失许多机会；两家都开放，容易把牌力很快打完，这两种情况都对己方不利。所以，如果对家保守，我就要开放一些；如果对家开放，我就要保守一些，这样才能配合得更好，发挥出牌的最大力量。

如果对家善于进攻，水平高，那么，我就要注意多配合他，尤其是在他已经发起进攻后。如果对家善于防守，水平低，那么，我在牌力差不多的时候就要自己发起进攻，不要把过大的希望寄托在对家身上。

第三章　进贡还贡窍门

在传统升级的牌局，有进贡和还贡的规则。头游的对家如果是二游，输家两人要向赢家两人进贡；头游的对家如果是三游，输家末游要向赢家头游进贡；头游的对家如果是末游，赢家末游要向己方头游进贡。收贡的人在收贡后，要向进贡的人还贡。

进贡还贡看似简单，实则有很多窍门，它对双方牌力的增减有相当大的影响，有时甚至会影响到一盘的成败。

第一节　进贡

进贡规则规定，进贡的牌是自己手中除红心级牌外的最大牌，因此，如果需要进贡大小王、唯一或两张相同花色的级牌等大牌，那么，进贡无从选择，也无窍门可言。但是，当自己没有大小王，而除红心级牌外最大的牌不只一张，花色又不相同时，就需要从这些牌中选择一张进贡，这种情况下，选择哪一张牌，就有相当大的窍门了。以下讲的进贡窍门就是指除红心级牌外，从自己的多张花色不相同的最大牌中选择一张时的技巧。

在可以选择贡牌的情况下，不论给谁进贡，当从除红心级牌外的相同最大牌中选择一张时，都要先看这些牌中有无与附近牌形成同花顺的情况，如果形成了同花顺，一般情况下，不能破坏自己的同花顺，也就是说，就不要向人进贡这张牌了。

进贡时，给敌方进贡和给己方进贡的窍门有很大差别。

一、给对方进贡

进贡必须进除红心级牌外的最大牌，因此，最大的牌进贡给对手后是否能成同牌，无法避免。从多张不同花色的最大牌中选择向对手进贡，其主要技巧体现在要尽可能地避免收贡方用自己的进贡牌组成同花顺，从而极大地提高牌力；同时，还要考虑到若敌还贡牌为我进贡牌附近的牌，还贡牌与我留下的最大牌及附近的牌形成同花顺的希望尽可能地大。

（一）进附近同一花色多的牌

为了减小对手收贡后贡牌与附近的牌形成同花顺的可能，最基本的原则就是挑选附近某一花色多的牌进贡。附近某一花色越多的牌，对手收贡后形成同花顺的可能性越小。例如，当盘打8，自己有两张梅花9、两张梅花7，如果从梅花8和其他花色中选择一张进贡，就应该选梅花8，因为梅花8无论如何也不会让敌人在不用百搭牌的情况下组成同花顺。

（二）留下同花五连张缺一的牌

为了增大敌方还贡时我组成同花顺的可能，进贡时，当最大牌与附近的牌已经形成了同花五连张缺一的情况时，还要注意留下这种最大牌。例如，当盘打5，自己手中5及其附近的牌是：

♠8♦8♦8、♠6♦6♣6、♠5♦5、♠4、♠2♦2

由于5附近的黑桃形成了两个五连牌缺一的情况：♠8、6、5、4和♠6、5、4、2，因此，应该进贡方块5，留下黑桃5。如果对手给我还一张黑桃7或黑桃3，就会形成♠8–7–6–5–4或♠6–5–4–3–2同花顺。

二、给己方进贡

同一方的两位牌手如果打成了头游和末游，末游要向头游进贡。向对家进贡时，既要考虑如何增大对家形成同花顺的可能，又要考虑如何增大对家还牌后自己形成同花顺的可能，前者的窍门与向敌方进贡的窍门相反，后者的窍门与向敌方进贡的窍门相同。

（一）进附近同一花色少的牌

为了增大对家收贡后形成同花顺的可能，向对家进贡时，要挑选最大牌附近某一花色少的牌进贡。附近某一花色越少的牌，对家收贡后形成同花顺的可能性越大。例如，当盘打

J，自己的A、K、Q、10、9、8、7中仅有一二张方块，如果从方块J和其他J中选择一张进，就进方块J。J附近的牌，自己的方块少，对家方块多的概率就大，进方块J后，对家形成含方块J的同花顺的可能性就大。

（二）留下同花五连张缺一的牌

留下同花五连张缺一的牌的目的和给对手进贡时考虑的原因相同，是为了给自己收到还贡牌之后形成同花顺创造更多的机会。由于对家给自己还贡时，会挑选自己形成同花顺可能性很大的牌，因此，与给对手进贡相比，留下同花五连张缺一的牌，收到还贡牌之后形成同花顺的概率会大得多。

第二节　还贡

与进贡相比，还贡选择牌的余地很大。还贡时，主要考虑两个因素，一是对自己有利，不破坏自己的炸弹和牌型结构；二是对收还贡之人不利或有利，不利于对手或有利于对家形成炸弹、组成好牌型。

由于自己所还贡之牌是否真的会对收还贡牌者有利，并不能事先确定，而只能判断可能性大小，因此，考虑是否对收还贡之人不利或有利，只是说可能性更大。这样的话，一般情况下都要以对自己有利为首要原则，先考虑还自己无用的牌，以减轻自己跑牌的负担。只有在不影响自己或影响不大的前提下，才考虑不利于对手或有利于对家。

掼蛋时，无论主攻助攻，都要争取好名次，因此，从这个角度说，还贡时也要以考虑对自己跑牌有利为第一原则。尤其是想主攻的牌手，要以减少赘牌为首选，不要怕还贡的牌会让敌人成炸或补缺，或给对家带来麻烦，因为毕竟还贡是否对对手有利或对对家不利，自己只是判断，并不能确定。

给对手还贡时，如果还某张牌对对手有利的可能性很大，那也可以考虑还给对手造成不利可能性很大，而对自己有害程度很小的牌。尤其是想当助攻的牌手，可以在自己损失不大的情况下，给对手造成重大破坏。例如，当从其他牌中不好做选择时，自己恰好有一个六头炸，把六头炸中的某种花色的牌还给对手，对手既不能形成同牌炸，又不能组成同花顺，而成单牌的可能性非常大。这种情况下，就可以考虑从六头炸中拆出一张牌，还贡给对方。这样还牌，自己没有减少炸弹的数量，只是降低了炸弹的威力，而很可能使对手多了一手赘牌。需要再次强调的是：由于推算某牌对对手是否有利不能确保百分之百准确，因此，牌手这样还贡，须慎之又慎，不要弄巧成拙。

一、给对手还贡

给对手还贡时，要看怎么对其不利。

（一）还组成连牌后拆出的单牌

为避免使对手成四头炸，要注意少还自然揭成的单牌。因为自己自然揭成的单牌只有一张，对手有三张的概率大，还这样的牌，对手形成四头炸的可能性较大。但是，较小的单牌对自己来说，多属累赘，如果不还单牌，自己会有负担。既要减小对手成炸的可能性，又不能使自己保留或增加负担，有一个好办法：那就是将组成顺子或组成三连对后多出的牌还给敌方。这样既减少了对手成多头炸的可能性，又去掉了一张累赘牌，也就是说既确保了有利于己，也有极大的可能不利于敌。

从几张拆出的牌中选择一张时，要选择更小的牌。小牌不容易顺过，还小牌后，如果对手成了单牌，基本上就增加了一手累赘牌；如果是对子形成了三头，一般来说也对敌不利，因为同样大小的牌，对子顺走的可能性比三头大，而且，即使顺不走，对子还可以用三头带出去，而三头只能自己出。

一般情况下，敌方进贡的牌越小，他手中的牌三头和炸弹越多，这时更要注意慎还自己自然揭成的单张，尽量不要让对手形成四头炸弹。

（二）还附近同一花色多的牌

为减小对手用还贡牌与附近的牌组成同花顺的可能，要还在自己手中附近同一花色多的牌。这和给对手进贡时要尽量减小对手组成同花顺的可能的道理一样。

（三）还进贡牌附近同一花色的牌

为减小对手用还贡牌与附近的牌组成同花顺的可能，还可以考虑还对手进贡牌附近同花色的牌。例如，对手进贡级牌方块8，手中再有方块8的可能性会很小，你还方块7或9，他到手后形成同花顺的概率会很小。

（四）还级牌附近的红心牌

实在不好选择还贡的牌时，可以选择还级牌附近的红心牌。还这样的牌，即使对手组成了红心同花顺，也多会被迫用上逢人配，让对手损失较大。

（五）还常牌

如果无所决策，牌手可以从常牌5和10中挑选一张还贡。5是最小顺子的最大牌，10是最大顺子的最小牌，如果还的5或10成了四头炸，5或10附近的牌尤其是5之下或10之上的牌就组不成顺子了，这样，5或10附近尤其是5之下或10之上可能会留下多张赘牌，对敌不利。相对来说10附近尤其是10之上的牌比5附近尤其是5之下的牌容易顺走，所以5和10比较，还5更对其不利。

（六）还对手断牌附近的牌

有时，对手没有级牌可还，甚至没有A（打A时是K）可还，根据对手这一情况，为减小我还牌后对手形成顺子尤其是同花顺的概率，可还对手断牌附近的牌。例如，当盘打J，对手进贡牌是A，这说明其没有J（红心J除外），你还10、9、8、7，这样的还贡牌在对手中，只能形成10以下的顺子，不会形成7以上的顺子。再如，当盘打6，对手进贡牌是K，这说明其没有6（红心6除外）和A，你还5、4、3、2，这样的还贡牌在对手手中绝对不会形成顺子和同花顺。

（七）还自然揭成单牌中较大的牌

如果非要从自己自然揭成的单牌中选择一张还贡不可，最好不要还小牌尤其是最小的牌。因为单牌容易让对手形成多头牌，如果形成对子，能被三头带走，这等于减少了一手赘牌；如果形成三头，也往往不多一手牌；如果形成炸，对敌最有利，会把赘牌变成炸弹。而还较大的牌，会把比较容易顺走的牌形成对子、三头或多头炸，但敌很小的单牌的赘牌地位没有改变，不会受益很大。

二、给己方还贡

给己方还贡，要尽量使还贡牌对对家有利。

（一）还自然揭成单牌中较小的牌

给对家还牌时，最好不要还组成顺子或组成三连对后多出的单牌，而要还自然揭成的单牌，以增大对家形成同牌炸弹的概率。

从多张自然揭成的单牌中挑选时，可以还小牌甚至是最小的牌。较大的牌容易顺走，对家的大单牌没有形成同牌，损失不大。而小牌如果给得巧，会对对家很有利：小牌形成了对子，可以被三头带走，减少一手赘牌；形成了三头，也基本上没有增加负担；形成了四头炸弹，不但减少了一手赘牌，而且增加了一手炸弹，效果最好；即使加强了多头炸，也没有变成负担，还会增大炸弹的威力。

（二）还附近同一花色少的牌

为增大对家用还贡牌与附近的牌组成同花顺的概率，要还在自己手中附近花色少的牌。这和给己方进贡时要尽量增大对家组成同花顺的可能的道理一样。

（三）还对家进贡牌附近不同花色的牌

为增大对家组成同花顺的可能，还可以考虑还对家进贡牌附近不同花色的牌。例如，对家进贡的牌是级牌方块8，手中再有方块8的可能性会很小，当你从方块7或9与其他花色的7或9中挑选时，就应该还其他花色的7或9，以增大还贡牌到对家手中后形成同花顺的概率。

（四）尽量不要还级牌附近的红心牌

为避免我还牌后对家形成包括级牌的红心同花顺，让对家在组同花顺时被迫用上逢人配，要尽量避免还级牌附近的红心牌。

（五）尽量不要还常牌

为避免我还牌后对家的5或10形成四同牌，让对家在组四头炸和顺子之间左右为难，要尽量避免还常牌。

（六）尽量不还对家断牌附近的牌

如果对家没有级牌甚至没有A（打A时是K）可还，为避免我还牌后对家难以或不能形成顺子，要尽量避免还对家断牌附近的牌。

（七）还较大的牌

如果实在不好决策时，同等情况下，可以考虑还较大的牌。还较大的牌即使成了对家的单牌，也比小牌容易顺过，不会形成大的负担。

第四章　基本指导思想

在战争中，正确高明的指导思想是克敌制胜的重要因素。掼蛋游戏如同战争，也必须依靠正确高明的指导思想战胜对手、立于不败之地。

第一节　总体谋划的基本方针

方针是总体上、宏观上的指导思想，在游戏的每一盘，牌手都要确定战胜敌人的基本方针。

一、攻防紧盯头游

掼蛋游戏一盘的胜负判定是看哪一方有一位牌手最先出完手中的所有牌，即头游决定胜利：游戏的双方，哪一方有一位牌手取得头游，这一盘就是获胜方。头游胜出后，成绩的大小决定于头游对家的名次，对家的名次越靠前越好。这一规则告诉我们，掼蛋时，在所有的名次中，头游是最重要的，它决定输赢，其他名次决定成绩。头游决定了质，其他名次只决定量。因为头游决定胜负，所以，掼蛋时，牌手要紧紧盯住头游这一战略目标。从进攻的角度讲，同一方的两位牌手要始终争取己方一人取得头游。

对主攻来说，如果自己实力非常强，能够保证取得头游，那么，在这一前提下，可以帮助对家；如果自己的实力不足以兼顾帮助对家，那还是要以自己取得头游为最重要的目标。尤其是遇到风险时，要确保先取得头游再说。为了确保头游，主攻要处理好有风险的两类情况。一类是，当自己还有一手或两手大牌或炸弹时，为了确保取得头游，要早早出完牌，不要怕可惜了大牌和炸弹。中局后期，如果不能确定自己的炸弹是否大，尤其是明显不大时，即使自己仅余一手炸弹，在对家上了封顶牌后，为防止对手用大炸冲牌，也要上炸弹炸对家，确保头游。例如，我出单牌后余一个四头炸，下家顺走小王，对家上大王封顶。由于下家只剩下十张牌，为防止下家用五头炸或同花顺炸冲牌，这时我要用四头炸压对家的大王，确保头游。另一类是，当自己能够确保大牌或炸弹冲牌成功时，不能把对手先送走了。有时，对手某家的余牌数量和自己除大牌或炸弹外的一手牌数量相同，如果先出那手牌，有可能会把对手送走，这种情况下，就要先用大牌或炸弹冲牌，不要把对手先送走了。例如，对手某家余牌六张，我用大王上手后，还有一个六头炸和一个不算很大的三连对，可以看出，六头炸是全场最大的炸弹，用炸弹冲牌必定能成功，这种情况下，为防止我的三连对把对手送走，还是应该用六头炸冲牌。

对助攻来说，为了配合主攻争当头游，要不惜一切代价，哪怕把牌力打完，最后落到末游。助攻要明白，只要对家获得了头游，自己就立了大功，就是最大的胜利。

从防守的角度讲，牌手要始终制止对手有人当头游，打击对手主攻。把对手打得不能争到头游，那头游就是己方的，就是胜利。实战中，有很多主攻就是因为受到对手的强大火力阻击而没有进攻成功，没能取得头游，甚至落到三游或末游。

二、合理设定目标

在游戏的每一盘，牌手都想争取最好的名次，但是，由于牌力有限，即使再高明的牌手，也不可能每盘都能打成双上。牌手要根据敌我双方的牌力情况，合理设定目标，并根据行牌过程的情况及时调整，以追求最好的成绩：强牌先保证己方一人获取头游，再争取多赢分；弱牌可放过敌方一人，争取少输分。

如果两人的牌力都较强，那就在确保一家获取头游的情况下，争取另一家获取二游。获得了双上，在计分的牌局，可得最高分3分；在升级的牌局，不但可以升3级，而且两人还都有收贡的机会，能为下一盘打下良好基础。

如果一家的牌力强，而另一家的牌力弱，那就要以牌力强的一家争取头游为第一目标。在不能保证两人都能先于对手走完牌的情况下，要争取一人成为头游，先确保获胜再说。如果头游对家的实力较强，获得了三游，能得2分或可以升2级；如果对家的实力差，被打成了末游，那也能得1分或可以升1级。强牌的一方只有在保证能取得头游的情况下，才可以适当地帮助对家。牌手要知道，先走一家获得头游才能算胜利，如果牌力强的一家为了照顾对家而分散了力量，使对手获得了头游，那己方就失败了，因此，牌力强的一方，必须以自己获得头游为最重要的目标。对另一家来说，对家已是头游时，如果自己打对手二家力量不够，那就放对手一家走，争取把另一个对手打成末游，这样能得2分或可以升2级。

如果两家的牌力都不算强，不可能获取头游，那就再退而求其次，放对手一家，合力打击对手另一家。集中两个人的牌力打对手另一家，争取把其打成末游，这样虽然输牌，但在计分的牌局对手只赢1分，在升级的牌局对手只可以升1级，而且我方不用进贡，这样输得最少。要知道，在牌力弱时，少输也为赢。如果两人没有力量获得二游和三游，能获得二游和末游时，在计分的牌局对手只赢2分，在升级的牌局对手只可以升2级，我方只有一人进贡，这也比双下的最差结果要好。

合理设定目标的原则归结起来就是：当我方两家不能都先胜出时，先走一家，以确保胜利，然后再争取好的成绩；当不能把对手两家同时防住时，放其一家，集中力量打另一家，虽然失败，也要把损失降到最低。

第二节　打法设计的基本原则

掼蛋时，敌我双方互相进攻，互相防守，你来我往，不断争斗，在整个行牌过程的每个阶段，无论是主攻还是助攻，在打法上都要坚持利己损敌的原则。实战中，有时利害相关，既有利于己，又有利于敌；或者既有害于敌，又有害于己，那就要根据战场态势综合考虑，看对谁的利更大，对谁的害更大，要坚持两利相权取其大，两害相权取其小的原则。

一、利己

掼蛋以先出完牌为胜，因此，在与敌对抗的过程中，始终要看怎么有利于自己先把牌出完。要把牌先出完，就要比对手多出牌，而多出牌就须多顺牌、多上手发牌。

在打牌过程中，如果只对己出牌有利，对敌不利，那是最好的，但这类情况不会总是发生。当对己有利和对敌不利发生冲突时，牌手应该这么处理。

第一，在弄不清楚是否对对手有利时，要确保对自己有利。例如，中局后期，对家用大王封顶后，自己余牌为一个四头炸，下家有六张牌，这时，出不出炸弹？如果搞不清楚下家的情况，要出炸弹，以防下家出大炸冲牌，饿死自己的炸弹。

第二，虽然利己，但也利敌时，要权衡一下，看对谁的利益更大，要以对自己获利更大为原则。例如，主攻手中有小单牌，出小单牌会让对手顺走单牌，这时，就要看对谁更有利了。如果自己出了小单牌可以冲牌成功，就出；如果自己出了小单牌手数还不够而敌方顺牌后手数够了，就不能出。

二、损敌

要先于对手出完牌，就必须阻止对手出牌。阻止对手出牌，就要在阻止对手顺牌和上手方面下功夫。阻止对手顺牌，在发牌时，就要注意发对手要不上的牌型，发对手顺不过去的大牌；轮到自己出牌时，要注意守门，不要让对手的小牌顺过去了。阻止敌方上手，就要注意及时上封顶牌和用炸，不要让其轻易发牌。

在打牌过程中，如果对敌不利，而对自己有利，那是最好的，但这类情况不会总是发生。当对敌不利和对己有利发生冲突时，牌手可以这么处理。

第一，不能判断清楚是否对己有利时，只要必然对敌不利，就可以打。例如，我做助攻，上手后，想给对家送牌，可是不知对家吃什么牌，但我确保对手不吃对子，那就先发对子，试一下再说，反正对对手不利。

第二，如果既损于敌又损于己，要看对谁的损害更大，要以对敌损害更大为原则。例如，在与敌拼炸时，如果自己把力量拼完了，但成功地阻止了对手成为头游，就值得，应该拼；如果不与敌方拼炸敌方也成不了头游，或者把自己的炸拼完了也阻止不了敌方成为头游，而盲目拼炸会使自己本可成为头游的希望落空，或者白白浪费了实力，就不值得，就不应该拼。

第五章　打牌基本技巧

掼蛋等牌类游戏和下象棋等明棋游戏不一样。下象棋时，双方的兵力、态势十分清楚。掼蛋时，某一家主要根据自己手中的牌和他人的出牌情况来判断双方的兵力和态势，有时比较清楚，有时十分模糊。

掼蛋时，在一盘的开局阶段，一般来说，牌手只能对情况判断个大概，随着战斗的不断推进，牌手能够掌握的信息越来越丰富、全面，对情况的判断也越来越准确、清楚。当他发现牌局的情况发生了一定的变化时，可能就会发现自己前面的判断与真实情况有一定的差距，甚至以前的判断是错误的，而前面的打法是根据当时的判断确定的，因此，前面的打法也往往不妥当，甚至是错误的。这时，牌手就必须根据最新的战场情况调整思路，重新制定策略，确定新的打法。因此，掼蛋时，要不断根据战场的情况调整自己的打法——这是牌手必须做到的。

牌场如战场，情况千变万化，作为一个成熟的牌手，必须根据情况的变化不断调整自己的打法，做到随机应变、灵活应战，千万不可固守教条、墨守成规。但是，这并不意味着掼蛋游戏打牌时没有规律可循。

掼蛋时，主攻和助攻的技巧虽然不完全相同，但是，有一些打法属于基本技巧，也可以说是常识性的技巧。在这些基本技巧中，有许多是其他技巧的基础。很多时候，这些基本技巧会左右牌局的胜负。能否掌握好这些基本技巧，是牌手水平高低的重要标志。如果不掌握这些基本技巧，不但往往要输牌，而且还总弄不清楚输赢的原因。弄不清楚输赢的原因，就很难提高打牌水平。所以，无论牌手是当主攻还是助攻，了解和掌握掼蛋的基本技巧都非常重要。

第一节　组牌法

掼蛋的出牌是按照一定的牌型一手一手出的，因此，在出牌前，牌手必须组牌。组牌就是通过拆整牌和调连牌，把自己手中的牌按照一定的牌型组合组织成若干手。人们通常也把组牌叫作调整搭配牌型，简称为“调配牌型”。组牌是掼蛋最基本的技巧，是核心的基本功，在所有技巧中，牌手首先要会组牌。

掼蛋时，自己手中的牌是一定的、不变的，但牌型是可以调整变化的。相同的牌，不同的牌型组合，牌的力量效能往往不同，甚至相差很远。组牌就是为了使牌型组合更加优化，从而对自己更加有利、对对手更加不利。掼蛋实质上就是牌手运用自己手中的一把牌，调兵遣将，发挥出牌的最大能量，把对手打败。而组牌水平的高低就决定了牌手能把自己牌的能量发挥到多大。组牌就是优化组合手牌资源，发挥出手牌的最大优势和潜力。

调配牌型最常用的方式主要是整牌拆单和调成连牌。其他牌型调配时，要根据具体情况，以对己有利对敌不利为原则优化组合。

组牌不能仅局限在揭完牌之后的专门理牌时段，在揭牌的过程中，牌手就要一边揭牌一边观察和思考，看如何调配能把牌组织得更好，这既能够节约时间，又能够把牌组织得非常好。在行牌过程中，也要根据出牌情况，调整原来的安排，重新组织，看怎么组牌更有利。也就是说，组牌要尽早谋划——在揭牌的过程中就要谋划、要始终谋划——在行牌的过程中不断谋划。

为了有利于自己快速跑牌，同时为了制止对手快速跑牌，牌手要按照以下思路组牌。

一、牌组手数少

掼蛋以先于对手出完牌为目标，要早出完牌，出牌的次数越少越容易，因此，在牌力相同的情况下，牌的手数越少，越容易先出完。所以，组牌时，从优化手数的角度讲，就要看如何组牌能使手数更少。当牌比较多时，牌型不是固定不变的，而是可以调配变化的，所以，牌手的全牌或余牌往往需要组织调配才能使出牌的次数变得更少。

组牌时，从手数少的角度讲，主要有三个办法。

一是，组成三带对。把一个三头和一个对子组成三带对，就比分别出三头和对子少一手牌。

二是，把一些牌组成连牌，减少手数。组连牌时，经常需要拆牌，这就要看如何组织才能使手数更少。

组顺子，包括组同花顺时，经常要拆牌。如果拆出的牌不多，或者拆出的牌还可以与其他牌组成顺子或三连对，就可以考虑组顺子。例如，Q、JJ、10、99、8，如果不组顺子，是五手牌；如果拆出单J和单9，组成顺子Q–J–10–9–8，是三手牌。再如，88、77、666、5、4、3、2，把666拆开，可组成顺子6–5–4–3–2和三连对88–77–66，非常完美。组顺子时，如果留下了两三手以上的单牌或对子，使手数过多，就不划算了。即使能够组成同花顺，但若拆出的牌过多，也是不划算的。牌手如果想作主攻，或不是完全放弃走牌，就不要为了组同花顺而把牌拆得过于散乱，七零八落的牌往往是走不掉的。

组三连对时，如果需要拆出两张单牌，一般来说，就不如组成一个三带对和一个三头。例如，999、88、777，组成三连对99–88–77后，会多出单9和单7，成了三手牌，所以，如果不是为了能顺牌甚至管牌封顶，或自己有大单牌可发单牌回手，一般不如组成999–88和777，或999和777–88。

双飞必须是相邻的两个三头，要拆牌，就得从同牌炸弹上拆，因此，只有在能大量减少手数时，才存在拆牌组双飞的问题。例如，888、7777、6、5、4、3，如果不拆炸弹7777，除炸外有五手牌，如果拆开炸弹7777，可组成双飞888–777和顺子7–6–5–4–3，共两手牌，对快速跑牌非常有利。

三是，为了减少手数，牌手要善于用逢人配。逢人配的主要功能是配炸和补缺，如果有的连牌只差一张，补缺可以减少三四手牌，那么，即使配不成炸弹，补上缺牌也非常划算。甚至有时能把三头和单牌或者把两个对子配成三带对顺走，也是很划算的。

组牌时使手数少的目的是为了快速出牌，因此，在出牌过程中，关键要看如何走牌能使余牌的手数减少，而不是能出一张算一张，有时出了牌反而会使余牌的手数变得更多。举个最简单的例子：AAA、88是五张牌，出三带对一手就可以走完，如果走单A或单8，虽然少了一张牌，但至少还需要两手才能出完。再如，三连对或顺子，拆开出不但会使手数变多，而且还失去了连牌封顶可能性很大的机会，这一点牌手要注意，打牌时要慎拆三连对或顺子。

二、封顶次数多

封顶牌是牌力的重要因素，在行牌过程中，封顶的管牌能力仅次于炸弹。如果对手出牌后，我用封顶牌管住了对手，对手只有两种选择：一是对手不上炸，这样，我不但制止了对手发牌，而且自己还可以上手发牌；二是对手用炸，这样，虽然我上不了手，但浪费了对手的炸弹。因此，在掼蛋游戏的对抗中，封顶管牌非常重要。

对手出牌后，如果我恰好有能够管住对手牌型的封顶牌，那是最好不过的了。但是，实战中，自己往往没有恰好的牌型。为了达到多次封顶管牌的目的，有时需要把大的整牌拆开分成多手牌，有时需要把一些整牌拆开组成连牌。

（一）把很大的整牌拆成多手牌

大牌是赢牌的力量源泉，也是最靠得住的坚实基础。任何人都希望自己手中的大牌多，能封顶管牌的次数多。但大牌的数量是有限的，因此，当自己需要多次封顶管牌时，水平稍高的牌手都会意识到要把一些整的大牌拆开，使自己大牌封顶的次数由少变多。实战中，拆大牌以拆特大牌王和级牌居多，尤其是王，多数情况下都会被拆开使用。

为了使封顶管牌次数更多而拆大牌时，既可以拆当时已经能够封顶的牌，也可以拆封顶牌的下级牌。拆当时已经能够封顶的牌效果立现。比如，把对大王拆成两个单大王，封顶的次数就由一次变成了两次。拆封顶牌的下级牌，虽然当时不能封顶，但由于它能把封顶牌顶下来，使自己本不能封顶的牌在后面封顶，因此，封顶的次数还是能变多。比如，某牌手的特大牌是大王、小王、三个级牌，虽然拆开级牌单出在一开始并不能封顶，但拆开级牌后能顶下来王，所以，拆开级牌单出的话，这些牌封顶的次数能由两次变成三次。

一盘的开始，拆大牌一般主要是拆王和级牌。有对大王时，多数情况下都应该拆开。在打对子时，如果我有一对大王，但手数不够，这时要慎下对王，宁可用炸，也要留着两个大王，以求单牌封顶两次。拆级牌能顶下敌人的王，在自己特大牌多的情况下可以增加封顶次数。例如，我方两人手中没有大王，但有两个小王和三个级牌，而手中的单牌比较多，这种情况下，就可以把级牌拆成单牌。因为，如果自己不拆级牌，必然要用小王管牌，但小王管了牌后会被对手的大王管上，两个小王皆不能封顶。当王出完后，想再用级牌封顶时，对手可能会先上级牌封顶。而如果先把级牌拆掉，迫使对手用大王管我的级牌，把两个大王顶下来后，再出单牌时，我的小王和级牌就都能封顶了。

如果己方的特大牌很多而需要发的单牌也多，或者当打到一定程度后，级牌以上的牌变得很少时，拆A或K也可以使封顶的次数由一次变为多次，这时，也要考虑是否拆A或K。

例如，当盘打4，我手中的大牌是：大王、小王小王、44444、AAAAA。如果拆A，单靠自己就可以顶下对手全部的4和王，并且还能剩余一个A。把对手A以上的大牌顶完后，再出单牌时，我的A以上的所有牌就都能封顶了。

在中局后期和残局阶段，有时还需要拆A以下的牌。因为随着大牌的不断落地，A以下的一些牌相对已经非常大了，拆了后也能使封顶的次数变多。

为了使封顶管牌的次数更多，不但需要拆大牌形成的对子和三头，必要时还需要拆开大牌形成的炸弹。如果大牌形成了炸弹，当自己的牌不整，需要出的次数较多时，往往就需要拆开这些炸弹了。对于王炸，不要过分看重它的最大炸必能上手的功能，如果牌力不过强，就应该拆开。拆开王炸，可以由封顶一次变成二到四次，明显有利。如果手中有多个级牌形成的炸弹，但散对子多时，可以把级牌炸拆开，用对级牌管牌；或者当对手一再打对子，而我却接不上时，也可以把级牌炸拆开，用对级牌管牌。通常情况下，为了多封顶而拆大牌形成的炸弹，主要是拆级牌形成的炸弹。有时也需要拆A（打A时是K）形成的炸弹。少数情况下，特别是在后半场，也有可能需要拆K或Q，甚至J形成的炸弹。

拆大牌时，要有提前量。如果需要拆牌，就宜早做决定早拆开。不要在一开始舍不得拆，等到后面被迫无奈时才拆，那样往往会使你拆剩下的牌没有机会再用，甚至被憋在了手中，反而成了累赘。比如，某家特大牌有：大王、小王、三个级牌，如果早拆牌，基本上可以把三个级牌全部用上，发挥出全部级牌的作用。如果一开始不拆牌，或者只拆了一个级牌，等到最后被迫再拆级牌时，余下的级牌往往要么因对手已经用整牌发起了进攻而使你用不上，要么会被对手的级牌阻挡，憋在手中。

需要注意的是，拆大牌形成的炸弹时，切忌不要无谓地把大炸拆成一小炸加一两个单牌。比如，自己手中有五个级牌，敌方还有王，如果只拆出一个级牌，必被王管住，毫无意义，而且有可能使四个级牌的炸弹被敌方五个头的炸弹管上，那样的话，虽有五个级牌，但一次也不能上手。所以，如果要拆五个级牌形成的炸弹，要么早做决定早拆开，并且拆完使五个级牌都发挥出作用，使封顶的次数由少变多；要么就不要拆炸，确保可以用炸上一次手。处理拆大炸的问题时，最糟糕的就是前面决定不拆炸，到最后又动摇，当拆出一两张单牌后再剩一个五个头或四个头的炸，拆出的牌因为敌方有更大的牌没能上手，五个头或四个头的炸也因为敌方有更大的炸没能上手，结果，最后就差上一次手而导致了失败。六头炸比同花顺大，五头炸比同花顺小，如果无谓地把六个级牌拆成单张级牌和五头级牌炸，很可能五头级牌炸会被同花顺管上，导致最后用五头级牌炸冲牌时失败。

再讲一个拆大牌的小技巧。在下面的特殊情况下，拆大牌时需要注意一个问题：如果两个大牌的牌型相同，需要拆开一个大牌，那么，是应该拆大一点的牌呢，还是应该拆小一点的牌？比如，级牌和A都是三个头，因为形势的需要，必须拆牌，拆什么？再如，级牌和A都是五头炸，如果需要拆牌，拆什么？这些情况下，应该拆更大的牌，拿级牌与A比较，就是说，宁可拆级牌，也不要拆A。因为，如果拆级牌，它可以管住其他人的A，这对管牌是有利的。而如果拆A，当对手出A后，又往往被迫再拆级牌，这样就会把两个大牌都拆开，损失太大。而且，拆了大牌而未拆小牌，小牌的牌型保留住了，仍然能够起到原牌型中大牌在未拆前的作用。如前例所述，如果自己同时有三个级牌和三个A，等到需要决策是拆三个级牌还是三个A时，级牌往往会落地不少，一般地说，AAA也可以封顶，往往能起到三个级牌的作用。再如前例所述，自己同时有五个级牌和五个A，除过某家有三个A并有两个红心级牌配成五头A炸的特殊情况，两个炸弹其实是一样大的。所以，遇到这种情况时，一般应该拆更大的牌。

（二）把整牌拆开组成连牌

有时，虽然牌很整，但如果组连牌的话，需要把部分整牌拆开。为了管上对手的牌，该拆整牌时，也要拆。组成的连牌如果封顶，从制敌的角度讲，这等于凭空增加了一组封顶牌甚至一个炸弹。而且，管上对手后，如果对手没有管我，我上手后还可以发一手牌，当拆出来的余牌手数不多时，从跑牌的角度讲，也是划算的。

比如，AAA、KK、QQ、JJ、101010，可以组成两个三头和一个三连对，也可以组成两个三带对和一个对子。如果敌方送来顺子，也可以组成两个顺子和两个单张。虽然出了顺子后还剩三手牌，但因为拆出的两个顺子都能封顶，上手后可以出单10，实际上还余单A一手牌，有利于自己跑牌。

（三）处理好手数少与封顶多的关系

出牌时，如果手牌封顶的次数多，就可以上手或消耗对手炸弹，因此，组牌时，在坚持手数少的原则的同时，还要兼顾封顶多的要求，当二者矛盾时，要看哪种组牌方法对自己更有利。比如，自己有两个大王，如果够手，就可以压对手的对子；如果不够手，就需要拆开压单牌，这样虽然增加了手数，但是增加了封顶次数，对自己更有利。

三、易顺易封顶

在牌力相同的情况下，牌越容易顺走，就越容易出完；出牌后，如果能封顶，要么，自己能上手；要么，浪费对手炸弹，因此，组牌时，组出的牌越容易顺过或封顶，就对自己越有利。

（一）容易顺过

在掼蛋的每一盘，会有多轮你来我往的出牌，在这些轮次中，牌手会顺走一些牌，减少发牌的手数。顺走的牌越多，获胜的可能性越大，那么，什么样的牌容易顺走呢？容易顺走的牌主要体现在大小上，牌越大越容易顺走；有时还体现在牌型上，牌型越常见越容易顺走。

1. 大牌

从大小的角度讲，牌越大越容易顺走，因此，为了容易顺走牌，在组牌时，拆出的单牌和对子越大越好。组牌时，如果不考虑封顶的因素，在可以选择留下的牌时，要留较大的牌。

组顺子时，如果要从六连单中选择留一头的单牌，在封顶希望不大的情况下，为了容易顺走单牌，要留下大单牌。例如，手中有8、7、6、5、4、3，既可以组成顺子8–7–6–5–4和单3，也可以组成顺子7–6–5–4–3和单8。这两个顺子都较小，封顶的可能性不大，当上家发出6–5–4–3–2或5–4–3–2–A后，牌手应该顺走7–6–5–4–3，留下单8。因为反正顺哪一个顺子封顶的可能性都很小，那就不如顺走小顺子，留下比3容易顺走程度大得多的8。

组三连对时，如果要从四连对中选择留下一头的孤对，在三连对封顶希望不大，而且对子也难以被三带走时，为了容易顺走对子，宜留下大的孤对。

组双飞时，如果要从三连三中选择留下一头的三头，一般地，也应该留下大的三头。

2. 常见牌型

从牌型的角度讲，越常见的牌型，越容易顺走。单牌与整牌比较，单牌容易顺走；整牌与连牌比较，整牌容易顺走；顺子与三连对和双飞比较，顺子容易顺走。所以，如果自己实力不够，需要顺走一些牌，尤其是等对家送牌时，就要组成容易顺走的牌型，尤其要注意少组双飞和三连对。例如，手中有1010、999、88，既可以组成一个三带对和一个对子，也可以组成一个三连对和一个单牌，如果需要顺走这些牌，组成一个三带对和一个对子更容易。

（二）容易封顶

掼蛋时，封顶牌不是引炸就是上手，因此，组牌时，封顶的可能性越大，越对自己有利。

哪些牌容易封顶呢？从大小的角度讲，同一种牌型中的大牌容易封顶；从牌型的角度讲，不常见的牌型容易封顶。

1. 大牌

从大小的角度讲，易封顶和易顺走的道理一样，牌越大越容易封顶。例如，当前打2，当自己手中有22、55、44、33时，就不要组成55和44-33-22，而要组成22和55-44-33，因为虽然两个三连对大小相差不多，但22比55封顶的可能性大得多。

2. 少见牌型

从牌型的角度讲，易封顶和易顺走的道理相反，越是少见的牌型，越容易封顶。相对于单牌来说，整牌容易封顶；相对于整牌来说，连牌容易封顶；相对于顺子和三连对来说，双飞容易封顶。

由于连牌封顶的可能性更大，因此，当手数相同或接近时，要多考虑组连牌。

顺子必须五张牌相连，否则，一旦出现断牌，除非有逢人配，就无法组成顺子。一般情况下，在一盘的开局阶段和中局前期，很大的顺子封顶的可能性大。随着行牌进程不断推进，顺子封顶的可能性越来越大，在中局后期和残局阶段，较小的顺子都可能封顶。所以，在不影响手数的情况下，能组成顺子时，可以考虑组成顺子。例如，AA、K、QQ、JJJ、1010、9、888，既可组成AA、K、JJJ-QQ、9、888-1010，也可组成K、QQ-JJ-1010、J、9、888-AA，还可组成A、A-K-Q-J-10、Q-J-10-9-8、J、88，都是五手牌。由于最大的顺子必能封顶，到Q的大顺子封顶的可能性也很大，因此，可以考虑按最后一种方法组牌。

较大的三连对封顶的可能性很大，所以，在不影响手数的情况下，能组三连对时，可以考虑组成三连对。例如，QQ、JJJ、1010，既可组成三带对JJJ-1010和对子QQ，也可组成三连对QQ-JJ-1010和单J，都是两手牌。由于三连对封顶的可能性更大，因此，可以考虑组成三连对和单张。

在连牌中，双飞封顶的可能性最大，很多情况下，很小的双飞都能封顶，所以，如果手中有双飞，除过为了带走对子和其他特殊情况，一般地，不要拆开双飞。例如，777、66、55、444、333，既可组成777、444-66、333-55，也可组成777-55、66、444-333，还可组成7、77-66-55、444-333，都是三手牌。由于三连对封顶的可能性大，双飞封顶的可能性很大，因此，一般情况下不宜按第一种方法组牌。

连牌越大越容易封顶，大到A的连牌是最大牌，必然封顶，因此，在组连牌时，如果从管牌封顶的角度讲，要考虑组更大的连牌。

实战中，顺子出现得很多，对手手中有顺子的可能性非常大，因此，为了使自己出的顺子封顶的可能性更大，在从较大的六个以上相连的单牌中选择组顺子时，要组更大的顺子。例如，手中有A、K、Q、J、10、9，当需要管牌时，牌手要选择组成A-K-Q-J-10、9，不要为了单A容易顺走而有惜牌心理，选择组成A、K-Q-J-10-9。实战中，出现这种情况时，如果自己出的K-Q-J-10-9被对手用最大的顺子管上，牌手通常会非常后悔。

实战中，三连对出现得也较多，尤其在前场，对手手中有三连对的可能性很大，而且，较小的对子顺走和被三头带上的可能性也较大，因此，为了使自己的三连对封顶的可能性更大，在四连对中选择组三连对时，要组更大的三连对。例如，当手中有KK、QQ、JJ、1010时，为了提高三连对封顶的可能性，应该组成KK-QQ-JJ、1010，而不要组成KK、QQ-JJ-1010。

实战中，双飞出现得较少，很多情况下，牌手发出的双飞要么只能被管上一次，要么直接封顶，因此，当自己有三个相连的三头而还需要顺三头时，最好组成较小的双飞。例如，当手中有666、555、444时，一般组成666和555-444就行了。

四、炸弹多且大

炸弹是制止对手出牌和自己发牌的强力武器，因此，一般情况下，炸弹越多越好，越大越好。炸多、炸大是组炸的基本目标。所以，在不影响或基本不影响手数的情况下，组的炸弹越多越好；当可组的炸弹数量相同时，组的炸弹越大越好。

（一）炸弹多

如果组炸要使牌多出一两手且难以顺走，从进攻的角度讲，需要注意这样不利于快速跑牌，但从防守的角度讲可以组炸，以便在关键时候炸对手。有时，自己有大牌可以回手，也可以考虑为了组炸而多出一两手累赘牌。

在组炸弹时，由于存在同花顺，因此，要注意观察，看怎么组炸更多。有时，组同花顺可能需要拆开多头炸，必要时，就可以拆开多头炸。例如，当盘打2，牌手的全牌如下：

											♥3
♥2								♥6			♠3
♠2					♥9			♠6			♦3
♠2	♥A			♥10	♠9	♥8		♦6			♣3
♣2	♣A	♥K	♦Q	♦10	♦9	♦8	♦7	♣6	♠5	♠4	♣3

这手牌，如果只考虑组成多头炸弹，最多可组成三个，但通过观察发现，如果拆开2222、6666，并从五头3中拆出一个，组同花顺的炸弹，反而可以多组出1个炸弹，共组成三个同花顺、一个四头炸。全牌组成如下10组：

单牌四组4张：♥K、♦Q、♠9、♣6；

对子二组4张：♠2♣2、♥A♣A；

炸弹四组19张：♦10♦9♦8♦7♦6、♥10♥9♥8♥2♥6、♠6♠5♠4♠3♠2、♥3♦3♣3♣3。

单牌K和Q都较大，顺走的可能性很大；两个对子都大，顺走或封顶的可能性非常大。所以，这样组牌，虽然拆了同牌炸，但组成了三个同花顺和一个四头炸，非常划算。

（二）炸弹大

大炸弹能上手，冲牌时特别管用，制止对手冲牌时也特别管用。

当既可组成同花顺又可组成四头或五头炸时，在不影响手数或者影响不大的情况下，可以考虑组同花顺。例如，当盘打3，手中余牌如下：

♥3、♥A♠A♦A、♣K、♣Q、♣J、♥10♠10♣10、♠9

这些牌，既可用逢人配♥3与♥A♠A♦A配成四头炸，组成如下牌型：

对子一组：♥10♠10；

顺子一组：♣K-♣Q-♣J-♣10-♠9；

炸弹一组：♥3♥A♠A♦A。

也可用逢人配♥3与♣K、♣Q、♣J、♣10配成同花顺，组成如下牌型：

单牌一组：♠9；

三带对一组：♥A♠A♦A-♥10♠10；

炸弹一组：♥3-♣K-♣Q-♣J-♣10。

很显然，按第二种组牌方法，组出最大的同花顺更好。

由于大炸上手的可能性大，冲牌时效果特别好，因此，很多牌手非常喜欢组大炸。但是，在考虑是否组更大的炸弹时，要考虑全局，特别是需要注意以下两个因素。

一是，在组大炸时，一般不要使手数增多。虽然大炸的效果好，但是，如果组更大的炸会使牌多出一两手，尤其是多出的牌不容易顺走，那就不要组。一般情况下，炸弹起的作用就是上手或消耗敌炸，只要不是手数很少，靠大炸冲牌、饿死敌炸的情况下自己先出完牌，那么，无论炸弹大小，其作用都是相同的——等于封顶一次。实战中，炸弹大小在前场差别不大，只要饿不死，不是最后冲牌，大炸和小炸的作用是一样的。人们常说的“炸弹无大小”就是这个道理。所以，一般不要为了组大炸而增加手数。

当然，在防守时如果为了制止敌人成功冲牌，有时不但可以为了组大炸而多出一两手牌，甚至在关键时候减少一炸都要组成大炸，制止敌人。

二是，在可以选择组哪个炸弹时，要考虑余牌容易不容易顺过、封顶。例如，AAA和333（3不是级牌），如果有逢人配，应该与哪个三头配成四头炸？一般地，要与333配，因为AAA非常大，既容易顺走，也容易封顶。

五、变化余地宽

掼蛋游戏的牌型多样，组牌方式具有很大的可变性，这就要求牌手在组牌时不能死板，要灵活，要留有很宽的变化余地。灵活可变的牌型能够应对更多的情况，发牌、顺牌、管牌的机会会更多，既有利于进攻，也有利于防守。因此，不要把牌打死了，要根据牌情变化，组出对自己最有利的牌型组合。

组牌变化余地宽要求牌手把牌起好后、在打牌的整个过程中，都要不断观察分析手牌的牌型变化，要善于看出组牌方式的变化，灵活应对。有些牌手观察不仔细，思考不深入，等到机会错过时才看出牌的变化来，这会失去很多机会甚至是关键的机会，导致失误和错误。

比如，AAA、KK、QQQ、JJ、1010，这些牌的牌型可以有多种变化，一般情况下可以考虑组成以下几种情况：

两个三带对和一个对子：AAA-JJ、QQQ-1010、KK；

一个三带对、一个三连对和一个单牌：AAA-1010、KK-QQ-JJ、Q；

两个顺子和两个单牌：A-K-Q-J-10、A-K-Q-J-10、A、Q。

看出了牌型变化，在出牌过程中，就可以根据具体情况灵活组牌，应对情势。

例如，残局时，敌我各余一人，我手牌是♣A、♣K、♣Q、♥J♥J♦J♣J、♣10、♠7，既可组成♣A-K-Q-J-10、♥J♥J♦J、♠7，也可组成♥J♥J♦J♣J、♣A、♣K、♣Q、♣10、♠7。敌上手后余牌为大王、QQQ-88，若敌在用大王冲牌，我则必须用♥J♥J♦J♣J炸，然后发单牌并回手才能赢牌；若敌在用QQQ-88冲牌，我则必须用♣A-K-Q-J-10炸，然后发三头才能赢牌。

在打牌程中，还要根据别人的出牌情况调整变化自己的组牌情况，以便顺走一些牌，减少手数。

例如，QQ、J、10、9、8、77，既可组成QQ、J-10-9-8-7、7，也可组成Q、Q-J-10-9-8、77，都是三手牌。如果别人出的对子小于7，就顺走77；如果别人出的对子比7大而小于Q，那就顺走QQ；如果出单，可顺走单7或单Q。手数能少一手就少一手。

再如，66、555、44、333。一般可组成两手牌：555-66、333-44，但三个头都很小，容易被人管上。如果能顺走单5，就可以组成66-55-44和333，虽然还是两手牌，但小三头减少了一手，三连对被管上的可能性比小三头小多了，优化了牌型。

再如：8、777、66、555、44、3，在没有顺牌的情况下，既可以组成：8、777-66、555-44、3，也可以组成8-7-6-5-4、7-6-5-4-3、7、5。如果能顺走单5或单7，就组

成后一种情况；如果顺不走单5或单7，能顺走单8，就组成前一种情况。如果能顺走三带对，就组成前一种情况；如果能顺走小顺子，就组成后一种情况。

为了使后面的牌仍然能够变化，需要牌手注意在开局阶段，在不影响攻防的情况下，不要急于拆炸，或拆整牌、连牌，以防把牌打死，不能变化。

六、用好特殊牌

掼蛋的牌中，有三种特殊牌，牌手在组牌时要用好这些特殊牌，不要漏看情况或把牌组死，以免造成失误甚至重大失误。

（一）用好级牌

我们都知道，级牌的点值比小王小，但组连牌时，可以回到原来的位置，与附近的牌组成连牌。用好级牌需要把握两点。一是，由于级牌很大，牌手经常要面临拆不拆多个级牌的问题，因此，级牌多时，要考虑好拆不拆牌。二是，不要忘了级牌可以回到原来的位置，与附近的牌组成连牌，有的人打牌时把级牌放到小王之下，只知道级牌是大牌，忘记了还可以组成有关连牌。

（二）用好百搭牌

百搭牌可以代替除大小王外的任何牌，尤其是可以配成炸弹，它的组牌能力是最强的，也是最珍贵的牌。用好百搭牌需要把握两点。一是，切忌把百搭牌打成无牌可配的普通级牌。如果有百搭牌，要充分发挥出百搭牌的应有作用，注意配成炸弹或其他有利牌组，不要盲目跟牌，导致最后无牌可配，浪费了百搭牌。二是，为了变化更多，百搭牌宜晚出，以防还需要再变化。例如有6666和444，出炸弹时，不要先出百搭牌和444配成的炸弹，而应先出6666，留下百搭牌以防后面需要应对更多的情况。

（三）用好下放牌

除过大小王和级牌外，A的点值最大，在组连牌时，A既可以作为最大的牌，也可以作为最小的牌。用好A需要把握两点。一是，最大是A的连牌是该种牌型中最大的牌，自然封顶，在从六连单牌A、K、Q、J、10、9中选择组顺子、从四连对AA、KK、QQ、JJ中选择组三连对时，为了确保封顶，须选择组到A的封顶连牌。二是，组连牌时，A可以下放，牌手不要忘记了这一点，有时小牌需要与A组成连牌，要能够看出来。例如，当盘打2，某家全牌如下：

				♥Q		♥10		♠8		♠6			
	♦2			♠Q	♠J	♦10	♦9	♠8		♠6	♦5	♥4	
大王	♣2	♣A	♦K	♠Q	♣J	♦10	♦9	♠8	♣7	♣6	♣5	♣4	♣3

这手牌，如果没有注意到级牌2可以回到原位及A可以下放，无论组不组同花顺、组哪个同花顺，单牌和小对子都比较多，手数很多。而如果把A下放，组出一个A到5的顺子或

梅花同花顺，再组出一个4到8的梅花同花顺或顺子，那余牌就成了：

			♥Q		♥10			
			♠Q	♠J	♦10	♠9	♠8	♠6
大王	♦2	♦K	♣Q	♣J	♦10	♦9	♠8	♠6

这样组牌不但少了很多手数，而且牌力大幅提升。

第二节　出牌策

掼蛋时，同样的牌，打法不同，效果就不一样，甚至相差很大。从战局的结果上看，同样的牌，往往会因打法不同而导致不同的结果：打得好，能赢；打不好，会输。所以，打牌时，出牌的策略往往在根本上决定了一盘牌的胜负。善于运筹、精于设计是牌手克敌制胜的根本法宝。要使掼蛋技巧提升到较高水平，牌手必须学会这些基本的出牌策略。

一、东风不与周郎便——留砣牌

在掼蛋的实战中，我们常常会遇到以下两种情况。

一是，某家过了一手牌后，就形成了冲牌态势。比如，过一张单牌后，用一大炸冲牌，把手中的余牌一手打完，先走成功了。因此，想破坏对手形成这种打法，就要设法不让对手过那一手关键的牌。

二是，当某家用大牌或炸弹冲牌时，最后一手牌对他来说无论大小都没有意义。比如下面几个例子：

♠A-K-Q-J-10、大王和♠A-K-Q-J-10、4。

当用♠A-K-Q-J-10冲牌时，大王和4没有什么区别。

999999、AAA-QQ和999999、333-55。

当用999999冲牌时，AAA-QQ和333-55没有任何差异。

大王、AA和大王、66。

当用大王冲牌时，AA和66没有大小之分。

因为存在这两种情况，所以，高手在打牌时，如果觉得必要，虽然自己也想把牌先跑完，但并不先出最小的牌，反而故意把最小的牌留在手中不出，等待最后冲牌时再出。这样出小牌的次序不但对自己在最后冲牌时没有影响，更重要的是：因为自己没有先出小牌，让对手没能借机顺走牌，使其不够手，从而导致对手不能先走成功。实战中，牌手再过一手牌就能冲牌成功的情况非常常见，留砣牌的技巧就是专门针对这种情况，让敌人不能先顺牌，从而使其不能先走成功。

小牌后面再出，就如同砣一样沉在了后面，而最后用大牌带走小牌也很像秤杆带着秤砣一样，因此，人们把这种专门留在后面出的小牌形象地叫作“砣牌”，而用这种办法出小牌的技巧就是留砣牌技巧。

二、回眸一笑百媚生——再回手

发牌时，能回手意味着可以再次获得发牌权，牌手就主动；不能回手就把发牌权送给了别人，牌手就被动。

“回眸一笑百媚生”，能回手，则胜券在握；不能回手，则败迹已显。

有时，牌手自然形成的牌型就有回手牌。例如，北家主攻，其手牌是：大王、小王、J、99、7。在东西两家无炸无王的情况下，北家应该怎么出牌呢？北家应该先出J，尔后用小王上手；然后再出7，并再次用大王上手；最后出99。

有时，牌手自然形成的牌型不能回手，为了能回手，牌手还要善于调配牌型。如果有的牌怎么调配都不能回手，那没有办法；但如果经过调配，使牌可以回手，则善莫大焉。

当自己的大单牌可以多次封顶时，为了能够回手，可以把小的整牌拆开单出。这一技巧在打牌时经常会用到。例如，大王、小王、AA、KK、JJJJ、888，对手已经没有大王，拆开对A后单出，用大小王能确保回手两次，在对手仅有一炸防守的情况下，拆开对A可以确保赢牌。

上例牌情并不复杂，一般牌手都会调整。在复杂的情况下，其道理也是一样的。下面再举一个稍复杂的例子。例如，中局前期，北家的手牌是：大王、小王、AA、KK、QQQ、99999、777、66、555、44、33。一个大王已经落地，Q已经落地四张，敌方还有一炸，有大的三带对和大顺子。这时，该北家发牌，如何出呢？如果出三带对，QQQ不大，不能回手，必败；如果出顺子，也不能回手，还是必败。这样的牌，北家要先后发单5和单Q，出单牌后，用大小王回手两次；再发55-44-33，用AA-KK-QQ再次回手。无论敌上不上炸，北家只有一手累赘牌777-66，必能获胜。

认识到了再回手的技巧，牌手在调配牌型和决策顺牌时就要有意识地注意到出三带对牌型时对子与三头的匹配问题，要处理好对子与三头的数量关系。例如，西家的牌是：AAA、KKKK、Q、88、666、44，其中AAA是全场唯一的三头封顶牌，这时，如果有人出三头，西家怎么办呢？这种情况下，西家不能顺666。一旦顺了666，被别人管上，西家将难以胜出。因为，有人管上666后，西家如果用AAA上手，余牌是：KKKK、Q、88、44；如果用KKKK上手，余牌是：AAA、Q、88、44，这两种情况下，只要对手还有一点实力，西家都无法冲牌成功。这样的牌，西家应该直接用炸弹KKKK上手，尔后出666-44，用AAA-88回手，最后出单Q。同样的道理，这样的牌如果有人打对子，也不能随便顺牌。因为，当西家只能顺一对时，余下的牌打三带对无法回手，打三头又会多余一个小对子，将面临失败。

再回手的技巧还告诉我们，当己方的王多炸少时，一般情况下应该先打单牌，这样可以用大牌回手。如果打不能回手的整牌，就会对局势失去控制，很可能自己的王还没有发挥作用呢，对手某一家就会走牌过多。等到形势紧张时，己方将不得不用炸弹控制局势。到最后，虽然手中还有王，但因为炸弹消耗殆尽，会十分被动。

三、落井下石不留情——痛打狗

掼蛋时，双方都不想让对手过牌，因此，一旦发现了对手的弱项，在尽可能的情况下，就要一直出这种牌，出得让对手难受，让对手着急。

对手的弱项主要是指牌型上的弱项，即对手不吃某种牌。

如果对手不吃某种牌型，出牌时，在可能的情况下，牌手还要善于把其他牌型调整成对手不要的牌型来出，哪怕出的手数多一些，也不要让对手顺牌。比如，对手不吃单牌和对子，我方就可以把三个头拆成单牌和对子打。

找到了对手的弱项，就好比对手已经沦为了落水狗，而我就要下定痛打落水狗的决心，专出对手的弱项，坚决不让对手顺牌、上手。因为，一旦对手顺了一次牌或上了一次手，就可能是落水狗上岸，反咬我一口，那时，我再想打就来不及了。说简单一点，痛打狗技巧说的就是在发现对手的弱点后，要下定决心，毫不留情，专拣其痛处打，直到打死为止，绝不给对手任何翻身的机会。

在军事和其他竞技对抗中，人们特别主张以长攻短，其实，痛打狗技巧就是典型的以长攻短。

四、前有老虎后有狼——憋死牛

有的中局后期会出现这种情况：我方主攻手中只有一手牌，上家是敌主攻，他上炸或用大牌封顶后，手中有两手牌，一手牌是和我方主攻同种类型的小牌，另一手牌是一个炸弹或大牌，我方助攻手中有一手炸弹或大牌既能管住对方主攻当前出的炸弹或大牌，也能管住对方主攻余牌中的炸弹或大牌。这时，我方助攻是否制止对方主攻就决定了对方主攻是否能先走成功。如果我方助攻用炸弹或大牌制止了对方主攻，虽然可以不让对方主攻当时上手，但是，我方助攻上手后给主攻送牌时要经过对方主攻，那时，对方主攻再用炸弹或大牌上手，就可以成功冲牌了。如果我方助攻先不管对方主攻，而是让对方主攻发牌，那么，对方必输：要么因为用炸弹或大牌冲牌失败而输；要么因为出小牌送走我方主攻而输。

所以，当遇到这种情况时，有大炸或大牌的助攻不应该先管对方主攻，而应该让其继续发牌。此时，对方主攻会左右为难，前后不得：前面有我方主攻等着送牌，后面有我方助攻控制着炸弹或大牌。而最终，对方主攻往往会冒险用炸弹或大牌冲牌，但这时，我方助攻就会压制对方主攻，使其不能成功冲牌，这样，对方主攻就会把小牌憋死在手里，败北。少数情况下，对方主攻会冒险出小牌，送走我方主攻，那就会以炸弹或大牌沉底而落后于我方主攻。人们把在这种情况下助攻有牌但先不管对方主攻反而会打败对手的技巧俗称为“憋死牛”。

五、山中无虎猴为大——缓称王

俗话说“山中无老虎，猴子称霸王”，因为猴子打不过老虎，所以，山中有老虎的时候，猴子称不了霸王。而猴子要想称霸王，就必须等老虎下山。

有时，老虎会自己主动下山，这种情况下，猴子就要忍耐，就要等待。掼蛋时，等对手的大牌出下来后，自己较大的牌之上再无更大的牌时，便可以封顶。在中局后期或残局时，对手的牌数会很少，有时牌数甚至不够一些牌型的数量，这种情况下，可能很小的对子、三头都是大牌。实战中，很多人都懂得小连牌后出容易封顶的道理，因为，开局之初，每家手中的牌都比较多，有连牌的可能性最大，这时打连牌，对手往往能压住。而随着牌不断落地，各家的连牌往往可能已经拆开，或者某家连牌干脆已经打了出来。到那时再出连牌，封顶的可能性就很大了，甚至有时能够断定其必是封顶牌。比如，对手有牌：AAA、KK、Q、JJ、101010。如果你一开始就出顺子，他能管上，如果等一等，他很有可能会出三带对，把101010或AAA出下来，那时，你再出顺子，他就管不上了。再如，对手有双飞QQQ-JJJ，你有双飞888-777，如果他急于出牌，有可能会先出双飞，他出双飞后，你的小双飞就成了封顶牌。

有时，猴子急于称王，也可以用计谋调虎离山。掼蛋时，如果自己的牌并非自然而然的封顶牌，但想用这样的牌封顶，也可以用计谋让对手把比它大的牌出下来或拆开。比如，打3时，我手中的三头和对子是：333、AA、KKK、QQ、JJJ、999、88、66、44，在敌不会送对子的情况下，无论怎样出，都需要五手牌，其中三带对四手：333-QQ、KKK-88、JJJ-66、999-44，对子一手：AA。对我来说，对A和单A都是一手牌，在对手还有三个3时，如果出单牌，我要把对A拆开，迫使对手拆三个3，这样我的三个3就必能封顶，这对我有利。在实战中，一味等待对手出完大牌或者主动拆开整牌、连牌往往显得被动，因此，很多情况下，牌手还要引得对手下大牌或拆牌，甚至骗得对手拆牌。例如，用级牌把对手的大王引下来，自己的小王便能封顶。再如，出单牌拆对手的大对子、出单牌或对子拆对手的三头、出对子拆对手的三连对、出三头拆对手的双飞。

中局后期和残局阶段，大家的牌都比较少了，虽然有的人手中有大的三头，但对子的数量很有限，这时，如果你想用三带对封顶，还可以通过先打对子的办法减少敌人手中对子的数量，当对手虽有三头但没有对子时，你再打三带对，他虽然有大的三头，但由于无对子可带，只好望洋兴叹，任你的三带对称霸。

六、好风送我上青天——等东风

在掼蛋游戏对抗中，我方不想让敌方顺牌，敌方也不想让我方顺牌。但是，无论如何，对方总要出牌，因此，如果能够判断敌方必出某些牌，而我方手中的一些牌必会被敌方送走，那么，在我实力不够的情况下，我就可以把力量用在出别的牌上，把敌方必送我顺走的牌留在手中，专等敌方送我。这就是坐等东风任我借、好风送我上青天的技巧。

比如，我手中既有三带对，也有单牌，如果对手单牌过多，会接二连三地出单牌，我就可以把有限的力量用在出三带对上，坐等顺单牌。

再如，我手中既有顺子，又有三带对，如果敌一直不吃三带对，那么他有顺子的可能性是非常大的，我就可以出三带对，留下顺子，以求敌人上手后发顺子，我顺走。

当对手用大牌或炸弹压我后，如果其必会送我能顺走的牌甚至封顶的牌，在对手先跑完牌危险不大时，我即使有能力，也不要进行还击，而应坐等对手给我送牌。

很多人在实力不够时往往会等待对手送牌上手，这其实就是在运用等东风的技巧。尤其在中局后期和残局时，经常有人在等东风。比如，主攻手中的牌是KKK、QQ、JJ、88888。这时，还有两手累赘牌，如果主攻用五个8上手，在敌方还有一小炸的情况下无法成功冲牌，因此，只有耐心等待。等顺走K或者QQ，或者KKK-JJ，或者KK-QQ-JJ，就再只有一手累赘牌，满足了冲牌条件，那时，再用88888冲牌，就能成功。

在中局后期或残局时，主攻如果用炸上手后手中还有两手牌，而通过准确判断，认为对手必会把自己的一手牌送走，那么，就可以把对手必送的牌留在手中，先走另外一手牌，让对手在出完牌前先必把我送走，我胜敌败。这是十分高明的打法。例如，主攻上手后，有一张大单牌和一手三带对，判断出对手两家都各有不止一张单牌，在他们出完牌前，必然会送走我的单牌，那我就发三带对，留下大单牌等他们送。

实战中，把握好等东风的技巧有相当大的难度，牌手需要有很强的判断能力。只有判断准确有东风，东风是什么，才能利用好东风。如果判断失误，很有可能会贻误战机，反而有害。这一点需要牌手特别注意。

七、破釜沉舟死后生——一条路

“破釜沉舟”“置之死地而后生”说的是在战争中，只有一条出路时，只能就此一搏，如果要败，那也没有办法。牌场如同战场，如果只有一条路有可能成功，其他路都是死路时，就必须放手一搏，看看有没有可能成功。如果连这唯一的出路都不能成功，那也死而无憾，输了就输了。而在有的情况下，也有可能就此一博获得成功。

牌手经常会遇到这样的情况：如果放敌一手，敌必会出完牌；而如果不放过敌人，按常理，敌也会先出完牌。这时，应该怎么办呢？应该当机立断，不能放过对方。因为，一旦放过，敌就出完牌了；而如果不放过，虽然按常理敌也会出完牌，但却有了一丝机会、一线希望——如果敌方不小心犯了错误，我方就有可能先于敌出完牌。在牌局中，牌手犯低级错误的事情时有发生，所以，这时一定要采取措施，给对手创造一些犯错误的机会；而不能眼看着让敌把牌出完，连让敌人犯错误的机会都不给人家。

一条路的技巧常常用在冲牌上。冲牌时，如果判断不清敌方是否有炸弹，要按无炸弹打，用确保封顶的牌冲牌。很多情况下，牌手在最后无炸时，手中还有两手牌，一手牌是封顶牌，一手牌是小牌。如果出封顶牌，对手无炸便可冲牌成功，对手有炸就必然失败。如果出小牌，当对手有炸时，虽然也有可能对手会送走自己的封顶牌，但只是可能。当对手无炸时，也有可能对手上手后出的牌一直送不到自己手中，对手会先把牌走完，这时，牌手往往会非常后悔自己太保守，没有敢用封顶牌冲牌。所以，有这样的牌时，如果判断不清楚敌方手中是否有炸弹，牌手在是否用封顶牌冲牌的问题上会面临艰难的选择。事实上，在这种情况下，如果不敢用封顶牌大胆冲牌，往往即使对手无炸我也会输；而如果冲牌，当对手真的无炸时我就必能赢。因此，我主张，遇到这种情况时，牌手应该按照对手无炸的情况设计打法，大胆冲牌。其结果是：对手无炸，我冲牌成功，赢牌；对手有炸，虽然我冲牌失败，输了牌，但不会后悔。

八、我以万变应万变——能变化

掼蛋游戏最突出的特点和最大的魅力就是组牌千变万化。牌手在组牌时不要把牌组死，在打法上不能一成不变，要以万变应万变。如果手牌不能变化、变化小，能够应付的情况就少，打法就会死板，赢牌的可能性就小；如果手牌能够变化、变化大，可以应付的情况就多，打法就会灵活，赢牌的可能性就大。

有些牌的牌型好调整、能够组合的种类较多，即牌型组合多样，那么，这就是能变化、变化较大的牌；有些牌的牌型难调整、能够组合的种类较少，即牌型组合单一，那么，这就是不能变化、变化较小的牌。牌手在留牌时，如果余牌的牌型能够调整、可以变化出的牌型种类较多，就能应付更多的情况。

在实战中，我们经常会看到这样的情况：某牌手的对子本身就少，而且也不大，对手打对子时，虽然该牌手的对子既不能封顶，也起不到阻拦对手过对子的作用，但想迷惑对手，就过起了对子，一直把对子过完了。等到后面对手发三带对时，该牌手无对子可带，结果导致失败。这种情况就是因为牌手没有掌握好余牌能变化的技巧。

在留牌时，牌手要有意识地注意到使留下的牌型有变化才好。例如，敌出101010-xx后，我手中的三头和对子如下：KKK、JJ、88、777、66。我要出KKK带对管牌，但带哪个对子是有一定讲究的。如果带的对子是JJ，那么，剩下的牌就是：88、777、66。这些牌，不但可以打对子、三头、三带对，还可以打封顶可能性很大的三连对。如果带的是小对子66，那么，剩下的牌就是：JJ、88、777。虽然对J比对6大，但这样的牌只能打对子、三头和三带对，少了三连对的牌型。如果在后面要用到三连对的牌型，牌手只有望洋兴叹的份儿了，那时，牌手往往会后悔当时没有把66留下来。

再如，手牌有A、K、Q、J、10、9、8，敌出Q可顺牌，这种情况下，应该先顺A，以使顺子仍有变化，既可形成K开头的大顺子，有可能封顶，对家需要送单牌时也可以送出较小的8，而一旦顺过K，牌就打死了。

逢人配的灵活性非常大，因此，能留下逢人配时就宜留下逢人配。例如，当盘打5，手牌包括下面一些牌：♥5、AAAA、K、Q、J、10。当需要出顺子时，就先不要用逢人配，而要用没有变化的A。因为留下逢人配，变化余地大，如果只留下AAAA，就没有变化了。

实战中，能变化的技巧在打牌时经常会用到。跑牌时，如果余牌变化大，别人出牌后，自己顺走、上手的可能性会更大一些。从管牌和送牌的角度讲，变化大的牌也都比变化小的牌要好。因此，牌手一定要重视能变化的打牌技巧，在留牌时，注意使留下的牌变化更大，以便应付更多的情况。

第六章　判断牌情技巧

掼蛋时，如果能知道其他人手中有什么牌，使别人的牌清晰透明，那无异于自己在暗处，别人在明处，自己知彼知己，别人却不了解你的情况，那玩起游戏来肯定是百战百胜了。但是，在实战中，你不可能看到其他人手中所有的牌，因此，要知道他人手中牌的情况，就要学会进行科学的分析判断。

对牌手来说，判断其他人的牌形牌力非常重要。如果判断正确，往往能够掌握主动权，甚至能以弱胜强；如果判断失误，往往会陷入被动挨打的局面，甚至会把强牌打输。

既然判断非常重要，那么，能否做到判断正确呢？我认为，虽然不能保证判断得百分之百地准确，但只要经过认真分析、科学推理，还是能够在非常大的程度上判断准确的。第一，掼蛋时用两副扑克牌，牌的总数是不变的，这就为判断其他人的牌提供了最根本的依据。比如，你手中有两个王，其他人手中就一定有另外两个王；已经出了三个级牌，你手中还有一个，其他人手中就一定还有四个。第二，任何情况的发生都不是无缘无故的，而是有一定缘由的。比如，某家出级牌后无人压牌，绝大多数情况下是因为其对手没有小王。再如，某家首发牌出对子，很可能是牌整、对子多。

事实上，牌坛上的高手都具有很强的逻辑推理能力，都善于根据各种情况进行分析，做出判断，并进一步根据判断的结论运筹帷幄，选择对自己最有利的打法。

判断牌情是掼蛋常用、不可缺少的重要技巧，牌手必须全面掌握判断牌情这门高级技巧，提高判断牌情的能力。

第一节　判断牌情技巧概述

要提高判断牌情的水平，牌手必须先弄清楚一些基本问题。

一、判断牌情的目标

掼蛋时，判断出的牌情越多越好，但是，再高明的牌手，也不可能把所有的牌情都判断清楚，而且，也不是所有的牌情都是重要的，因此，判断牌情时，关键看能否判断清楚一些重要的目标。

（一）判断对家企图是主攻还是助攻，对手的主攻和助攻是谁

掼蛋打牌贵在合作，合作的重要原则是己方要分主攻和助攻。一般来说，对家如果企图当主攻，我就配合；对家企图当助攻，我就主攻，因此，判断对家企图当主攻还是助攻非常重要。

掼蛋的防敌，重点是防敌主攻。主攻不同，诸多的打法也不同，因此，要判断敌方的主攻是谁。

（二）判断他人的牌力大小和牌型特点

其他人的牌有哪些长项、有哪些短项，需要什么牌、不需要什么牌，对于攻防皆十分重要，因此，牌手要善于判断其他人的牌力大小和牌型特点。

对家的牌力大小和牌型特点对己方联合非常重要。如果对家主攻，我配合时，就可根据对家的牌力大小和牌型特点密切地协同。对家的牌力强，我就不必过于浪费自己的实力；对家的牌力弱，我就要勇于牺牲自己的实力。对家的哪种牌型是长项，我就先送、多送哪种牌；对家的哪种牌型是短项，我就先不送哪种牌。如果对家助攻，我也可以根据对家的牌力大小和牌型特点决定进攻节奏和打法。

对手尤其是主攻的牌力大小和牌型特点，不仅决定我方的战略，而且决定我方的战术，因此，判断对手的牌力大小和牌型特点非常重要。

（三）判断更加具体的牌情

判断具体牌情既有利于进攻，也有利于防守。从进攻的角度讲，判断个牌情况主要是判断自己手中的一些牌能否顺走，能否封顶，这对决策自己如何出牌非常重要。从防守的角度讲，判断个牌情况主要是判断某种牌对手是否会出，这对于决策自己如何留牌非常重要。例如，算清楚了上家有三张3，判断他出三头3的可能性非常大，自己在选择出三头和其他牌型如单牌、对子等时，就可以选择出其他牌型，等待顺走三头或管住对手的三头。

判断个牌时，一要判断还有哪些牌，二要判断某些牌的大小。

判断他人手中有哪些牌时，可以根据已知的牌判断某种牌形成炸弹和其他牌型的可能性大小。牌手已知的牌包括明牌和自己手中的牌。已知的牌中，自己知道某一点值的牌越多，它成炸、成三头、成对子的可能性就越小，如果已知某一点值的牌超过四张，就能确定在他人手中不加逢人配不可能有同牌炸弹。实战中，很多老手常常根据自己手中的断牌和单牌推断出这种牌在他人手中成炸的可能性很大，是非常有道理的。

判断某些牌的大小时，主要是判断特大牌和大牌。比如出了单大王或双大王，双小王或单小王就是大牌。

判断有没有顺子和某个顺子的大小时，要关注常牌。在掼蛋游戏中，从2到A，看似只有大小之分，其实，还存在两种地位非常特殊的牌，它们就是常牌5和10。其地位特殊在：凡组成的顺子，必定有5或10。关注这两种牌，能够帮助判断他人手中是否还有顺子，自己手中顺子的大小如何，在关键时候，这一判断会决定胜负。

判断具体牌，最好能判断出关键的牌在谁手中。关键的牌对局势影响最大，因此，牌手要善于判断关键的牌在谁手中。比如，已经出了三个王，另一个王在谁手中？再如，还有三个级牌没有露头，都在谁手中，是否形成了三个头？

如果能进一步判断出敌主攻需要顺什么牌，那更好。无论是单牌还是其他牌型，敌主攻多顺过一手，就多一份危险，有时，对手主攻甚至就因为只顺了一手我方本可守住的牌而反败为胜，因此，要善于判断敌主攻需要顺什么牌。比如，对手主攻是否要顺对子，是否需要过单A。再如，对手主攻前一轮没过单A，现在过了单A，是在拆对A、三头A呢，还是A本身就是单牌?

随着牌局的进行，牌手要更加精确地判断每一家的牌。在后场，往往一手牌就能够决定输赢，因此，这时，判断其他人的牌型和大小更加重要。从防敌的角度讲，判断出了对手需要顺过什么牌，就可以有针对性地出牌，不给对手送牌，防止对手顺牌。比如，对手主攻还有七张牌，需要顺一个对子或一个单张，我方就要有针对性地出牌，以防对手主攻顺过单张或对子后冲牌成功。从进攻的角度讲，如果助攻判断出了主攻余牌中还有些什么牌，在送牌和留牌时就很容易决策了。比如，主攻冲牌失败后余牌五张，到底是三带对还是顺子，这关系到助攻决策送什么牌，送得好不好可能会决定一盘的输赢，这时，助攻的判断就非常重要了。

二、判断牌情的方法

判断牌情是根据已知的情况，经过推理分析，来判断未知的情况，因此，牌手要善于搜集信息，并深入分析。

（一）仔细观察所有情况，深刻记忆重要情况

判断牌情的依据是已知的情况，因此，知道相关的已知情况，是判断牌情的前提。试想，如果你根本不知道他人出了哪

些牌，那如何对其牌情进行判断？所以，牌手要仔细观察所有情况，并深刻记忆重要情况。

1. 仔细观察所有情况

打牌时，各种情况在不断地出现着，如果不注意观察，就不知道有的情况是怎么发生的，甚至根本不知道有的情况，所以，要判断准牌情，首先必须善于观察。观察牌场情况时要仔细、全面，要观察与牌情有关的所有情况。

实战中，如果不注意观察，判断牌情时的失误就会很多。有的牌手水平较低，只知道看自己的牌，根本不注意观察或注意不到牌场上的情况，那基本上可以说他根本谈不上判断牌情，其结果当然是输多赢少。

总之，仔细观察是判断牌情的前提，牌手要提高判断牌情水平就必须养成仔细观察的习惯。

2. 深刻记忆重要情况

打牌时，如果牌手没有对有的情况刻意记忆，后面可能就没有印象了，或者记不清楚了。而且，在实战中，往往是不能翻海里的牌的，因此，牌手要记住各家的出牌情况。

当然，把牌场上出现的所有情况都记住既不可能，也没必要，牌手需要记住的是一些与牌情相关的重要情况。这些重要情况对牌手判断牌情帮助很大，牌手要刻意地记忆。

（二）深入分析掌握的各种情况

掼蛋时，牌手的出牌情况和言行态度，必有原因。判断牌情的根据就是他人的出牌情况和言行态度，因此，判断牌情时，一定要深入分析——他人为什么会那样打牌，为什么会有如此表现？如果牌手不善于分析，那么，他人的出牌情况和言行态度意味着什么，牌手可能就不知道，那这些情况对牌手来说就没有任何意义。如果分析得不深入，那也可能只能判断出部分牌情。只有对出现的情况深入地分析，才可能准确判断出最多、最有用的牌情。

三、判断牌情的注意

判断牌情毕竟是判断，是判断，就会有失误。无论是从理论上讲，还是从实践中看，判断牌情结论的准确程度常常只有一定的概率，而难以确保判断牌情绝对正确。我们要明白判断牌情常常不准的道理，不要过于相信自己判断牌情的结论，不要因为判断牌情而误导了自己。

那么，为什么我们有时判断不准，甚至还会判断错呢？其原因主要有二。

一是，掼蛋时，出现的同一情况可能是由不同的原因引起的。一方面，由于牌形牌力的问题，会导致不同的情况牌手采取相同的打法。比如，己方上小王后无人压牌，既有可能是对手无大王，也有可能是对手为了顺单牌而故意不压，诱导你误以为大王在对家手中，再出单牌。另一方面，由于牌手个性和当时所处的情景不同，不同牌手的相同外在表现甚至同一牌手的相同外在表现可能是由不同的原因引起的。比如，有人显得特别着急，既有可能是因为他的牌特别差，也有可能是因为他的牌特别好。由于存在以上两个方面的原因，我们在判断牌情时，其结果不但不会总正确，而且常常会出现错误。即使再高明的牌手，也不可能每次都能判断准确。这样，我们在判断牌情时，只能说自己判断有可能是某种情况，而不能说绝对是某种情况。

二是，掼蛋时，一些牌手常常会借口头语言甚至态势语言骗人。实战中，有的高手非常善于通过自己的外在表现对别人进行欺骗，诱导别人判断错误。这样，我们在判断牌情时，就要注意鉴别，善于通过对手的外在的表现看穿其假象，谨防被骗，避免上当。

虽然判断牌情必然会出现一定的失误，但我们还是必须学习判断牌情，善于判断。因为，判断有可能失误，但如果不判断，失误会更多。而且，判断牌情结果的准确率与我们判断水平的高低直接相关，水平越高，判断准确的概率越大，所以，掼蛋时，我们必须提高判断牌情的水平。

要提高判断牌情的准确率，牌手必须注意下面几个问题。

（一）注意综合分析

掼蛋时，出现的同一种情况往往可能是由多种不同的原因引起的，因此，判断牌情时，要综合分析，不可只看一点。如果仅凭某一情况来判断，判断不准的可能性就较大。如果我们能把各方面的情况结合起来，综合分析，那判断准确的可能性就会较大。例如：某家发三带对时所带的对子很大，是对子很少呢？还是对子成连牌了，这就要根据其他情况判断。如果牌手已经出过三连对，或出过几个顺了，那多是手中的对子较少；如果敌压不住顺子，也没有出过三连对，那有可能他手中有三连对。所以，仅凭别人出三带对时所带对子很大进行判断不如结合其他出牌情况判断得更准。

事实上，牌手在处理具体牌的同时，常常会有各种表现，因此，其可供判断牌情的情况往往不会只有一种。比如出牌时，牌手不只是出了某些具体牌，还会有动作的变化及相关的表情，有时甚至还在说话。例如，中局前期，如果牌好，牌手出的牌就较整，动作多强劲有力，其表情也往往会显得轻快；如果牌差，牌手出的牌就小，动作多柔弱无力，其表情也往往会显得凝重。所以，把牌手打牌时的一些情况结合起来分析，无疑会分析得更加准确。

（二）注意判断牌情最有效的阶段

在不同的行牌阶段，判断牌情的准确率不一样。在一盘的开始，明牌出现得很少，各家的表现难以形成系统性，牌手处理牌时的情况可能会有很多原因，因此，判断牌情的准确率最低。随着一盘的推进，明牌出现得越来越多，各家的表现越来越有系统性，牌手处理牌时的情况可能的原因越来越集中，因此，判断牌情的准确率会越来越高。到中局后期和残局时，水平较高的牌手对牌情的判断会相当准确。由于越到一盘的后面，判断牌情越准，因此，牌手要更加重视后场的判断。

判断某一家的牌情时，还要注意其余牌多少。余牌越多，牌情越复杂，判断的准确率越低。余牌越少，牌情越简单，判断的准确率越高。

（三）注意结合他人的打牌特点和个性特征进行判断

不同的人，打牌特点和个性特征往往不同，因此，一方面，不同的人在相同情况下的打法可能不一样，表现出来的动作、神情也可能不一样；另一方面，相同的打法内容和相似的外在表现出现在不同人的身上时，其原因也可能不同。比如，牌较好时，有的人会显得轻松愉快，而有的人会显得紧张激动。再如，有的人在牌好时笑，有的人在牌差时笑。

由于每个人的打牌特点和个性特征不同，因此，我们在分析牌情时，要根据牌手的打牌水平、习惯、风格等打牌特点，并结合其性格脾气、气质修养等个性特征进行判断，既要分析牌，又要分析人。俗话说“看牌看人，看人看牌”，讲的就是这个道理。判断牌情时，只有把人和牌结合起来分析判断，判断牌情的准确率才会更高。

（四）注意判断牌手说话内容的真假和态势语言的诚伪

打牌时，有的人为了欺骗对手，往往会说假话，甚至高明的牌手还会借用假装的态势语言进行欺骗。这就要求我们在判断牌情时要注意鉴别他人说话内容的真假和态势语言的诚伪。

他人在说话时，我们要注意观察其说话内容的真假。一般来说，无意说的话往往是真实的，刻意说的话欺骗的可能性大。

态势语言一般是人内心实情的外在流露，但少数情况下，有的人也会专门用假装的态势语言进行欺骗。一般来说，自然、协调的表情和动作基本是真诚的，做作、别扭的表情和动作常常是伪装出来的。

第二节　判断牌情技巧详论

要进行科学判断，必须依据大量而准确的信息，因此，牌手首先要会广泛地搜集信息。搜集信息需要从各个方面进行，比如已出明牌、出牌特点、所剩牌数等。打牌是一种高智慧的竞技游戏，牌输一招，牌赢一手，任何一点变化都有可能导致胜负易主，因此牌场上任何有用的信息都可能会影响到牌局的胜负。作为牌手，要眼观六路、耳听八方，不要放过任何影响牌局的信息。通过对信息的全面搜集整理、精确推理分析，牌手可以判断出各家手中的牌形牌力，进而做出正确的决策。

一、根据自己牌面进行判断

牌起好后，牌手首先能够看见自己的牌，虽然除自己的牌外，其余三家的牌可有千万种组合方式，但是，组合方式的概率大不一样，所以，精明的牌手往往可以根据自己的牌面对其他三家的牌进行一定的分析、判断。

比如，自己的牌较整，其他三家牌整的可能性就会较小。自己有AAA-KKK，其他三家有AAA-KKK的可能性就相当小。自己有三张级牌，其他人有三张级牌的可能性也不会太大。

再如，自己断牌较多，其余人起到炸的可能性就很大。在实战中我们常常会发现这样的情况：有时自己的炸多，但别人的炸也多。其道理就是，炸多时断牌也多，断牌越多，别人起到这些牌形成炸弹的可能性就越大。

根据自己的牌面进行判断有利于决策如何出牌。比如，我有三个级牌和三个A，敌出三带对时，一般情况下，我基本上可以考虑暂不要用三个级牌封顶，因为我有三个级牌，敌再有三个级牌的可能性相对较小，三个A能封顶的可能性很大。

当然，根据自己牌面进行判断只能判断一个大概情况，不可能百分之百正确，这一点需要特别注意。根据自己牌面进行判断，只是判断了可能性，而不是必然性，出牌时还要结合其他情况进一步判断。

二、根据已显明牌进行判断

玩掼蛋游戏时，会出现一些明牌。明牌主要是在行牌过程中牌手打出去的牌。其余还会有一些牌也是明牌，传统升级打法的第一盘和创新计分打法的每一盘，都要切牌，切牌时翻出的那张牌是明牌；在传统升级牌局中，进还贡的牌也是明牌；有时，一些牌手还会因为意外暴露一些牌，这些牌也算明牌。

在牌局进展中，打出去的明牌渐渐增多，根据明牌和自己手中牌的情况，可进一步判断出其他三家的牌。

比如，根据进贡情况，可以判断或大致判断大小王的情况。我方双上时，如果敌方两家都进贡小王，那么，四个王就全在我方两人手中，根据自己手中王的情况，必会判断出大小王的全部情况。

再如，根据所出多头炸弹的情况可以判断出一些单牌和顺子情况。出过多头炸弹后，一般就没有包括这一点值牌的顺子了，除非这个炸弹是从五头以上的炸弹中拆出来的，还余了一张单牌。这也告诉我们，多头炸牌附近有单牌的可能性较大。

三、根据出牌情况进行判断

牌手在出牌时，都会结合牌局的进展，根据自己手中的牌和当前的情况做出对己方有利的决策，因此，各家出牌的情况在一定程度上总会暴露出一定的信息。牌手要善于通过各家出牌的情况，并结合其他情况来判断各家更加具体的情况。看各家的出牌，既要看出牌的大小和花色，又要看出牌的特点和次序。

（一）出牌的大小

出什么牌在一定程度上能够反映各家的情况，我们可以通过观察各家出牌的大小来分析判断各家的情况。

比如，开局阶段，某家在上家发小单牌后，顺了小单牌，往往说明他在跑牌，主攻的可能性较大；没有顺小单牌，而是出了很大的单牌，那多是为了防守，企图助攻。

比如，某家出单小王后无人压牌，很可能两个大王都在他们一方手上。

再如，某主攻用同花顺炸后手中还余三张牌，结果被敌家用六个头定住。根据主攻上同花顺的情况可以分析出他很可能是在冲牌，如果真是这样，主攻手中就必然只剩一手牌——三个头。

再如，某牌手在上家出A后，没有出级牌，而是直接上小王。那么，要么他手中没有级牌；要么他手中有一些级牌，但为了组顺子或同花顺而选择不出；要么他手中有两张以上的级牌，可能为了留对、留三个头或留炸弹暂时不出。之后，再根据自己手中的级牌和其他人所出级牌的情况，就能把级牌的分布情况推算得差不多了。

（二）出牌的花色

掼蛋游戏有同花顺和逢人配，因此，也可以通过观察顺子和逢人配的情况来分析判断各家的一些情况。

比如，某家出的顺子有四张牌的花色相同，只有一张杂花色，一般说明他没有逢人配，否则用逢人配代替杂花色牌，就可组成同花顺。

（三）出牌的特点

各人出牌的特点往往能在很大程度上反映他手中牌的情况，所以，牌手要注意各家出牌的特点。

比如，某家不吃对子、三头、三带对，那他有单牌或顺子的可能性很大。某家出的三带对是很小的牌和很大的牌，那他中间的牌形成顺子或三连对的可能性较大。某家出的三带对带的是大对子，那他有三连对或更大对子的可能性大。某家的小牌出过三带对或三头，那他一般不会再有包括三头点值牌形成的顺子。某家出过顺子后，组成顺子的五个点值的牌中再有三头的可能性会很小。某家没有出过单张，那他剩个别单张的可能性会很大。

再如，某家先发小单牌，往往说明实力强，想主攻。因为小单牌可使下家顺牌，牌手发小单牌不怕下家顺牌，往往说明实力强，想主攻。如果回手的大牌少，而连续发小单牌，这分明是为了跑牌而发的，说明他炸多，甚至还有大炸特大炸。某家很早就出炸，可能还有炸，因为如果炸弹少，牌手用炸时往往会比较节约。

再如，主攻先发了某种牌型，被阻止后再没有出过这种牌型，可能还有这种牌型，因为主攻多会先发自己的长项牌型，发出某种牌型被敌人阻止后，主攻常常会考虑到这种牌型自己不能控制、回手，一般不会急于再发这种牌型。某家先发三连对或双飞，要么是不希望敌开炸，自己想先走一手牌，要么是有大的三连对或双飞可以回手，双飞回手的可能性小一些，三连对回手的可能性更大。

（四）出牌的次序

出牌的先后顺序往往能说明各家的情况和企图，我们可以通过各家出牌的先后顺序判断其具体情况。比如，某家先上大王，后上小王，往往说明他有两个小王。

正常的出牌次序我们应该注意，反常的出牌次序更应该注意，因为，之所以牌手会按反常次序出牌，多是由于他的手牌情况反常。这时，我们需深入思考，通过这一反常现象看出其实质问题。

比如，前面打对子时某家没有过对子，两三轮后，突然上了一对级牌，这是什么原因？他为什么在前面不上对级牌呢？稍一分析，我们基本上可以得出这样的结论，他在拆多个级牌。

再如，某盘，在第一轮走单牌时，主攻上了一个大王，之后又先后上了一个大王、一个小王。根据主攻出牌的这一反常顺序，往往说明主攻有四个王。这一点有些牌手看不明白，等炸了主攻的小王后以为主攻再无王了，仍然发单牌。其实道理很简单，如果主攻有两个大王、一个小王，一般情况下，他至少会在第二轮出小王，而留着最后一个大王预备着压对手的小王。

结合出牌的大小和顺序，还有一种情况需要牌手用心分析：在开局阶段，各家第一次出的较大的单牌说明了什么问题？在一开始，各家第一次果断地出的较大的单牌一般只有一种情况——这张牌本来就是单张，对主攻来说更是如此。比如，前两次出单牌时某家在顺小牌，第三次出单牌时，果断地出了A，这基本上可以断定他在主攻，前面是顺小牌，并且A本身就是单牌。

四、根据余牌数量进行判断

每一盘开始时，各家牌的数量是确定的，都是27张，因此，各家手中所剩牌的数量可以通过出牌的数量计算出来。在十张以内，各家还要报张，各家余牌的数量更是明确而肯定的。

牌的数量与牌型关系密切，余牌的多少能够决定牌型的组成情况，特别是当余牌的数量非常少时，牌型组成的可能性会很少。当余牌数量较少时，有的牌型就不会有了，有些牌型就不会同时有了。因此，牌手可以根据各家余牌的数量，结合其他情况，对其牌型组成情况进行一定的判断。

大家都知道一张牌不吃除单牌外的任何牌型、四张以下的牌不吃三带对和连牌的道理，这最明显，谁都能判断出来。如果牌更多些，就要进一步判断了。其实，牌多的道理和牌少的道理是一样的，只是牌型组成情况的可能性更多一些，需要进行更多的推理而已。比如，当牌手余牌是六至八张时，除了是一炸或两炸的情况外，要么有三带对或顺子没有炸弹，要么有炸弹没有三带对或顺子。再如，牌手余牌是十张，手中还有一大一小两个王，那么，在剩余的八张牌中，也是要么有三带对或顺子没有炸弹，要么有炸弹没有三带对或顺子。

五、根据言行态度进行判断

从一开始起牌，到一盘结束，每位牌手都会有一定的言行，并表现出一定的态度，细心的牌手可据此对他人的牌情进行一定的判断。

在起牌过程中，如果起到好牌，一些人往往会喜形于色，而有些人则会因为已在考虑如何主攻而显得严肃。结合各人的习惯，可以据此大致判断一二。

在理牌时，牌手必然会做出一些动作，伴随一些表情，花费一些时间，通过这些表现，可以对他的手牌进行一定的判断。牌手在理牌时做的动作与所理牌型关系直接，往往会透露一些牌型方面的信息。比如，有的人在理牌时会把单牌挑出来放在一边、把顺子排好放在一边、把炸弹取出来放在一边，甚至把这些牌型往牌面一边放的时候，会一次抓一手牌，动作非常明显，他人往往能通过这些动作大致甚至准确判断出其相关牌型的多少。再如，有的人在理顺子或同花顺时连续挑牌的动作很明显，他人一眼就能看出他有这类牌型。牌手理牌时伴随的表情与牌力大小关系密切，往往能说明一些问题。理牌时表情轻松，多是牌很好；理牌时表情沉重，多是牌很差。牌手理牌时花费的时间与牌情复杂程度关系很大，往往能反映一些情况。理牌时间较长，可能牌情复杂，组牌的变化很大，在理顺子或同花顺，往往还有逢人配；理牌时间较短，可能牌情简单，手数较少，牌型比较固定，变化余地不大。

在进还贡时，各家的表现往往能反映出一定的牌情，据此可以更加准确地判断各家的牌形牌力。比如，进贡时思考时间较长，说明同样大小的级牌或A、K较多，而且花色不一样，在挑选；还贡时思考时间较长，挑来挑去，说明单牌不少，或者是在理顺子。

在行牌过程中，可根据牌手的表现进一步判断他的实力。比如，轮到出牌时一时半会决策不好，说明牌力不是太强，或者牌型有缺点，比较为难。比如，上手后迟迟不发牌，往往是手数较多，可回手的牌不多，发出去后难以回手。再如，上家出了单牌后，下家犹豫了半天才顺了一个单牌，往往说明下家不喜欢单牌。再如，某家犹豫很久后发了个对子，可能是自己牌力不强，在送对家。

炸弹在掼蛋游戏中的作用特殊，威力巨大，各家的用炸态度和用炸上手后的出牌情况能说明一定的问题。比如，遇到敌封顶牌或炸弹后，如果某家毫不犹豫地上了一炸，往往说明这一家还有炸弹，而且往往是更大的炸弹；如果快速决策不要牌，那可能已经没有炸弹了；如果犹豫再三，最后决定不炸，那往往说明这家有大炸，或者炸了手数不够或不知如何出牌，而且往往只有一炸。再如，某家主攻，出大炸后余十张牌，考虑良久，出了三带对，余牌五张是顺子的可能性大。因为出大炸，手中无炸的可能性大，主攻余十张牌多是整牌的可能性大。考虑良久，多是决策到底是出顺子还是出三带对。如果根本没有什么考虑，出了小三带对或小顺子，后面还有这种牌型的大牌的可能性就很大。

需要注意的是：每个人都知道敌方会根据自己的态度判断牌情，因此，高明的牌手会故意表现出一些与本该有的态度相反的态度进行欺骗，让你判断错误；所以，进行判断时不仅要看各家的外在表现“什么时候犹豫不决，什么时候痛快利索”，更重要的是还要看各家是否在表演“什么时候在假装，什么时候是真相”。

总之，掼蛋时各家的言行和态度，都是有原因的。通过他人的言行和态度进行判断，往往能够得到一些有用甚至是至关重要的信息，有时还能得到通过其他途径得不到的信息。如果判断得准确，可能会对一盘的成功起到关键性的作用。当然，也要注意，打牌如打仗，虚虚实实、真真假假，你在骗别人，别人也在骗你，其中较量的就是各家通过现象看本质的能力，所谓“道高一尺，魔高一丈”。

第七章 欺骗对方技巧

在对抗性的活动中，欺诈往往都是避免失败、战胜对手的重要手段。掼蛋是一种典型的强对抗性游戏，因此，欺诈也是牌手常用的一种手段。玩掼蛋时，我们在猜别人的牌，别人也在猜我们的牌，“兵不厌诈”“牌不离骗”；“兵以诈立”“牌以骗胜”，为了不让对手猜到自己的牌情，牌手必须善于运用欺骗技巧。

运用欺诈手段的目的是为了让对手犯错误，使其做出有利于我不利于敌的决策。

虚实变化是欺诈的原则，欺诈采用的就是虚实变化的手段。在战争中，为了欺骗对手，有时，虚示之以实，实示之以虚；有时，利用对手的疑心，虚故意示之以虚，实故意示之以实。用兵虚虚实实、真真假假，掼蛋也要会虚实变化，制造假象，设置疑阵，让对手真假难分，判断错误，钻入圈套。

第一节 兵以诈立——欺骗的理论

玩掼蛋游戏，欺骗非常重要，尤其是牌较弱时。欺骗是以弱胜强、扩大战绩的重要手段。但是，欺骗是一门高级艺术，其中的奥妙很多，因此，要提高欺骗水平，牌手必须先弄清楚关于欺骗的一些理论问题。

一、欺骗的级别

掼蛋的欺骗从级别的角度可以分为战略欺骗和战术欺骗。

在战略上，主要是骗对手分不清我是主攻还是助攻。明明是主攻，假装不能进攻；明明是助攻，却在佯攻。

在战术上，主要是骗对手对我的牌型组成情况和具体牌情猜不透或猜错。不让对手搞清楚我有没有某种牌型，有多大的牌；不让对手知道我某种牌型的多少，需要顺过什么牌。

二、欺骗的层次

欺骗从低级到高级，有三个层次，即隐藏、迷惑和假装。欺骗的三个层次是相辅相成的，在实战中运用时也常常是相互交织的。

打牌时，很多牌手都能意识到隐藏的重要性，不会主动暴露牌情，懂得一定的掩盖方法，但迷惑和假装是高级技巧，有的人不一定能意识到主动迷惑对手，假装是或不是某种情况，以诱敌犯错。欺骗对手主要还是靠迷惑和假装。

（一）隐藏

隐藏即不让对手知道自己的牌情。“天机不可泄露”，掼蛋时，自己的牌情就是机密，因此，在打牌过程中，要尽量少暴露自己的牌情，并注意用一些办法来隐藏、遮盖真实情况，让别人难以推测出自己的牌情。

隐藏牌情首先要做到不动声色。在打牌过程中，牌手往往会说一些话，做一些动作，在说话和做动作时，往往还会伴随一定的态势语言。为了隐藏牌情，在打牌时，如果不是为了欺骗敌人，就要做到不动声色。我不动声色，对手对我的牌情就不好判断。比如，当我的牌力不是绝对强大时，敌有可能认为我的牌力弱，放松对我的防备，使我的进攻少了很多阻碍，本来对手强力压制有可能使我不能进攻成功，结果因为他们阻拦不力而使我进攻成功了；当我的牌力非常强大时，对手有可能认为我的牌力不是特别强大，会浪费很多实力，尤其是炸弹来压制我，但由于我的牌力强大，结果他们虽然浪费了很多力量，也没有阻挡住我进攻，而且还为我的对家消除了很多障碍。

掼蛋时，让对手知道我的情况越少越好，让对手越判断不清楚我的情况越好。这就要求牌手要做到以下几点。

第一，注意不要在揭牌、理牌、出牌时把牌露明。有的牌手动作不谨慎，会在操牌过程中出现掉牌露牌情况，被别人看到自己手中的一些牌。

第二，在理牌和取牌时，牌手要注意，不要让对手通过我的理牌和取牌动作判断出一些牌情。例如，在理牌时，不要很明显地把炸弹、顺子、单牌一手一手拿起来，放到牌面的一边。

第三，如果手中有切牌时翻出的明牌和进还贡的牌，在出同样大小且不影响花色的情况下，要早出，以免让对手知道我手中还有这些牌。例如，有人进贡了一张级牌，我在出级牌时如果没有出进贡的这张，对手能判断出我中至少还有一张；我在出级牌时如果出了进贡的这张，对手就不知道我手中还有没有级牌了。

（二）迷惑

迷惑即让对手对我的牌情疑惑不解、判断不清。为了使对手判断不清我的牌情，有时，需要故意设置一些雾障，巧设迷局，巧布疑阵，利用各种手段故意掩人耳目、迷惑对手。比如，我手中有两个大王，一个小王，出单牌时，如果我先出小王，小王封顶，对手就知道他们一方手中没有大王；而如果我先出大王，对手对我方手中王的情况就不好判断了。再如，我不吃单牌，而对手一直在攻单，为了使对手弄不清楚我到底是什么牌形，这时，虽然拆A不能少一手牌，但拆A过单后，对手往往就不能正确判断我的牌形了，很有可能对手某牌手会给我送牌。例如，主攻的A是五个头的炸弹，因为手数不够，为了骗得对手送牌，故意过一个单A，这时，对方就可能糊涂了——不知道主攻有几个A。为了不让主攻再过单A，对方很有可能不再打单牌，而改打其他牌型。如此一来，主攻就有可能顺其他牌甚至封顶。

（三）假装

假装即假装是或不是某种情况。隐藏和迷惑是为了不让对手判断出我的牌情，如果更进一步，用欲擒故纵、示弱示强、声东击西、暗度陈仓等办法，制造假象，使对手判断错误，猜错牌情，就可能会使对手更容易做出错误的决策，对我更有利。比如，我明明有某一牌型的封顶牌，却在可以封顶时假装没有，故意不封顶，这会让敌错误地判断我没有这种牌型的封顶牌，敌上手后可能还会发这种牌型，给我送牌。

三、欺骗的注意

为了取得良好的欺骗效果，牌手在对对手欺骗时要注意以下几个问题。

（一）欺骗方法不能始终如一，要注意变化

俗话说："吃一堑，长一智"。掼蛋时，用有的办法欺骗别人一两次，别人可能就懂得你的欺骗技巧了，如果下一次还用老办法试图欺骗别人，可能就会被别人识破。因此，牌手要注意，在玩掼蛋时，如果想欺骗对方，尤其是在与老牌友打牌时，要注意变换欺骗方法，交替使用，虚虚实实，真真假假，不让对手摸清你的招数，以免失效甚至适得其反。

（二）要注意欺骗手段最灵的阶段

相同的欺骗手段，在不同的阶段实施，效果往往不一样，因此，牌手在欺骗时，要注意各种欺骗手段最灵的阶段，用好欺骗技巧。

大多数欺骗手段需要在中局以前实施。因为在开局阶段，各家的牌打得很少，很多情况还没有露出来或者只露出

了端倪，对手判断牌情依据的信息很有限，这时候欺骗容易成功。到了中局以后，暴露出的信息越来越多，这时进行欺骗，效果往往不是很好。比如，开局阶段王的情况不明，敌出小王后，你没有用大王压，对手可能会错误地以为大王在其对家手中；随着牌局的进行，牌情越来越明朗，大家对王的情况会判断得越来越准确，那时敌出小王后，即使你没有用大王压，他也可能知道大王不在其对家手中。再如，你想当主攻，但需要顺过一些牌，在前半场，你可能会忍耐、等待，敌可能还看不出来你是主攻；到了后半场，你必然会出大牌、上炸、发自己要走的牌，这时对手往往能看出来你是主攻。

少数手段在后场效果较好，因为在后场，牌手会非常注意对手的情况。比如，用余牌较少的手段进行佯攻，只有在后场效果才更好。

（三）注意根据对手的水平进行欺骗

水平不同的人，对欺骗技巧的分析和防御能力不同，因此，设定欺骗技巧时，要根据对手的水平设计。

水平低的人常常不注意复杂高深的欺骗技巧，如果你设计的欺骗技巧水平太高，他可能看不出来、不知道你是在欺骗他，甚至根本没有注意你在干什么或根本看不懂，那就起不到欺骗的作用了。比如，你有大王不压对手的小王，本来是想让对手错误地以为大王在他的对家手中，诱敌上手后继续发单牌，水平低的牌手可能根本没有注意这个问题，该怎么打还怎么打。

水平高的人能分析出简单浅显的欺骗技巧，如果你设计的欺骗技巧水平太低，他可能就会识破并进一步防御，那样不但骗不了他，而且会让他猜准你的牌情，反而不好。比如，对手封顶后，你本来想用炸上手，害怕对手回炸，你犹豫了很长时间，假装只有一炸，想让其放过你，结果被水平高的牌手看出了你的真实企图，反而会对你严加控制。

（四）欺骗对手时注意不要让对家上当

掼蛋时，对家为同盟，因此，牌手在欺骗对手时，要注意防止对家上当，尤其是不要没有骗了对手，反而骗了对家，结果对自己不利。

例如，我是主攻，余牌为一个A和一个级牌，全场无王，上家是敌主攻，手中已经无级牌了，其上手后，余牌四张：A、KK、Q。由于对手主攻担心我的余牌为一对，因此，先出了一张单牌Q。这时，我要立即出牌，不要犹豫。因为犹豫一般是在决策拆不拆对子，如果犹豫，会让对手以为我在拆对A，同时也会让对家误以为我是拆对A。下家用级牌封顶后，对家就会很为难，他虽然有炸，但由于害怕送不走我反而会让其下家即对手主攻顺牌甚至封顶，因而迟迟不敢决策，那样往往可能会贻误战机。

第二节　兵不厌诈——欺骗的实践

对敌进行欺骗就是使其判断不清或错误地判断我的牌情。欺骗对手时，要利用判断牌情的理论，反其道而行之。

从一定意义上可以说，欺骗就是诱对手判断错牌情，欺骗技巧就是反判断牌情技巧。凡是判断牌情时别人依据的情况，真实的就要注意隐藏，避免暴露，并可以用假的情况迷惑和欺骗对手。

敌判断牌情时，要依据一定的信息，因此，凡是判断牌情时依据的信息，都可以用来对敌进行欺骗。欺骗的主要方法就是利用出牌情况、余牌数量和态势语言进行。下面，我们比较详细地讲述一下在实战中经常用到的经典欺骗技巧，牌手可以举一反三，根据当时的具体形势设计骗局。

一、利用出牌情况进行欺骗

欺骗对手的主要途径是利用出牌情况进行的，可以利用所出牌的大小、花色、特点、次序等方法欺骗对手。

（一）出牌的大小

牌手出牌的大小是实力的重要表现，他人往往会根据牌手所出牌的大小来判断其实力，因此，牌手可以利用出牌的大小进行欺骗。

掼蛋时，牌手如果有封顶牌，一般都会在该封顶时上封顶牌。如果自己有封顶牌，但故意不出，会骗得对手以为我没有大牌，他们往往上手后为了回手，还会发同类牌型。比如，主攻单牌多时，为了顺单牌，有大王，就是不上，让对手小王封顶，对手多半会以为大王在其对家手中，因而继续出单。

牌手当主攻时，会急于跑牌，而对手往往会进行强有力的遏制，因此，助攻牌手可以故意频频出大牌和封顶牌，表现出急切跑牌的样子，把对手的注意力吸引过来，诱敌下炸。等自己的实力消耗完时，对手也可能已经元气大伤，实力消耗得差不多了，这会让作为主攻的对家在后面跑牌时减少很大阻力。

由于掼蛋的级牌是经常变化的，而有的人在打牌时不是每次都能把级牌记得一清二楚，所以，有机会时，我们可以故意用级牌骗敌人误压，以侦察牌情。例如打5时，上家出单2、3、4时，我出单5，下家如果忘了当前是打5，有可能会出一张不是王的单牌来误压，这时我便知道敌较小的单牌是几了。出对子和三头、三带对时的打法是一样的。

（二）出牌的花色

掼蛋的同花顺必须是同一花色，逢人配必须是红心级牌，因此，利用一些出牌的花色组合，也能达到一定的欺骗目的。

顺子如果只差一张就是同花顺，人们往往会判断此人没有逢人配。为了骗对手，如果自己真的没有逢人配，就让杂花顺更乱一些，以免让对手知道信息；如果自己有逢人配，可以故意出四张花色相同的杂花顺，让对手错误地判断我没有逢人配。

（三）出牌的特点

打牌时，牌手所出的牌往往有一些特点，根据这些特点，人们可以判断出一定的牌情。相反，为了欺骗对手，我们可以故意显示出一些特点。

牌手所出牌型是一个明显特点，是他人进行判断牌型组成情况的重要依据，因此，牌手可以根据牌型特点欺骗。

有时，主攻的某种牌少，要让对手判断为多，使对手不敢发这种牌型。对手发别的牌型，那样有可能正好出到我的长项牌型上。当自己手中某种牌型较少，而且较小时，可以在一开始就出这种牌。这样不但可以把自己手中的小牌出掉，更重要的是，常常会让对手不敢贸然再出此种牌型，从而不仅可能打乱对手本来的计划，而且可能让对手给我送牌，甚至让我封顶。比如，我手中的三个头比较少，但一开始专门出三个头或三带对。我这样出牌，一般情况下，对手上手后，轻易不会发三个头或三带对。由于对手不敢出三个头或三带对，因此，只好出其他牌型，这就很可能让我顺过其他牌型，甚至封顶。

有时，主攻虽然没有短项，并不需要仅仅过某一种牌型，但需要依靠大牌封顶上手才能把牌打赢，这就需要骗得对手认为主攻能封顶的牌型是短项，而且没有大牌或大牌不多，诱骗对手送牌。由于三头可以带对子，因此，牌手只发三头或对子时，往往意味着对子或三头少。如果为了让自己的大对子封顶，可以专门发三头，使对手判断我对子少，增大其发对子的可能性。比如，主攻既有三头，又有对子，本来打三带对走牌更快，但主攻的三头小，需要借对子封顶才能够手，这时，主攻就可以采取专出三头的办法，诱骗对手送对子。例如，某盘打4，中局阶段，主攻出单牌后下家直接上级牌，主攻用大王封顶，对手无人要牌。这时，主攻的牌是：

44、AA、Q、JJ、10101010、777、555。当时，大牌已经出了很多，主攻手中的44和AA都是封顶牌。由于对手很可能还有炸弹，而且主攻的三个头又很小，如果出三带对，主攻不能回手，必然失败。可以说，这种牌不精心设计，极难打赢。经过思考，主攻决定采取专出三头以骗取对手送对子的办法打牌。主攻先出555，敌用KKK封顶上手。对手经过思考，认为发对子较好，就发了一个小对子。主攻正希望对手发对子，为了骗得对手下次还发对子，主攻没有顺对J，而是直接上了对A封顶，敌方没有上炸。这时，主攻仍然不够手，为了骗对手送对子，再次发了777，敌用AAA封顶，主攻不要。敌觉得主攻再次发三头，明显对子少，而且上次发小对子时主攻直接上的是对A，觉得不应该还有什么对子了，于是，又发出了一个小对子。这次主攻先顺对J，对手用对A管牌，主攻再上对4封顶，余牌为：Q、10101010。在对手只有一炸并且不能冲牌的情况下，主攻必能先走成功。

如果主攻实力强大，为了给对家减轻负担，在三头和对子都能封顶时，不出三带对，而是出三头或对子，引对手下炸后，其很可能会判断主攻不吃对子或三头而发出对子或三头，这样主攻就能再次封顶。例如，某盘打7，我是主攻，牌力强大，某轮用44444回炸敌上手，余牌是：♣K–Q–J–10–9、8888、77、AAA。为了消耗对手的炸弹，我没有出AAA–77，而是出了AAA。下家看到我发出的牌很大，觉得再不压制怕来不及了，就上了6666炸我。对家对我的情况判断不清，没有上炸。我为了能让对家顺一些牌，也没有上炸。下家看到我发的是AAA，以为我没有对子，于是就发出了小对子。我用77封顶，上家上JJJJ炸我。这时，我不能上同花顺，否则余牌四张，对手很可能不会炸我，于是我又放了敌一手。对家还是不很清楚我的情况，因而继续不炸。上家发牌后，我用8888炸敌，余牌再剩五张。对手害怕我是在冲牌，于是又上一炸，这时我再用♣K-Q-J-10-9炸对手，获得头游。我连续耗对手三炸，对手已经没有炸弹了，我对家不但能借风出牌，而且后面少了很大阻力。

有时，主攻明明某种牌型少，但在有人出这种牌型时故意顺牌，使敌方误以为主攻手中的这种牌型很多，再不敢发这种牌型，只好改发别的牌型，这很可能会发到主攻需要顺走的牌型上去。

有时，为了欺骗对手，主攻还可以故意拆开整牌A、K，让对手上当，发错牌。比如，主攻手中明明三头多，在过单牌时，却故意拆开对A滑过。这样，对手往往会认为主攻对子多，拆开A是为了顺对子。之后，对手发牌，多会发三头，那样正好中计。

（四）出牌的次序

同一类型的牌中，如果牌手既有大牌，也有小牌，一般情况下，应该先出小牌，留着大牌。但是，有时，为了误导敌人，牌手尤其是主攻牌手要反其道而行之，偏偏先出大牌，留着小牌。先出大牌，对手往往会误以为我手中这种牌型很少或者没有，能够误导对手给我送牌或不守门。比如，当盘打3，我主攻手中需要过三个对子：33、AA、JJ。对手发对子后，我先上33。对手看到这种情况，以为我没有对子，他们一般还会再送对子。如果先过JJ，对手很可能会认为我的对子多，还需要再过对子或者上对级牌封顶，他就有可能立即上对级牌封顶，之后，改打其他牌型，不再给我送对子。

当有两手不同大小的封顶牌时，也可以先出大牌，留下次大牌，这样，对手上手后可能会判断我的此类牌型已成空门，有可能会打出来。比如，已经出了大小王各一张，余下的大小王各一张在我手中，出单牌时，我先出大王，对手有可能会再出单张。如果我先出小王，无人压，对手肯定会判断大王在我方手中。同样的道理，如果我手中的AAA和KKK都是封顶牌，先出AAA，对手可能会认为我已经没有三头了，如果其上手，有可能会发三头或三带对，让我再次封顶。

有时，先过较大的单牌，后过较小的单牌，还会让对手误以为我较小的单牌是拆出来的，其还有可能为了不让我再过单牌而改发其他牌型。如果其改发的其他牌型正好是我需要的，那我就能顺牌了。

有时，自己的炸多，对手的炸也多。这种情况下，为了引炸，牌手可以先下大炸，让对方错误地以为他们的炸都太小，很难用上了。那样，当我再出牌时，对手往往会担心我这手牌能封顶或下一圈能顺牌或封顶而会直接下炸，这很可能会浪费对手的炸弹。

二、利用余牌数量进行欺骗

主攻的牌一般出得较快，余牌较少，因此，牌手做助攻时，为了骗对手上大牌或炸弹，可以故意快速出牌，使余牌不多，让其对我严加防范，消耗实力，从而为主攻跑牌创造条件。

如果我余牌疑似一手，对手很可能会认为我在冲牌，所以，在中局后期，如果我并不能冲牌，但出封顶牌或炸弹后，剩余的牌数刚好是一手牌的数量，尤其是余牌为五张和三张以内时，很可能让对手误以为我是在冲牌，这常常能迫使对手下炸对我进行制止，浪费对手的实力。

而且，当我的余牌在六张以内时，如果对家送上与我余牌数量相同的牌型，上家为了防止我跑掉，极有可能不敢顺牌，而选择封顶或开炸，浪费实力。

当下家主攻的牌数在六张以内时，如果我把牌出得余牌与对手主攻牌数相同，可能会让上家不敢轻易送牌。例如，下家余牌为一张，我把牌出得也只剩下一张，上家就不敢轻易送单牌了。有时，即使我手中是一把烂牌，对手可能也会有所顾忌。例如，下家余牌五张，我手中其实是两个对子和一个单牌，但我始终不过单牌和对子，让上家不敢轻易送三带对和顺子。我的余牌数量与下家敌主攻相同时，如果下家过牌拆牌，我也可以跟着过牌拆牌，始终保持与下家相同数量的牌，让上家不敢轻易送牌。

三、利用言行态度进行欺骗

掼蛋时，人们会根据牌手的言行和态度分析判断牌情，因此，牌手就可以借助口头语言和态势语言进行欺骗。在实战中，正规的牌场会禁止说牌，所以，利用口头语言欺骗的可操作性很弱。即使日常打牌时允许说一些话，利用口头语言欺骗时，稍有经验的对手也不会轻易上当。态势语言比较丰富，很难禁止，而且，大家都知道，态势语言原本是真情的自然外现，对手往往会信以为真，因此，欺骗对手时，更多地表现在态势语言方面。用态势语言欺骗实质上就是表演，牌手如果需要借用态势语言欺骗对手，就要善于表演给对手看。当然，有的情况下可能来不及表演，比如，明显出牌有难度，需要较长时间考虑，不能快速出牌，要想假装快就很难。在这种情况下如果确实需要用态势语言骗敌，就需要预先设想，做好充分准备，那样才能表演得当，达到骗敌的目的。或者，想办法让对手觉得你是故意在用计，使其错误地认为你真实的情况是假装的，也能达到骗对手的目的。比如，我对子少，不用顺过，但上家发出对子后，我显得非常高兴，快速出了一个不大的对子，这有可能让对手以为我对子多，对手下次有可能就不发对子了。再如，我没有炸弹，但在对手出封顶牌后故意犹豫，让对手以为我有炸弹，这使敌在冲牌时会有所顾忌，很可能不敢冲牌而造成错误。

牌的背面结构和出牌时的有关动作能反映出一定的牌情，因此，牌手可以借此来欺骗敌人。比如，出顺子或三连对时，本来不需要拆牌，但故意左一抽、右一挪，让对手误以为我拆出了一些单牌或对子。再如，出牌后余牌为一对，预先把这一对牌放于两处，让对手误以为我余牌是两个单张。

第八章　对家合作技巧

掼蛋的双方皆有二人，要发挥出手牌的最大效力，取得最好的成绩，二人必须精诚团结，紧密配合，打好合作牌。实战中，凡是打得好一些的牌手，都比较善于与对家合作。与对家合作得好，会增强进攻的力度，增大阻击的力量；合作不好，会减弱进攻的力度，减小阻击的力量。配合得越好，他们的牌力就发挥得越好，打败对手的可能性就越大。牌手只有善于配合、精于配合，才能使配合的失误降到可能的最低——没有失误最好，才能使配合的效能发挥到可能的最高——发挥到极致最好。善于合作，既有利于攻，又有利于防。合作是玩掼蛋技巧的重中之重。高手之间的合作天衣无缝，非常完美，像一个人一样。

思想指导行动，要做到善于合作，牌手先要对合作有深刻的思想认识，才能完全放弃单打独斗的想法，树立精诚合作的理念。

第一，牌手要有大局观念。掼蛋是两个人对两个人的战斗，牌手在打牌时，不能只看自己的牌，只想着自己的情况，一定要注意对家的情况，要想着打牌不是我一个人的事，而是我和对家两个人的事。牌手不要忘了，自己不是一个人在战斗。

第二，牌手要有牺牲精神。当助攻时要配合好主攻，为了主攻取得头游要勇于牺牲自己，不要怕拆牌，甚至有时为了送走对家要拆炸，尤其是当自己无望走牌而对家主攻成功的希望很大、牌比较明朗时。

第三，牌手要有责任意识。在打牌过程中，牌手不能光想着依靠对家，该自己担当的责任，自己一定要勇敢地担当起来。该当主攻就当主攻，该上炸时就上炸。

对家合作要着重做到两点，一要善于沟通，二要勇于担当。

第一节　沟通的方式

对家要合作得好，必须进行充分有效的沟通，这要求既要向对家及时、准确地表达自己的意思；又能迅速、充分领会对家的意思。简单地说，就是要会发、会收信息。发出的信息越明确，理解的信息越准确，对家的合作才会越密切。

在打牌过程中，不允许用口语传递信息，既不能说牌，更不能讨论，牌手的牌情和思路不能直接告诉对家，因此，要想让对家了解自己的情况、知道自己的想法，就要善于利用掼蛋游戏规则允许的方式进行示意，这就要用到信息沟通的技巧。总的来说，合法的沟通方式有两种。一是利用出牌情况通报自己的牌情，人们往往把这一种示意方式叫作“牌语”，二是利用牌手出牌时的外在表现通报自己的情况，人们也把这种示意方式叫态势语。这就要求牌手要善于用出牌情况和态势语言表达自己的意思，也要善于分析对家的出牌情况和态势语言是什么意思。信息沟通是对家密切协同、紧密合作的基础。信息沟通的最高境界是对家心有灵犀一点通，高山流水，知音会意，一方刚一举手投足，另一方已经心领神会。

传递信息和理解信息是沟通的两个环节，下面我们通过出牌情况和外在表现两种途径分别讲述如何传递信息和理解信息。

一、出牌情况

在出牌时，牌手会根据当前的所有情况进行全面考虑，进而决策如何出牌。倒过来想，这就能说明牌手的出牌情况总会反映牌手的一些情况。打牌时，用出牌来传递信息不违反任何规则，不但合法，而且是判断牌手水平高低的一个重要标志。如果牌手既善于利用出牌情况传递信息、主动示意，又善于观察别人的出牌情况，并据此分析判断牌情，那他的水平会相当高。因此，对牌手来说，出牌是最好的话语，这也就是我们通常说的：牌手要善于用牌说话，要善于听牌说话。

（一）示意的目的

通常，牌手用出牌进行示意多有以下几个目的：

第一，主攻助攻的决策示意。主攻要及时用牌来表明自己的态度，以便得到对家的有力配合。比如，南家发对子后，北家抢接过来，这一般就表明他的牌很强，想主攻。南家看到了北家抢接牌，往往就不会争着主攻了，而会采取助攻打法，全力支持北家跑牌。助攻也要及时用牌表明自己难以主攻的态度，以便让对家早点决策主攻。比如，东家当盘先出，他出了一张很大的单牌，这一般就表明他牌很弱，不想主攻。西家看到这个情况，便会认为东家主攻无望，自己要担负起主攻的责任了。

第二，牌型的长短示意。掼蛋时以长攻短是最基本的打法，牌手一般也都知道专门出某种牌和不出某种牌能说明这种牌型是长项还是短项。比如，某家是主攻，对子多，那就要早早打出对子，让对家知道自己需要过对子。

第三，思路的纠错示意。如果对家的思路发生了错误，发展下去后会对敌人有利，这时，牌手就要及时用牌来纠正对家的思路。比如，南家上手后发出了对子，北家判断出西家需要过对子，如果放过，西家可能会因为过一两手对子而够手，为防止这种情况，北家用一对级牌封顶。南家看到这种情况便会明白：北家认为他这样发牌是错误的，不同意他如此发牌。

第四，某个大牌在手的示意。有时，牌手希望对家知道自己手中还余有某个大牌，这就要向对家明示。大牌在手的示意主要有两种技巧。一是，当都能封顶的最大牌和次大牌都在自己手中时，出次大牌，让对家知道最大牌在自己手中。例如，全场所剩的一个大王和一个小王都在自己手中，下家出级牌后，自己故意出小王，让大家都知道大王在自己手中。二是，如果当盘自己收贡，收到的是非王贡牌，当要从所收贡牌和与其大小相同但花色不同的牌中选择出一张时，故意选择出其他牌，让对家知道所收的贡牌仍在自己手中。例如，当盘你收贡，收的是级牌梅花10，如果要用级牌压别人，当你的梅花10和方块10的用处相同时，为了让对家明白你手中还有10，可以故意暴露，先打出方块10，手中留下大家都知道的梅花10。

（二）运用牌语示意时需要注意的问题

牌手在运用牌语向对家示意时，要注意以下几点：

第一，要有主动通报情况的意识。对家配合时的信息沟通很重要，因此，只要不影响自己的全局谋划，牌手要有意识地用牌语把情况主动、及时地通报给对家。而且，牌手通报情况时，要善于从对家的角度考虑，看对家希望知道什么情况。比如，南家牌力较强，想主攻，但手中单牌较多，后面必然会出多轮单牌。中局阶段，全场只有南家手中有一个大王和一个小王，当轮出单牌，在西家上级牌后，南家没有上大王，而是上小王。本来出大小王都一样，但出小王会让北家知道余下的大王还在南家手中，这分明是南家希望北家后面上手后发单牌。

第二，通报情况宜早不宜迟。既然要给对家通报情况，就要尽早通报。如果通报情况过晚，对家很可能会因为不了解情况而打错牌。常打牌的人通报情况意识比较强，很多时候在一盘的最初就开始传递情报了。高手非常重视首发牌传递信息的功能，比如，主攻以跑牌为主，很多时候，其首发牌通常会是小单牌、三带对、顺子，牌手首牌这么发，就是早早在传递想当主攻的信息。再如，助攻以阻击敌人和配合对家为主，很多时候，其首发牌往往不会是太小的牌，而是较大的单牌、对子、三头等牌，牌手首牌这么发，就是早早在传递希望当助攻的信息。

第三，通报情况要明确。同样的牌语表现，可能有不同的意思表示。当牌语意思有多种时，对家往往不能判断得十分准确，这很可能会引起对家的误会。比如，牌手单牌封顶上手后发对子，是自己想跑牌呢，还是在给对家传牌呢？为了避免对家对自己的牌语误会，在通报情况时，牌手要注意使牌语的意思单一，不要模棱两可。如果确实无法使牌语的意思明确，那么，为了防止给对家造成误会，牌手要不断强化某一意思表示。比如，牌手单牌封顶后发对子，如果是自己想跑牌，在下一次轮到自己出牌时，就要继续出对子，哪怕对家接了对子，自己都要坚决地再接过来，让对家明白发对子是自己在跑牌。如果是给对家传牌，一旦对家接上了对子，自己就不要再接了；对家要是接不上对子，下一次自己就要考虑发别的牌型，让对家明白自己并不想跑牌，是在传牌。主攻最后余牌不多时，如果担心对家不知道送什么牌，就把牌打明，例如余一张牌，对家肯定知道是单牌。

第四，注意不要让对手了解情况太多。在用牌语说话时，对家在观察，同样，对手也在观察。甚至，有时，对家还没有明白是怎么回事时对手已经理解了。因此，既要给对家通报情况，又要防止对手了解过多的信息，这一点需要牌手特别注意。如果用牌语通报情况利大于弊，就用；如果弊大于利，就不用。

二、外在表现

在出牌时，虽然不能说话，态势语言也不能太过明显，但还是允许有一些合法的表现的，并且，牌手在出牌时必定会伴随着一定的表现。比如牌手思考的时间可长可短，出牌的力度可大可小……

一般来说，牌手在出牌前的思考时间长，往往说明出牌有困难，或者在运筹如何跑牌。思考时间短，往往说明牌简单。牌手出牌时果断、力度大，往往说明思路清晰、决策容易、牌力较强。出牌时犹豫、力度小，则能说明思路不清、决策困难、牌力较弱。打牌时，牌手可以利用这些表现向对家通报自己的情况。

在平时的游戏中，可以有一定的态势语言。比如在表情上，你很难限制人的脸色变化。因此，也可以适当用态势语言通报自己的情况。例如，牌手在出对子时面露喜色，往往说明他吃对子；如果面露难色，则说明他不吃对子。

在平时的游戏中，报牌时也可以有适当的语气伴随。因此，也可以利用语气上的差异通报情况。如果语气坚定有力，说明牌力强，容易跑牌；如果语气软弱无力，说明牌力差，不好跑牌。比如，牌手还剩五张牌时，报牌声音坚定有力，往往意味着手中是一个较大的三带对或顺子。

打牌时，牌手既要有意识地利用合法的外在表现向对家示意牌情，还要注意观察对家的外在表现，通过对对家外在表现的认真观察，来分析判断其真实情况。

需要注意的是，牌手不要用外在表现误导对家。比如，南家在主攻，明明自己对子多，北家送对子后还要思考半天，这样的话，北家还以为你不吃对子呢！牌手要知道，自己时时都在打牌，因此，时时都有表现。有的牌手不知道自己的表现对对家来说就是在发布信息，因此，在出牌时根本没有注意到这一点，结果使对家的判断发生了错误。比如，东家还剩三张牌时，南家出小单牌后，东家犹豫了半天。这样，西家基本上会认为东家手中是三张单牌，在考虑顺哪张单牌呢；或者是三个头，在考虑拆不拆牌呢。而其实东家手中明明是一个对子和一张单牌，根本不用多考虑。

第二节 担负的义务

对家是同盟，二人不但要戮力同心不拆台，而且要在对家犯错误的时候及时补救，这是对家合作要担负的两条基本义务。

一、不要破坏对家意图

打牌时，高水平的牌手每次出牌都有自己的目的，出牌过程也就是实现目的的过程，因此，作为同盟，尤其是做助攻时，不要破坏对家的意图，而要想办法帮助对家实现意图。

主攻在进攻过程中，助攻不要破坏对家的牌路和阻断对家上手。

第一，主攻在进攻时，往往会打长项牌型，助攻不要过高地阻挡，或者上手后改发主攻的短项牌型，那样的话，可能会打乱主攻的进攻节奏，让主攻不能顺够手数，使主攻冲牌不够手。例如，主攻在发对子，助攻过高地抬起对子或用大对子上手后改发别的牌型，让主攻没有出足够手数的对子，不够冲牌条件。

第二，主攻在进攻时，出了对方不要的牌型后，助攻不要轻易接上手，以免上手发错牌或让主攻少一次发牌机会。例如，主攻出了两个顺子后，对方两人已经要不上了，主攻上手后又出了一个顺子，这时，助攻看到对手不要顺子，而自己手中还有两个顺子，就接上了顺子，原想着自己上手后再发顺子，反正对手不要，结果，对手确实要不上顺子，但对家也接不回去了，最终，对家因为少发了一手牌，不能冲牌，没有先走成功。

二、及时补救对家错误

打牌时人人都会犯错误，即使高手有时也会犯一些错误甚至较低级的错误。当发现对家犯了错误后，作为同盟，不要坐视不管，而要帮助对家纠正错误，补救局势，力挽狂澜，以免造成更大损失。

第一，对家在应该管牌时尤其是应该上炸时发生失误，我如果有能力，要及时管牌甚至上炸。例如，我在主攻，下家封顶后余牌已经不多，对家作为助攻，应该出炸，但却没有出。我现在手数不够，特别希望对家炸下家的牌，那样既制止了下家，又能送我一手牌，使我冲牌够手，能够用手中最后一个大炸冲牌成功，获得头游。这种情况下，我千万不能只想着对家错了，要是对手主攻先走成功了可不怪我，而要弥补对家的错误，自己用大炸制止住下家，这样既成功阻止了下家成为头游，自己也能上手发一手牌，虽然还余下一手牌，但仍然有机会取得头游。

第二，对家在应该守门时没有守门，我要负责守门。如果对手主攻是我下家，我明显已经没有合适的牌守门了，但在下一轮对手主攻出牌后，我对家有牌且应该守门时没有守门，这时，我要注意拆大牌或甚至用炸守门。虽然拆大牌对我跑牌不利，上炸会消耗实力，但当前把对手主攻守住才最重要，既然对家没有守门，那我就要弥补对家的错误，担负起守门责任。

第三，对家在发牌时发出了错误的牌，对我方不利时，我要用大牌阻挡或封顶，然后出正确的牌型。例如，我方我主攻，对手我下家主攻。中局阶段，全场的王只剩两个，我手中有一个小王，对家有一个大王，我除过小王已经没有单牌了。我需要出对子，对手主攻需要出单牌。某轮对家上手后，他觉得自己有大王，单牌能回手，因此没有多思考，发了个单牌。为防止下家过单牌，我用小王封顶，确保不让下家顺牌。

第九章　联合进攻技巧

掼蛋的进攻冲锋和防守阻击都需要对家合作，但主要体现在进攻上。掼蛋游戏以各位牌手先出完牌的名次论胜负、算成绩，因此，双方都在进攻。双方牌手的座次交叉，因此，牌手不能单纯进攻，还须兼顾防守。但是，由于掼蛋的牌型种类多样，组牌方式灵活，牌手的牌形经常没有明显的特点，很多牌型往往都有一些，因此，有时自己花费了很大代价上手后，发牌会给对手送牌；有时不管对手，对手上手后发的牌反而会让自己顺上一手。所以，掼蛋的牌手处理攻守关系并不简单，在很多情况下，牌手在进攻和防守之间难以很好地兼顾。由于掼蛋是以各牌手的名次先后计成绩的，因此，各方攻防的目的，都是为了争取两人的名次更加靠前。而要争得名次靠前，总的来说还是要以进攻为主。

一方的胜负决定于是否有一人取得头游，成绩需要同时看两个人的名次，因此，进攻时，不能单靠一个人，两个人要联合进攻。为了取得最优成绩，进攻时，对家必须密切合作，发挥出集团优势，形成合力，这也要求对家必须联合进攻。可以说，掼蛋的进攻就是对家的联合进攻，联合进攻是掼蛋取胜的根本。

第一节　对家联合进攻基本原则

为了在进攻时形成合力，发挥出对家合作的威力，牌手在联合进攻时，要坚持以下两条基本原则。

一、对家不能抢着跑

联合进攻重在联合，牌手不可单打独斗，更不能抢着跑牌。对家之间抢着跑牌固然有可能也会赢，但往往会把各自的强牌都打成弱牌。实战中，如果对家两个人抢着跑牌，很多时候，最后谁也跑不了。牌手必须明白这么一个道理：如果己方二人相争跑牌，必使对方渔翁得利。

无论哪一位牌手跑牌，往往都会让对手顺走一些牌。对家抢着跑牌时，两个人的思路很难完全一致，甚至相差很远，所出牌型常常变化很大，容易使对手既顺走了这种牌，又顺走了那种牌，对对手十分有利。而且，抢着跑牌往往会使二人的力量用不到一处，不但形不成合力，往往还会无端消耗两个人的实力，常常会互相掣肘，制约对家，对己方非常不利。甚至有时，对手的力量并不强大，己方中的任意一人仅仅凭自己的力量就能先出完牌，但就是因为两个人都在抢着跑牌，让对手过了太多的牌，使对手根本不够手的牌够手了，最后，己方二人谁也没有先走成功，反倒让对手先跑了。例如，对家打对子，你打单牌，本来对子消耗了对手的炸弹，结果你打单牌，不但让对手过了牌，而且让对手的大王封了顶。牌手一定要明白，两个人同时进攻，容易把二人的实力消耗过多，对防守极为不利。当两个人的牌都打得差不多的时候，有些牌型可能两家都没有了，对手进攻起来很不好防。例如，本来你方两家单牌占优势，应该让一家进攻，一家留下大单牌防对手。如果两个人都把大单牌打完了，后面被对手扼制住后，人家再打单牌，可能你们两个人的优势都不复存在，反而变成了劣势。

当两家都有跑牌的想法时，往往互相并不知道谁的牌更强、更有利于主攻。实战中，对家出现争着跑牌的情况也多是因为各自都认为自己的牌要强于对家。其实，这时候，都想跑牌的两家之间比谁的牌更强一些、更有利于跑牌既不重要，也不必要，因为，对于任一位牌手来说，也许你的牌确实比对家强，但如果你不抢着跑牌，而是配合对家主攻，常常既能帮助对家成功取得头游，自己最后也会争得二游或三游；如果一味抢着跑牌，必然会造成内耗，最终往往会导致失败甚至惨败。

所以，如果在某一盘中发生了抢着跑牌的现象，牌手一定要智慧地退出竞争，要知道，无论是自己还是对家先把牌出完，你都是赢家。初入牌坛的人往往“立功”心切，个人英雄主义思想严重，特别喜欢自己跑牌，其实，这恰恰是牌手很不成熟的表现。凡是高手，都特别善于配合对家，一般情况下，不会与对家抢着跑牌。可以说，不与对家抢着跑牌是牌手成熟、水平高超的一个重要标志。

二、主攻助攻要分工

联合进攻要求对家二人要联合起来，密切配合。配合就要分工，这就要求对家两个人的进攻要有主有次，即主攻和助攻必须分工。只有在进攻时主攻和助攻分工明确，才能使二人配合严密，相得益彰，才能使两家形成最大的合力，发挥最大的能量，显现最大的威力。

在打牌过程中，对家二人要根据牌局的具体情况确定自己在进攻中的主辅地位。如果各自地位确定得恰当，那就能够配合得好，就能把他们的力量合在一起，使己方的总体实力发挥出最大的效能；如果各自地位没有确定，甚至混乱，那么，不但不能把两个人的力量合到一处，有可能还会形成互相制约、互相掣肘的局面，力量会被自己消耗掉许多。为了更早地形成分工明确、主辅有序的良好局面，牌手确定各自的地位宜早不宜晚，确定得越早越好。

在实战中，会出现很多这样的情况：如果任何一家一直在主攻，都能把对手打败。但是，打牌时，主助攻分工不明确，好像两家都在主攻，但两家都是走走停停，你东一榔头他西一棒子，打得乱七八糟，没有章法，最后，谁也没有先走成功。由此可见，及早确定各自在主助攻地位方面的角色有多重要！

联合进攻时，两家既不能争抢，争着当主攻，也不能退缩，都把主攻的责任推给对手，而要根据情况确定，并且还要善于适时转化。

牌手如果觉得自己主攻胜出的把握大，那就把主攻权争过来，明确向对家表示自己主攻的意思。如果自己牌力较好，但主攻把握不是太大，而对家没有当主攻的意思或者在试探，那么，自己也应该担负起主攻的责任。如果对家通过出牌明确传递出主攻的信号，那牌手在把握不是特别大的情况下，就要配合对家，甚至做出一定的牺牲。如果对家已经开始发起进攻，那么，即使自己的牌很强，也应该先配合对家。

确定好主攻助攻后，如果在打牌过程中发现了新情况，遇到了新问题，当需要调整主助攻时，牌手要及时地根据形势进行调整。牌手做主攻时，如果发现对家攻势凌厉，那自己就要及时转为助攻，协助对家。牌手做助攻时，如果对家主攻受阻，成功无望，那自己就要担负起主攻的责任，由助攻转为主攻。

实战中，高手会根据情况，审时度势，灵活进退，正确地选择并适时地转变角色，把主辅地位摆得非常恰当：当对家主攻时，自己全力配合；当对家不主攻时，自己勇挑重担。

有时，在开始阶段，对家两人都在试探性地进攻，没有人明确表示出要主攻的意思，这种情况下，可以根据对手主攻的情况来决定由谁主攻更容易取胜。对手主攻时，必然会发一些小牌，因此，在对手主攻下家，当主攻更容易一些。如果在开局阶段没有明确选择出主攻和助攻，那么，在对手主攻下家的牌手应该主动一些，要及时担负起主攻责任。

掼蛋的输赢看头游，成绩看对家二人共同的名次。在争斗过程中，虽然也有凭借运气起了一手好牌而单靠自己的力量就获得头游的时候，但更多的情况下，牌手仅靠自己的力量获得头游的困难相对大一些，多是靠两人密切配合才使一方获得了头游。要取得好成绩，对家就必须密切配合，尽力协同。密切合作，同心协力，才能取得最优的名次、最好的成绩。

三分牌力，七分配合。作为主攻，要以自己跑牌为主，以阻击敌人为辅。一般地，要使自己手中所余牌的手数越少越好。作为助攻，要以自己跑牌为辅，主要承担起两个方面的责任。一是全力配合主攻进攻，不破坏主攻实现意图，不阻挡主攻顺牌，多给主攻创造顺牌机会，上手后给主攻送牌。二是强力阻击敌人跑牌，舍得不惜力量阻击对手，即使把自己的牌力耗尽，只要能够不让对手意图得逞，阻挡住对手，不使其先出完牌成为头游，就是成功。

第二节　对家联合进攻重要策略

联合进攻重在联合，意在进攻。联合要求把对家二人的力量用在一处，确保主攻成功，兼顾助攻跑牌，有主有次，形成合力。进攻要求打击力度大、打击效果佳，要以我方的长项，攻击敌人的短项。

一、力保主攻，兼顾助攻

联合的目的是为了把对家二人的力量用在一处，形成合力，取得最好的综合成绩。

掼蛋游戏的头游决定胜负，头游和末游胜过二游和三游，因此，己方一人夺取头游是最重要的。两人联合进攻，首先要力保主攻取得头游。这要求主攻以自己进攻成功为主，以阻击敌方为辅，助攻应以全力配合主攻进攻并阻击敌方为主，以自己进攻为辅。

掼蛋游戏的头游决定胜负，头游对家的名次决定成绩大小，因此，在确保主攻能够夺取头游的前提下，也要兼顾助攻跑牌。这就要求主攻在力量非常强大，或者已经稳操胜券时，要兼顾对家出牌；助攻在不影响主攻取得头游的情况下，也要注意进攻，为自己取得较好名次打下基础。

兼顾助攻的策略还用在打A时。很多地方都规定打A要过关，必须一方为头游，另一方不为末游，因此，打A时，在主攻牌力强大，能保证取得头游的情况下，要充分帮助对家，避免对家被打成末游。当然，如果对家牌力太弱，难以避免末游，那就确保自己先取得头游再说，以确保下一盘还打A，不让敌方升级。

二、以我之长，攻敌之短

掼蛋时，双方都不想让对方顺牌、上手，因此，牌手在设计出牌时，要根据己方的牌情和对手的牌情决策，以长攻短。

长短项不但要看某种牌型的多少，某种牌型多，就是长项；更要看能回手的大牌的多少，能回手的大牌多，就是长项。

牌手在起完牌后，观察自己的大牌，就能看出哪种牌型能回手的大牌有多少了。比如，自己的王多，出单牌能多次回手，单牌就是长项，那就可以多出单张，让敌无法上手。再如，自己的级牌和A、K、Q等大牌多，出三头或三带对回手的可能性大，那就出三头或三带对。

掼蛋的牌型种类多，在实战中，己方的优势牌型往往不是对手的优势牌型，因此，存在某一优势牌型时，要一直打下去，尤其是三头、三带对、顺子、三连对，对手很难一而再再而三地管住。尤其是出了两次后都被对手管上了，第三次再出，敌管上的可能性会很小。

随着打牌进程，牌手渐渐会发现对手的某种牌型少甚至没有，这就是其的短项。一旦发现了对手的短项，在尽可能的情况下，就要一直出这种牌，出得让其难受，让其着急。对手如果没有这种牌型，要制止我，就得上炸弹，或者勉强拆牌。敌勉强拆牌，会破坏其牌型结构，增加余牌手数。比如，打对子迫使对手拆三带对，会把一手牌拆成三手牌；再如，打单牌迫使其拆顺子，会把一手牌拆成五手牌。

实战中，打对手的短项牌型，有时还要求我方要善于拆成这种牌。比如，对手不要对子，有三连对时可以考虑拆成三个对子；有五连对时，可以考虑不打两个顺子，而打五个对子。

第十章　合力阻敌技巧

掼蛋时，双方都想先于对手出完牌，因此，牌手在进攻的同时，还必须很好地阻击对手。成功地阻击住了对手，我方才有机会先走完牌；对手不能先出完牌，我方就能先出完牌。

像进攻需要合作一样，阻击对手时，如果对家密切合作，合力进行阻击，也能提高阻击的能力，实现阻击的良好效果，因此，在阻击对手时，对家二人也须注意合力而为，共同阻敌。

阻击对手就是要破坏其企图，阻断其意图，打乱其计划和部署，使其目的不能达到。

第一节　对家合力阻敌的重要原则

为了最有效地达到阻击对手跑牌的目的，在合力阻击时要坚持以下两条重要原则。

一、阻敌有主次

为了取得阻击的最佳效果，要合力集中防御重点对手。

（一）一般情况下要强力阻击敌主攻

在敌我对抗中，虽然两个对手都是我们的对手，但是，能打败我们的是对方的主攻，因此，防对手时，虽然对方二人都须防，但对手主攻才是我们真正的心腹大患。由于对手对我构成的威胁程度不同，因此，我们防控对手时也要分主次。而且，我方的实力往往有限，这也要求在防控对手时要分主次。由以上分析我们可以得出掼蛋防对手必须坚持的第一原则——防备和控制对手时要主次有别：对助攻可以相对放松，对主攻要时刻警惕，严防死守。也就是说，在打牌时，要重点防控对手主攻方：要紧紧盯住对手主攻的动向，牢牢控制住敌主攻跑牌的进度。

1. 善于判断哪个对手在主攻

要防控对手主攻，首先得知道哪个对手是主攻。只有知道了谁是对手主攻，才能有针对性地防备和打击，因此，牌手要善于根据牌局的进展情况并结合其他所有情况判断对手哪个人在主攻。

主攻多在设计自己如何快速跑牌，因此经常是进攻兼顾防守。如果出炸利索凶猛，不怕消耗牌力，发的牌不小，有明显地送对家的意思，那多是助攻。

有时，对手助攻为了吸引我方的注意和火力，会进行佯攻。这种情况牌手要注意鉴别，要根据牌手的水平和出牌习惯等因素准确判断，谨慎处置。

2. 对疑似对手主攻的人要严防

有时，对手主攻表现得不明显，其实是手数不够，在隐忍，等机会顺牌，一旦顺走一些牌后，再用炸或封顶牌上手后发一手牌就可以够手。在实战中最典型的表现就是，某对手一直低调出牌，多轮没能出上一手牌，顺走一手牌后，突然出炸。这种情况下，就要防这家已经开始发起进攻了，要扼制。

有的对手牌力不是太强，不是强势、明显的主攻，但只要过一两手牌就可以形成冲牌局面，这种人打法攻守有序，不断调整，在等机会顺牌。对这种人不要大意，不能让其等到机会顺牌后够手，冲牌成功，把不太强的牌打成了头游。所以防守时，能防则防，不能大意。

3. 对手主攻的上下家阻击方式有侧重

作为对手主攻的上家，我方此人主要是承担防守的责任，不让其轻易顺小牌。如果对手主攻的上家是我方助攻，那更应该不惜力量，严防死守。如果是我方主攻，还须攻防兼顾，权衡利弊，那样更难打一些。

作为对手主攻的下家，要承担起打击对手主攻的责任，不让其轻易上手发牌，使其意愿不能实现，这样，对手主攻就很难完成既定设想，很可能不能主攻成功。如果对手主攻的下家是我方助攻，打击要更加猛烈一些，为我方主攻减轻压力。如果是我方主攻，当需要顺牌而且顺牌的可能性比较大时，可以适当考虑放过对手一两手。

4. 严防对手助攻上手给其主攻送牌

阻击对手主攻的直接目的是为了让其少出牌，最终目的是不让对手先出完牌，因此，重点防控主攻并不是只制止主攻上手发牌，只要有利于对手主攻出牌的情况都要注意制止。很多时候，对手助攻上手后会给其主攻送牌，这种情况下，如果对手助攻企图上手，为避免其给对手主攻送牌，也须制止。

（二）敌主攻太强无法阻击时集中力量阻击敌助攻

如果我方二人力量不强，或者对手主攻太强，我方合力难以阻击住对手主攻，那就要调整重点阻击对象，放对手主攻先走，争取把相对弱一些的对手打成末游。

放弃对手一家，两人合力打击对手另一家时，要注意以下几点。一是，要判断出谁是主攻，谁是助攻，因为有时对手助攻在佯攻，要谨防上当。二是，己方两人要达成一致，如果你放对手某一家，对家却在拼命打，这就没有形成合力，效果也不会好。三是，如果对手主攻助攻不明显，我方牌力弱的人要配合对家，跟着牌力强的对家打对手一家。

在传统的升级牌局，每局胜负以一方打过A为胜，因此，当对手打A时，如果我方牌力强大，有极大的把握赢得头游，就确保我方一人赢得头游。如果不能保证我方赢得头游，为了使对手不能打过A，那就集中力量把对手其中一家打成末游。有时甚至可以在牌局之初就确定目标，放对手主攻，打对手助攻，先把敌拖在A上不让其过关再说。

（三）阻击我方主攻的下家

我方主攻经常需要顺牌，从主攻顺牌容易的角度讲，主攻的上家发牌比主攻的下家发牌更有利，因此，对我方主攻的上家，可以适当放一放，以便我方主攻能多顺牌。尤其在前场，我方主攻的牌形情况敌人还摸不清，上家发牌很容易让主攻顺牌。所以，当我方实力有限，而主攻又迫切需要顺牌时，无论是我方主攻还是助攻，都应该把阻击的重点放在我方主攻的下家，尤其是在前场，我方主攻的上家跑牌的威胁还不大或不太大时。

当然，如果我方主攻已无顺牌必要，或上家发牌不会让主攻顺牌，或者主攻的上家是敌主攻，再发牌已经非常危险了，那么，该阻击主攻的上家时还要强力阻击。

二、舍得用实力

掼蛋游戏规定，除过七头以上的炸弹外，其他牌型，每一手最多只有六张，因此，对手手要先走成功，必然需要出多次牌才能把全部牌走完。在行牌过程中，如果我方能够把对手主攻的计划打乱，使对手主攻的意图落空，及时用大牌把对手的牌拦住、管住，或者用炸弹把对手的大牌或炸弹炸掉，那么，对手过牌和上手发牌的次数就会变少，就难以先走成功。要减少对手出牌次数，我方必须及时用大牌和炸弹进行制止。反过来说，如果我方舍不得用大牌和炸弹，让对手主攻过牌和上手发牌的次数多了，就可能使对手主攻把本不够手的牌打够手，从而让对手主攻把本来打不赢的牌打赢。

实战中经常发生这两种情况。一是，有的牌手只要发一手牌，就能形成成功冲牌态势。二是，有时关键的一炸可以把敌主攻打得再无先走的可能。所以，阻击对手时，牌手一定要舍得用大牌、用炸弹，尤其是对手主攻上封顶牌和上炸后企图发牌时，要勇于阻击对手，不让其发牌。

实战中，牌手舍不得用实力尤其是炸弹制止对手，经常会出现以下两种糟糕情况，牌手会感到非常可惜。

第一种情况是：如果自己舍不得用炸，当对手主攻的炸弹大时，可以用大炸冲牌成功。有时，己方甚至只忍了一手，就会导致对手主攻形成势不可挡的冲牌态势。当对手主攻形成了用大炸能成功冲牌的态势时，我方若再想用炸，就来不及了。如果对手主攻用大炸冲牌成功打成了头游，那么，我方的炸弹即使再多、再大，也挽不回败局了。比如，对手主攻手中的牌是：♣A–K–Q–J–10、大王、99、7–6–5–4–3。某轮打单牌，对手主攻上大王后，如果我方不炸，对手主攻上手，发7–6–5–4–3，只要我方没有六个头以上的炸弹能压制住对手主攻的♣A–K–Q–J–10，对手主攻就可用炸冲牌成功。这时，我方的炸弹即使再多，也都无济于事。

第二种情况是：如果我方一直舍不得用炸管牌，最后有可能造成对手主攻只余一张大单牌，而我方两人手中都还有两张以上的小单牌并且守不住门、必送对手主攻先走的情况。这时，我方的大牌和炸弹都救不了这个局面，明明知道要送走对手，也无可奈何。比如，某盘打3，中局某轮，我方西家上手。当时，已经有三个王落地。我方西家手中的炸弹和特大牌有：一个同花顺、一个四头炸、两个3。东家手中的炸弹和特大牌有：一个五头炸，三个3。对手主攻北家手中的牌是：QQQQ、小王、AAA、J-10-9-8-7、555。西家发小顺子，北家上J-10-9-8-7，余牌不够报。西家没有更大的顺子，但他想看看东家有没有更大的顺子压北家，因此，没有上四头炸。东家觉得自己只有一炸，又是较大的五头炸，因此也没有上炸。对手北家上手后出555，报牌八张，西家上101010，东家觉得自己有333，能控制住局面，同时觉得手中的KKK不小了，因此，上了KKK，敌主攻上AAA。西家害怕东家没有333，又觉得自己反正还有两炸，因此，上了四头炸。这时对手北家仅余一炸和一个必然封顶的小王。看到对手余牌仅剩五张，西家和东家皆不敢出单牌。几轮后，对手北家上QQQQ，企图冲牌，西家用同花顺管上，对手北家冲牌失败。这时，尽管我方两家手中共有五个3，东家还有一炸，但是，由于西家有三张单牌，东家也有两张单牌，因此，无论如何，都会在我方任一家先走完牌之前把对手北家送走，导致失败。如果我方早先炸停对手北家的顺子，靠手中的炸弹和多张级牌很轻松地就能制止住对手主攻，无论如何也不会使对手主攻先跑完牌。

一般地，牌手有大牌和炸弹可以用时，很少有人舍不得用大牌，多是舍不得用炸弹。有的人觉得自己的炸弹不小，总害怕炸超，所以迟迟不炸。用炸时，如果能够按照由小到大的顺序用，最不浪费。比如，敌上大王，我上小四头炸；对手上大四头炸，我上小五头炸；敌上大五头炸，我上小同花顺；对手上大同花顺，我上六头炸……这样不会炸超，固然最好，但是，在没有把其他人的牌看到的情况下，牌手不可能做到绝对“按级用炸”。实战中，有的人认为自己的炸大，觉得早上了浪费，总想留在后面，可当到后面再想上炸时往往为时已晚。所以，我主张，只要自己的炸弹比对手的封顶牌或炸弹大不太多，就不要考虑会形成越级用炸的问题，不要害怕炸弹炸超。比如，对手上封顶牌，我用10以下的四头炸根本不算浪费；对手上四头炸，我用大四头炸和五头炸就不算浪费；对手上五头炸，我用大五头炸和同花顺炸也不算浪费；对手上同花顺以上的炸弹，我用所有能压住的炸弹都不算浪费。实战中，炸弹炸超导致的错误远远比漏炸导致的错误少。

掼蛋时，许多人有惜炸心理，往往舍不得用炸尤其是大炸弹，这是非常错误的。有人舍不得早用炸弹尤其是较大很大的炸弹，老想在敌最后冲牌的关键时刻打停对手，其实，早用的话，对手根本不够手，就不会冲牌，也就不存在我要在后面制止对手冲牌的问题。尤其是到了中局后期，有的敌人已经开始谋划冲牌了，在这关键时候，一定要舍得用炸，有时就是用炸一制止，对手就再冲不掉了。所以，我主张，牌手要舍得用炸，要勇于早上炸。

牌手舍不得用炸常常会饿死炸弹或使炸弹失去应有的作用。实战中，有的牌手过于保守，对手都跑成头游了，自己手中还有很多大牌，甚至还有好几炸没有舍得用呢！这样的结果往往会让牌手非常后悔，而牌手也常常会说，如果早上大牌或炸弹，对手就跑不成头游了。为了避免出现这一情况，牌手需要注意及时出大牌，用炸弹，而不要把自己的大牌尤其是炸弹饿死了。牌手一定要明白：有炸不用，最后炸弹只有一个去处——洗牌。牌手一定要记住：舍不得用炸往往会使炸弹落一个被饿死的下场。

当牌手的炸弹多但小时，更要特别注意及时用炸，不要等到对手的牌快走完时再上炸。那时，如果对手有大炸弹，我方就控制不住局面了，很有可能会出现对手用大炸上手成功冲牌的情况。那样的话，往往会饿死炸弹甚至多个炸弹。

有的牌手舍不得用炸是因为觉得在前面用炸为时尚早，并非关键时候，显示不出自己炸弹的威力，总想着在后面的关键时候尤其是对手主攻最后冲牌时再上炸，觉得那时候用炸制止住了对手主攻，才算发挥出了炸弹的最大威力，如果因为自己用炸而直接导致了对手主攻的失败，有一种“立功”的成就感。殊不知，一般情况下，如果最后用炸能够制止对手发牌，让对手不能主攻成功，那么，在前面早炸也就可以早宣告对手失败了。所以，只要不是非常特殊的情况，牌手不必非要在最后关键时候“立功”不可，要抱着早炸早“立功”，晚炸难“立功”，甚至晚炸不立功而“立罪”的态度，及时上炸。

实战中，牌手只要不是特别大的炸，一般很难用错，用错炸的情况远远少于因不用炸而犯错的情况。反过来，牌手因为舍不得用炸而饿死炸弹，甚至饿死非常大的炸弹的情况却比比皆是，数不胜数。而且，即使牌手因为舍得用炸而导致了失败，常常也不是牌手的判断问题，而多是由客观因素造成的，牌手由于在主观上没有错误，一般不会感到后悔；而如果舍不得用炸，往往会饿死炸弹，由于牌手主观上的不舍造成了胜负逆转，牌手多会感到非常后悔。所以，当对手上封顶牌后，尤其是对手企图用炸上手时，牌手一定要舍得用炸与对手主攻拼实力。正所谓“炸轰炸，不害怕”“用炸轰炸不吃亏，不炸敌炸要后悔”。

如果对手已经有一个人头游胜出，在这样的残局，两人阻击对手方一人时更要舍得用掉实力，要打得凶狠，因为一旦再阻击不力，对方先于我方二人出完，战斗就会以我方双下的最惨结局结束。

需要注意是，舍得用实力的原则并不是说只要有机会压对手就必须压，而是说的是在观念上，牌手不要有惜牌心理，该下大牌和炸弹时，要舍得下。在一些特殊情况下，牌手应该稍晚用炸甚至稍晚用大牌。常见的特殊情况有两种。一是，牌手用炸或大牌上手后不知如何发牌，甚至发牌必对对手主攻有利或对对手主攻有利的可能性非常大，那就干脆不要上炸，有时也可以不上大牌。这种打法新手往往很难把握，高手把握得较好。二是，有大炸的主攻在等待有人送自己一手牌后用大炸冲牌。这种情况下，如果主攻早上炸弹，虽然能走一手牌，但是走不完，当主攻余牌还有一手时，敌人当然一般不会送他走，并且会严格控制他出牌，使他很难先走成功。如果主攻先不上大炸，等出得只有一手赘牌时，上大炸便可一举成功。

总之，牌手舍不得用大牌和炸弹常常会把本来能打赢的牌打输，让对手把本来打不赢的牌打赢，而且，往往还会使自己的大牌和炸弹作废，甚至饿死，有时，还会饿死不少大牌和炸弹，包括很大的炸弹。对牌手来说，敌主攻多出一手牌，就会增加一分危险，因此，一般情况下，除主攻可以适当保留一点实力外，牌手要勇于牺牲自己，舍得用大牌和炸弹。甚至为了制止对手主攻出牌，可以不留任何余力，先拼命把对手主攻制止住再说。

一言以蔽之，牌手一定要舍得用大牌和炸弹。

第二节　对家合力阻敌的关键时机

好钢要用在刀刃上，在不同时机阻击对手，效果往往不同。在不重要的时机打击对手，有可能花费了很多大牌和炸弹，但对对手造成的创伤不严重，后面对手仍然会对我方构成威胁；在关键时候给敌致命一击，有可能花费的炸弹不很多，但会打得对手再无翻身之力，从此对我不再形成威胁。

防控对手时要重点防控对手主攻，但重点防控对手主攻并不是说对其必须次次打击，如果自己牌力偏弱，就要在关键时刻打击对手主攻。很有可能在关键时刻的一次打击，就使对手主攻的牌成了废牌，其对我的威胁顿时会变得非常弱小，而我方也就高枕无忧了。比如，对手主攻害怕出三带对送我方主攻，因此，一直没有出自己手中的小三带对，等敌报牌十张时，我方上炸进行制止，对手用小同花顺冲牌，被我方用大炸炸停。这关键的一炸，会使对手小三带对基本上成了废牌，再也走不掉了。

在关键时机阻击对手的效果最好，因此，牌手要掌握住阻击对手的关键时机，尤其是当力量不是很强时，更要精准地把力量用在阻击效果最好的关键时机。

一、对手企图第一次上手发首牌时

主攻在进攻时，发信号很关键。一般情况下，如果对手主攻明确地发出了信号，其对家就会立即与主攻配合，形成强大的合力。对手二人铁板一块，严密配合，会对我方十分不利。因此，阻击对手时，就要反其道而行之，尽量不让对手主攻发出信号来。

对手主攻的信号发不出来，其对家就可能不知道敌主攻的牌力强弱，他有可能错误地先发起进攻，即使没有发起进攻，也不知道对手主攻的牌型长项是什么，这样，对手就配合不好，难以形成合力。让敌主攻信号发不出来，不但会分散敌人的力量，使其不能对我构成大的威胁，而且，有的对手还会因此一再持炸不用，有时，我还能趁机顺走一些牌甚至顺走很小的牌。在实战中，有的对手其实牌力很强，甚至炸弹很多，还有大炸，但因为不知道如何配合对家，在观望等待，结果到最后，我方头游已经把牌出完了，对手两家还没有分出谁在主攻，手中还有很多炸弹，甚至有时我方两人都出完牌后，对手中还饿死了不止一个炸弹甚至还有很大的炸弹。所以，不让对手主攻发信号，使敌处于进攻无序的状态，对我是非常有利的。

如果我方的牌型有短项，在打牌时，更要注意这一点。有时，我方的王多，但不吃对子或三头，这时，一定要注意及时管牌，因为，一旦敌主攻上手发出了信号，我方有可能连王都成了累赘牌。

对手主攻发信号时，尤其是牌型特点非常明显的对手主攻，往往首发牌时就会发信号。由于对手主攻发信号对我的威胁非常大，因此，如果牌强，在开局阶段，就要防备对手主攻上手发信号，及时制止对手第一次上手，防止其首发牌发出明确信号。

实战中，在开局阶段，判断哪个对手是主攻并不容易，因此，第一，如果自己力量较强，对两个对手第一次上手都要进行阻击。第二，如果其中一个对手已经发过牌了，明显看出来是助攻，那么，就要特别注意不要让另一个对手第一次上手，阻止其发出牌型信号。

二、对手主攻企图上手发出小牌时

在一局的前半场，主攻上手后，一般会发小牌或长项牌型。为了防止对手顺小牌，同时为了给对家传递牌型信号，多数情况下，主攻会在前一两次上手后发长项牌型，因此，随着牌局的进行，中局时，对手主攻上手后发小牌的可能性比较大。因为小牌顺走的可能性小，如果小牌发不出去，对手就必须在最后冲牌前后发小牌，但那样风险较大，因此，中局时，敌主攻上手，常常会发手中难以顺走的小牌。

如果在对手主攻企图上手发小牌时及时制止，让敌不能上手，发不出小牌，这对对手来说打击是非常大的，有很多主攻就是因为有不止一手小牌而不能冲牌或冲牌不能成功。所以，在中局阶段，如果对手主攻已经发过两三次牌了，企图上手，尤其是没有发过小牌，这时，如果我的力量比较强，就要及时封顶或上炸制止对手主攻上手，不让对手主攻把小牌发出来，打乱其计划，让其不够手，不能冲锋，最终导致其进攻失败。

三、对手尤其是主攻方余牌不多时

对手主攻余牌越少，冲牌成功、被敌助攻甚至我方送走或送够手的可能性越大，我方会相当被动。下家余牌一张时，如果我有两张小单牌，必然会送其先走，即使只有一张小于敌人的单牌，我也须用大炸或封顶牌冲牌，冲牌成功之后还必然送敌走，使我对家无法借风。如果敌只剩一手牌，对手对家会无所顾忌地送小牌，而我只能用非常大的牌甚至炸弹阻挡，根本不敢顺牌，会消耗极大的实力。而且，对手牌少时我出牌时会顾忌很多，会非常担心对手顺牌够手。因此，如果牌力较强，对对手要及时阻止，不让其上手或顺牌，不能使对手余牌太少，以免过于被动。

第一，对跑牌太多的对手要及时阻击，不能让对手余牌过少。掼蛋时大家都在进攻，对手不但主攻在进攻，其助攻在协助主攻进攻的同时，自己也在进攻。对手有的进攻，可能是主攻在真攻，也有可能是助攻在佯攻。牌手并不一定每盘都能够准确判断出哪位对手是真正的主攻。但无论如何，对手主攻必然会进攻，而佯攻之敌在一定情况下也可以转为真正的主攻。另外，有的对手在边走边看，一直没有放弃跑牌的打算。因此，一般情况下，牌手还是要重点关注跑牌较快的那个对手。对走牌较多的对手，要适时打击，及时制止。我认为，只要我方的实力不是太弱，即使进攻的对手佯攻的可能较大，对其进行打击也不算大错。这也就是人们通常说的“谁跑打谁”。

实战中，如果某位对手明显在主攻，急于出牌先走，我就要紧紧盯住他，不能让他把牌出得太多。千万不要以为自己有大炸，只要对手主攻余牌不在够报的十张以内就安全。想跑的那家，即使有十几张牌时，也是非常危险的。如果某位对手把牌走得太多，很有可能到最后我方控制不了局面，对手的牌很可能因为自己有大炸能冲牌成功，或者余牌能被其助攻送走，甚至有可能被我方必出的小牌送走。

防守时，制止走牌过多的对手非常重要，要随时防备某个对手把牌走得太多。对于先跑的对手，要牢牢盯住，不能等他的余牌已经很少时再制止，那往往就来不及了。哪怕自己的牌很弱，哪怕消耗实力很大，在关键时候，尤其是当对手余牌很少时，我方都一定要停住对手出牌的步伐。

第二，正确判断对手余牌够报时的情况，坚决制止对我威胁较大的对手。掼蛋规则规定，牌手的余牌在十张以内时，要报牌。牌够报了，当然是余牌数量已经很少了，如果是对手主攻，往往说明他的牌已经够冲牌条件或者接近冲牌条件了，这对我方的威胁明显很大，我方应该高度警惕。有时，对手主攻的牌虽然在十张以内，但是，我方的实力还是很弱，仍然想在最关键的时刻再进行打击。那么，这时，牌手就要分析对手主攻够报的情况，看何种情况必打，何种情况还可以再次忍让。

对手主攻够报后，按照对我的威胁程度大致可以分为四种情况。

一是，余牌是一两个炸弹，或绝对大的炸和一手牌。这种情况基本上已经阻击不住了，也就不用考虑了。比如，剩四张牌时，是一个炸。再如，剩七张牌时，是一个六头炸和一张单牌。

二是，余牌为一个不是绝对大的炸和一手牌，或者一手容易被送走的牌。这种情况非常危险，对手往往能跑成功。但如果我方有足够的实力，或者实力非常强大，能够控制，也有可能会制止住对手主攻。比如，剩九张牌时，有一个炸弹、一个顺子。再如，剩两张牌时是一个对子。

三是，余牌为一炸和两手牌，或者两手牌，或者一手不易被送走的牌。这种情况最多，既对我有相当大的威胁，又有一定的回旋余地，这是最微妙的情况。在对手主攻还有两手牌时，我方出牌的种类及大小往往会影响到最后结局的胜负，因此，我方一定要掌握这种情况下敌主攻余牌的牌型组成情况。比如，剩十张牌时，有一个四个头的炸，一个三带对和一个单牌。再如，剩八张牌时，有一个三带对，一个三头。当对手主攻还有一手不易被人送走的牌时，慎防被别人甚至被自己送走。比如，剩六张牌时，是三连对或者双飞。

四是，余牌手数较多，难以冲锋。

以上四种情况，第一种情况我方基本阻止不了。第二种和第三种情况最常见，而且，这两种情况虽然对我构成了相当大的威胁，但是，仍然有一定的回旋余地。当我方具有一定牌力时，这两种情况往往非常微妙：如果我方发挥出色，对方配合不力，可能我方会赢；相反，如果我方发挥一般，对方配合严密，可能我方会输。第四种情况对我构成的威胁很小。

对手主攻够报时，可能有各种牌型组成情况，但有的牌型组成情况不常见，比如，剩十张牌时，是一个六个头的炸和两个对子；剩九张牌时，是一个三连对和一个三头。不常见的牌型组成情况很难判断，不好防备。因此，当对手主攻的牌够报时，牌手需要重点分析和研究的就是既对我有相当大的威胁又非常微妙的第二种情况和第三种情况中常见的牌型组成情况。当对手牌够报时，如果认为对手牌属于第二种和第三种情况，只要我方牌力不是太弱，都要进行坚决的制止。

四、对手主攻冲牌想发最后一手时

实战中，牌手在进攻时，很多情况下最后需要用封顶牌或炸弹冲牌。冲牌时，如果无人用炸压住，牌手就上手发最后一手牌，冲牌成功；如果被人用炸压住，发不出去最后一手牌，就不能冲牌成功。因此，当对手主攻在最后冲牌时，如果我方能够压制，就会使对手冲牌失败，甚至在很多情况下，对手冲牌时最后想发的一手牌非常小，冲牌不成功后再想顺走，非常困难，还有一些就成了走不掉的死牌了。

对手最后冲牌时余牌只有一手，必定在六张以内，除过是一炸的情况外，能一手走掉的牌型分别为：六张牌有三连对或双飞，五张牌有三带对或顺子，三张牌为三头，两张牌为对子，一张牌为单张。实战中，对手主攻上手后余牌在六张以内时，相当危险，尤其是余牌为五张、两张时，非常危险。因此，这时，只要能制止，就必然要制止，否则对手上手一次出完牌的可能性非常大；如果余牌为一张，必然只余一手，不制止对手必然会出完牌。

五、对手助攻企图给其主攻送牌时

一盘的中局以后，如果助攻上手，从发牌的效果上看，主要有三种情况。一种是，由于中局以后主攻和助攻分工已经比较明显，助攻已经明确了自己的地位和职责，主观上会给主攻送牌，当主攻的长项牌型打得比较明显，而助攻也有这种牌型时，客观上送牌的效果比较好。二是，虽然助攻在给主攻送牌，但由于没有判断准确牌型或者主攻已经要不上以前的长项牌型，客观上送牌的效果不好。三是，有的助攻对自己的地位还没有正确的认识，主观上不给主攻送牌。

对于对手助攻企图上手，我们要分析其情况，如果对手助攻对自己的地位认识明确，送牌意识强，有可送的牌型，当自己在对手助攻的上家时，要进行压制，不让其发牌。当自己在对手助攻下家时，对手助攻送出的牌我能守门，或者我是主攻也需要过这种牌型，也可以先让对手助攻上手，根据其所发的牌再进行处理：如果是我能抬高守门或者是我需要过的牌型，我可以要牌；如果我不能守门或者不需要过牌而对手主攻顺牌的可能性很大，这时候上炸进行制止也不算迟，同样能阻止住对手主攻顺牌。

第三节　对家合力阻敌的基本打法

阻击对手的直接目的是不让对手顺利地发牌、顺牌、管牌，为了阻击对手，牌手要注意以下几种打法。

一、阻击对手时的管牌

管牌的主要目的是为了阻挡对手顺牌和发牌，是阻击对手的重要打法。

（一）用大牌甚至炸弹守门，防止对手顺牌

由于掼蛋游戏双方的座次是对面交叉设定的，因此，一方出完牌后就会轮到另一方，牌手既要进攻，又要防守。为了防止对手主攻顺牌，尤其是顺小牌，牌手要上大牌守门，很必要的时候甚至要上炸弹守门，以防敌人顺利过牌。

守门时有三个基本点必须清楚。一是，从对手对象选择上讲，主要是守主攻的牌。主攻对我方威胁最大，有时过一手很关键的牌就能形成冲牌态势，因此，守门时主要是守对手主攻的牌。二是，从我方责任的角度讲，主要是助攻守门。主攻为了早跑完牌，要以自己跑牌为主，守不守门，要根据情况而定。助攻以防对手和配合对家为主，因此，要担负起守门的责任。三是，从牌型上讲，主要是守单牌。单牌既容易判断，又容易控制，因此，不要轻易让对手尤其是对手主攻顺走小单张，要把单牌守好。

在牌局初期，在对手主攻可能还未明确时，牌手就要有守门的意识。如果自己主攻，在顺牌时，当既可顺小牌也可顺大牌时，要顺大牌，以防下家是对手主攻，不能让其过较小的牌；如果自己当助攻，就要担负起守门的责任，有意识地用较大的牌守门。

随着牌局的进行，对手哪家在主攻，会越来越明确，这时，对手主攻的上家要特别注意担负起主要的守门责任。如果对手主攻的上家是我方主攻，在守门时要权衡过牌与守门的利

害关系，两利相权取其大，两害相权取其小。如果对手主攻的上家是我方助攻，那就以守门为主。对手主攻的下家如果是我方助攻，在看到对家没有力量守门或估计不准情况时，在不阻挡我方主攻的情况下，必要时，也要负起守门的责任，防止敌主攻过牌。

特殊情况下，如果我方已无大牌可守，而必须防住对手主攻顺牌，也可以用炸弹守门，不让对手顺走关键的牌。在我方力量强大，有牌可打可传的情况下，用炸弹守门是值得的。实战中，经常遇到需要用炸弹守门的情况主要有两种。一种情况是，对手主攻仅余一手牌，无论是谁出了对手主攻可顺走的牌型，在自己实力强大时，都要上炸守门，尔后再传牌或主攻。例如，对手主攻仅余一张牌，很明显是大王，当轮出单牌，如果我方在制止住对手主攻跑牌的情况下有可能先走，那就应该用炸弹守门。一种情况是，对手主攻余牌不止一手，但顺过一手牌后会形成炸弹冲牌或必被自己送走的情势，这时也有必要甚至必须用炸守门。例如，对手再走一手牌就能形成冲牌态势时，在无大牌可守的情况下，可以用炸弹守门。

（二）封顶或用炸，不让敌发牌

除了顺牌，对手主攻出牌的方式还有发牌，为了制止对手主攻发牌，就不能让对手主攻上手。对手助攻上手后，往往会给对手主攻送牌，因此，虽然阻止对手发牌主要是防对手主攻上手，有时也须防对手助攻上手。

对方要上手，在我方不漏打的情况下，只有上封顶牌或上炸弹，因此，阻击对方上手，就要针对这两种情况采取措施。

第一，为防止对手先上封顶牌，在我不是为了顺牌时，在有大牌封顶的情况下，要先于对手上封顶牌。尤其在打顺子时，由于最大的顺子在理论上可组成八组之多，不封顶容易让对手再顺牌或者封顶，得不偿失，因此，在从一些相连的单牌中选择组顺子出牌时，要上大顺子。例如，我方有A、K、Q、J、10、9六连牌，在出顺子时，为防止对方封顶，我就应该用A–K–Q–J–10先封顶，不要为了节约一个容易顺过去的A而舍不得用A–K–Q–J–10封顶。一旦自己用次大牌K–Q–J–10–9未能成功封顶，被敌人用A–K–Q–J–10封顶，那就由自己逼炸变成了逼自己的炸，损失会很大。

第二，当对手上了封顶牌或炸弹后，为了阻止对方发牌，我方要用炸弹炸敌人，不要让其轻而易举地上手发牌。

实战中，难免会出现我方漏打敌较大的牌而让对手原本不能封顶的牌封顶的情况。造成漏打的原因通常有两种。第一种原因是，我方第一家觉得用高于对手多级的牌太浪费，很可能会打超，希望对家有较大的牌压对手。例如，对手北家上级牌后，我方西家手中没有小王，只有一张有大王，他觉得用大王压级牌会打超，希望对家有小王压住敌人的级牌，结果我方东家没有小王也没有大王，造成对手级牌封顶。第二种原因是，我方第一家害怕上大牌后不利于对家顺牌，结果对家要不上。例如，我方南家主攻，东家发小三带对后，我方北家有三个A，但没有小三个头，他觉得南家主攻手中应该有一些三带对，如果自己用三个A带对管上，需要给南家送小三带对时自己又送不了，为了不影响南家顺牌，就没有要，结果南家没有三带对，造成东家的小三带对封顶。在前场，漏打往往不会造成很大损失，因为后面常常还有机会管牌。比如，对手发单牌时大王漏打对手级牌，由于单牌常常会打多轮，因此，后面大王仍然能用上。在中场之后，漏打造成损失的概率会越来越大，有时一次关键的漏打会让对手主攻多发一手关键的牌，可能造成胜负逆转。因此，在中后场，牌手在算不清对家牌的情况下，必要时，要勇于用大牌管住对手尤其是管住敌主攻，最好不要造成漏打尤其是漏炸的情况。

对手打出的牌型，尤其是在开局阶段，多是他的长项牌型，也多有封顶牌，因此，管牌时要注意处理好节约牌力和封顶的关系，在阻击对手时要尽量封顶。如果需要打持久战，也可以先用次大牌，但如果需要立即阻止，就应该用大牌。

为了多次管牌，有时需要拆大牌形成的多头炸弹，例如把四头级牌炸弹拆成两个对子。但是，如果管牌时拆炸弹后出的牌不够大，不能确保封顶，从管牌阻止对手的角度讲，还不如直接出炸，否则既浪费了炸弹又起不到管牌的作用，所谓“拆炸不大，直接开炸”。

二、阻击对手时的发牌

我方发牌后如果对方要不上，他们会很难受、着急，如果他们想出牌，就会消耗炸弹，因此，阻击对手时，要发不利于对手顺走和封顶的牌。

到中局后期时，对手主攻往往顺过一两手牌就能冲锋成功。当然，对手主攻希望其助攻送牌，但是，那样往往会消耗对手助攻的实力。如果这时我方能给对手主攻送上一两手牌，那对对手来说无异于是雪中送炭，对手主攻求之不得。所以，在中局后期要特别善于判断对手主攻的余牌情况，注意慎送对手主攻。

在中局后期，牌手一定要注意敌主攻需要顺什么牌，切忌以下几种情况出现：

一是，牌手不能送甚至对手助攻也送不走的牌。比如，当盘不是打4和3，你的下家是对手主攻，对手主攻手中有一炸、一个大王和444–33，这时，你出333–××。中局后期，对手助攻手中也往往没有这么小的三带对了，你这时打出333–××，甚至胜过赠送对手一炸。对手主攻顺走444–33后，余牌是一个炸弹和一个大王，很容易先出完牌。

二是，牌手不能送得对手主攻够冲牌条件。比如，对手主攻手中的牌是一个特大炸、一个中等顺子、一个小单张，如果我方打出小顺子，对手主攻顺过中等顺子后，就能一举冲牌成功。

三是，牌手不能送得对手主攻空留一炸。在对手主攻还有炸时，一般情况下，我方一定不能送得对手主攻就剩下了一个炸弹，那样基本上是自求败局。

四是，牌手不能在敌主攻还剩一手牌时把敌一次送走。当对手主攻只有一手牌时，如果我方发牌恰好送走了对手主攻，那无异于无灾自杀，有福求死。所以，当对手主攻手中的余牌有可能是一手时，牌手要特别注意慎发与对手主攻余牌数量相同的牌型，以免自己把对手的余牌一手送完。比如，对手还有六张牌时注意是三连对或双飞，对手还有五张牌时注意是三带对或顺子，对手还有三张牌时注意是三头，对手还有两张牌时注意是对子。我方一手送走对手主攻的情况虽然少见，但并非绝无仅有，在实战中不止一次出现过。

当然，在任何阶段阻击对手，都最好不要送对方顺牌。但是，很多情况下，自己的一些牌型和对手的相同，发这样的小牌，就会送对手顺牌，这种情况下，牌手要注意变化。当自己的牌型和对手需要顺走的牌型相同时，为了不让对手顺牌，牌手往往需要调整自己的牌型，有时，甚至可以破坏自己的牌型结构。如果牌型结构被破坏后，对自己来说余牌带来的麻烦不是太大，但使敌无法顺牌，那么，即使自己原来好的牌型结构被破坏了，也是划算的。尤其是作为助攻，以防对手和配合对家为主，更不害怕破坏牌型结构。助攻破坏了自己的牌型结构，如果能很好地防住对手，帮助对家取得头游，也是值得的，所以，在进攻时，助攻用这种办法更多。

比如，对手主攻的三头特别多，既不吃对子，单牌又不大，这时，我可以把自己的三个头拆成对子和单牌打。例如，我在对手主攻下家，手中的牌是：QQQ、1010、888、77。对手主攻手中有KKK，就需要过一手KKK或其带一对。本来我的QQQ、1010、888、77只有两个三带对共两手牌，但是，因为敌主攻不吃对子和大单牌，所以，我没有直接出三带对，而是这样打的：先出77，敌主攻不要；再出8，对家用A守门，尔后发66给我送对子，我用88接牌，形成余牌只一手牌QQQ-1010的态势。这样打虽然把888-77一手牌打成了三手，但是，因为对敌顺牌不利，而自己还可以走牌，所以，可以用破坏本来牌型结构的办法走牌。

阻击对方时的发牌技巧主要有以下几种。

（一）发对方没有的牌型或者很可能没有的牌型

打牌时，有的牌型对手没有，发这种牌型对手肯定要不上。发对手不能顺走的牌，除非对手用炸，发牌权仍然会掌握在自己手中，自己还可以继续出牌。牌局中后场，经常会遇到这类情况：我方上手，有一小炸和若干牌，对手助攻没有力量，对手主攻有一大炸，但需要过一手牌。这时，只要我方发出的牌是对手主攻不能顺走的，就必能战胜对手。

实战中，随着牌局的进行，会渐渐发现有的牌型对手没有，那我就故意发这种牌型。当牌局进行到后场，对手牌较少时，有的牌型对手就不可能有了，我发这些牌型对手肯定要不上。例如，对手余牌为三张时我发三带对、连牌；对手余牌为五张时我发三连对、双飞。

有时，不能肯定对手没有哪种牌型，但可以根据情况判断出对手有哪种牌型，或者很可能有哪种牌型、很可能没有哪种牌型，那就不要发对手有或者很可能有的牌型，而要发对手很可能没有的牌型。比如，对手主动出的牌型，多是长项牌型，一般情况下就要注意慎发这种牌型。再如，敌在不停地出单牌，很可能是在出孤张或把一些牌修成了顺子或三连对，这种情况下，要慎发顺子和三连对。再如，在开局之初，大家手中的牌都较多，牌手一般都会有三带对，这时就要慎发三带对。

（二）发对方要不上的大牌

同一种牌型，出的牌越大，敌要上的可能性越小，因此，被迫发对手有可能要上的牌型时，可以发大一些，让对手难以要上。例如，对手剩一张牌时，如果被迫发单牌，要发大单牌；对手余五六张牌时，发大的三头。

（三）发对方要牌后形势对其不利的牌

有时，判断不清楚到底对手能否能要上某种牌，但能确定如果对手要上了这种牌，后面的形势必然会对对手不利，甚至能确保打败对方，那就可以发这种牌。

例如，对手余牌为六到八张时，不敢肯定有没有炸弹，但我方手中还有一炸，这时，我方应该发什么牌型？显然，一般情况下，我方应该发三带对或顺子。如果对手手中有炸，就要不上三带对或顺子；如果对方能要上三带对或顺子，手中就无炸，在自己有炸弹能控制住对手时，必然会把对方打败。这样出牌无论对方要不要都对其不利、对我有利。

再如，某盘打2，中局后期，对手主攻还剩五张牌。这时，两个大王已经落地，我手中的牌是：小王小王，222、AA、KK、Q、JJJ、99、88、55555、333。该我发牌，我应该发什么呢？应该发88。因为，如果对手主攻不顺牌，很有可能是一炸和一单，或者不想拆三带对，这样基本上可以试探出其牌型组成情况。如果对手主攻顺对子，即使上对2，因为我还有对小王，也能压制，而且，这样的话，对手主攻手中的余牌变成了三张，其牌型组成情况就明显了，我可以轻松应对。

（四）发对方的短项牌型

发对手短项牌型有可能会使对手顺牌属于无效顺牌，无利可图，或者只顺了一两手牌，得利很少。

牌手经常遇到需要从对子和三头中选择发一种牌的情况，这时，就要发对方的短项牌型。对方的长项牌型需要出的手数多，对手必然要出多次，每出一次都是有效出牌，对对手必然有利。而敌短项牌型对手出的次数少，有可能只需要出一两次，甚至有时候出一两次还是无效出牌，对对手有利不多甚至没有利。例如，对手对子多三头少：KK、QQ、101010、99、77、66。每出一次对子，就少一手赘牌；而出一次三头，减少不了手数。再如，对手对子少三头多：KKK、JJJ、99、888、555。每出一次三头，就少一手赘牌；而出一次对子，减少不了手数。所以，当发现对方的对子和三头中有一种是短项牌型时，可以发对手短项牌型。

实战中，要善于判断对子和三头哪种牌型是对手的短项牌型。比如，对手主攻出三带对时，带出的对子很大，那多是对子少；对手主攻发的牌是对子，那三头必然少。再如，对手组顺子时，经常要拆牌，多是从三头或对子中拆出对子或单牌，很少有从四头炸弹中拆出三头的情况。组顺子拆出的对子与单牌相比较，单牌容易先出掉，因为单牌没有变化，对子能被三头带走，所以，对手会把拆出的单牌与原本的单牌一样对待，早早打出去，而留下对子。所以，对手出了一些顺子后，手中多会余下一些对子，这样，一般情况下，我们就要注意不要在管住对手的顺子后上手发小对子，让其顺牌。

需要注意的是，对手发三头时，要防止其有大对子，有可能对手希望用大对子上手。三头不只与对子是不同牌型，不同牌型有很多，如果能够确定对手别的牌型是缺项或短项，就应该先发别的牌型。

（五）发对方封顶可能性小的牌型

如果确实判断不清楚对手要哪种牌型，为了掌握发牌权，要发对手不能封顶或封顶可能性小的牌型，尽可能地做到对对手不利对我有利。

在明确知道我方必能回手时，可以发这种牌。比如，我方有两个大王，在从单牌和三头之间选择时，就可以发单牌，以确保我能回手。

如果确定某种牌型对手肯定能回手时，就不要发这种牌型，而应该试一试其他牌型。比如，对手单牌全控，发单肯定对我不利，就可以试一试其他牌型。因为发单牌必然对对手有利，而发其他牌型，也许不是对手的长项，也许破坏了敌人的牌型结构，也许传给了对家，这都比打单牌要好。

（六）当对方的长项牌型变为短项时，可以反打这种牌型

实战中，经常出现这样的情况，主攻打了多轮某种长项牌型后，对家再送他，他要不上了。也就是说，随着牌局的进行，主攻的长项牌型有可能打完了，变成了短项牌型。当对手主攻已打完他前面的长项牌型时，我方要转换思路，改打这种牌型，这就是所谓的反打空门。

反打空门的要求比较高，这要求牌手要善于识别判断对手出现的空门信号。下面是一些实战经验，可以给牌手判断对手主攻的长项牌型是否已成为空门提供参考。

对手在打中大张单牌，后面打出小单牌后，用王回手，很可能是其最后一手单牌。

对手如果对子是长项，当后面发的对子很大而且又用封顶牌回手，往往是其对子打完了。

三头、三带对、顺子等牌型，如果我方控制不住，对方一般会一鼓作气打完，尤其是顺子和三带对，一般出两三手后，多会成为空门。

（七）没有办法同时防备两个对手时，可以发对手主攻不能上手的牌

有时，我方发牌时没有办法把两个对手都防住，在这种情况下，要严防对手主攻，以最不利于对手主攻为原则。对手主攻上手，必然对我最不利；而对手助攻上手，有可能会犯错误，或者可能传不出牌，即使传牌还要经过我方一人，我方还有控制的机会。所以，实在没有办法时，可发不利于对手主攻、有利于对手助攻的牌，宁可让对手助攻上手，也不让对手主攻上手。

三、阻击对方时的留牌

上手发牌时，当需要从一些牌中选择发哪些牌，留哪些牌时，有一定的技巧。从阻击对方的角度讲，留牌时要注意以下几点。

第一，留对方必送上手的牌。如果要从两手牌中选择出一手牌，留一手牌，尤其两手牌都是封顶牌时，在能够判断准或

基本能判断准敌人必送某种牌型时，就留这种牌型。例如，敌主攻从来没有发过单牌，很可能要出单牌，我上手后要从都能封顶的对级牌和单大王中选择一手发出，就应该发对级牌，留着大王等对手送上手。再如，对手一直不吃三带对，判断出他有顺子的可能性非常大，当我还有大顺子时，可以考虑留下来，待对手打出顺子后我封顶，耗对手炸或我上手。

第二，留与对家不同牌型的封顶牌。为了增加管上对方的机会，在留大牌时，如果判断不清对方的情况，而可以判断清楚对家所留大牌的情况，就要注意留与对家不同牌型的大牌，以确保我方能管上对手更多的牌型。例如，对家手中明显有一个大王，我的手牌是大王和AAA-KK，在冲牌时，就应该用大王冲牌，这样即使对手下炸，对家还有一个大王，我方既能管上对手的单牌，又能管上三头和三带对。实战中，我们有时会看到一些牌局的中局后期和残局，一方的对家二人都各留了一张单牌，让对方随便打出对子、三头等牌型都管不了，很可惜。这一技巧在中局后期和残局时特别重要。

第三，留与对手想出牌型数量相同的牌。如果出牌后余牌手数较多，为了控制对方发牌，我方可以留下与对手想出牌型数量相同的牌，让对手不敢轻易发这种牌。例如，上家是对手主攻，出三带对后我方顺过一次，被对家封顶，对手主攻上炸后我回炸上手。我方余牌七张，是三个对子和一张单牌，出什么我方都不会再上手，这时，我方应该出对子。我方出对子后余牌五张，对方主攻发三带对时必有所顾忌。再如，下家是敌主攻，余牌两张，疑似一对，我出牌后也剩两张，虽然不是对子，但让上家不敢轻易送对子。

第四，留发牌后余牌数量与发牌数量相同的牌。如果我出一手牌后余牌数量与所发牌数量相同，对手有可能会怀疑我有可回手的大牌，这会使对手企图顺牌时会有所顾忌，还有可能会被迫用很大的牌管甚至上炸弹。例如，我上手后余牌为十张，是一个小顺子、两个对子和一张单牌，我发小顺子后，对手很可能会担心我余牌为一个大顺子，这样他就不敢顺中小顺子了，很可能会被迫用封顶的顺子或炸弹制止我，空耗实力。

第五，冲牌后留四张牌。四张牌如果不是炸弹，一手走不掉，因此，冲牌后留四张牌，对手往往会因为实力不够或者放松警惕而不会管。那样的话我常常还能再发一手牌，而再发牌是有机会给对手制造困难的。例如，我手中有两个对子和一个大顺子，上手后发出大顺子，对手看到我还有四张，不打，我再出一个对子后余牌两张，对手可能会相当为难。

第十一章　主攻打牌技巧

掼蛋游戏一盘的胜负决定于哪一方取得头游，因此，主攻争取头游是重中之重。我方要先出完牌，就必须防止对方先出完牌，所以，主攻在以进攻为主的同时，还要注意兼顾防守。虽然掼蛋的胜负决定于头游在哪一方，但成绩决定于头游对家的名次，尤其是在传统牌局打A时，按照多数牌局的规定，要过关，就不能出现末游，因此，在情况允许时，尤其是自己力量相当强大时，主攻还要照顾对家。主攻在打牌过程中，要始终围绕自己进攻的主要职责，同时兼顾阻击对方和照顾对家，把牌打好。

一盘中，己方主攻是否能够成功实现目标，决定了当盘的胜负，因此，主攻的责任重大，技巧要求高，掼蛋的牌手必须掌握好主攻的打牌技巧。

第一节　关于总体的谋划

牌形牌力不同，打法就不一样。想打胜仗，就要根据敌我双方的力量、特点等进行总体谋划，把自己手中牌的力量发挥到极致。因此，主攻在把牌整理好后，发首牌前，要根据不同的牌形牌力进行设计、运筹。

掼蛋的打牌过程非常微妙，很多时候，输赢和成绩并不是完全由牌力决定的，如果打得好，有可能会赢；打得不好，有可能会输。而要打好牌，牌手尤其是主攻必须进行总体谋划。所以，主攻进行总体谋划至关重要。

总体谋划并非单指一开始的谋划，而是指在任何阶段，主攻都要根据形势的发展变化，从总体上进行谋划。总体谋划的根据主要有两个方面：一是自己牌形的特点，二是自己牌力的强弱。在此基础上，主攻要结合牌局实际的进展情况，进行总体谋划，设计出正确的打法。

一、分析基本牌情

“知彼知己，百战不殆。”掼蛋时，主攻首先要观察、分析自己的牌情，做到“知己”。分析牌情最关键的要看以下几点，并以此为依据制定策略。

一看自己手牌的特点。看一下手牌中的单牌、整牌和连牌的多少和大小如何，有什么特点；炸弹的多少和大小如何；大牌有多少。比如，对子很多，既有小的又有大的，那就可以考虑首攻对子。再如，单牌不多但王多，就不必先出单牌，可以考虑先出小三带对或顺子。再如，顺子多，那就应该首发顺子。

二看自己的全牌一共有多少手，需要出多少次。分析手数时，有的牌型没有变化或者基本没有变化，这样的手数是确定的。有的牌需要根据牌局的进展调整变化，主攻也要看一下这些牌有哪些调整的可能，做到心中有数。比如，当盘打7，主攻的全牌是：大王、小王、777、AA、K、QQ、J、10、9999、888、55555、44、3。通过观察可以看出，A到10应该组成一个顺子，拆出单A和单Q。单牌较多，为了多次封顶，一般情况下要拆开级牌出单。所以，这手牌基本上要这样组织：

单牌八组8张：大王、小王、7、7、7、A、Q、3；

三带对一组5张：888-44；

顺子一组5张：A-K-Q-J-10；

炸弹二组9张：55555、9999。

全牌共十二手。

三看什么牌必能顺过，什么牌有可能顺过，什么牌不能顺过、必须靠自己上手发出。比如，王和级牌一般必能顺过；一些花牌有时可以顺过，有时不能顺过；小牌少数情况下可以顺过，多数情况下要靠自己上手才能走掉。

四看什么牌自己出后能回手，什么牌出后回不了手。比如，自己手中有两个大王，出单牌必能回手。再如，如果自己没有大顺子，小顺子出去后一般是回不了手的。

二、选择进攻节奏

主攻进攻时，有一个进攻节奏的选择问题：是进攻得快一些还是慢一些，是强硬一些还是柔和一些。每一种进攻节奏都有利有弊，主攻牌手要根据自己的牌情和牌局的发展情况做出对自己跑牌最有利的选择。自己的牌情和牌局的发展情况主要看三点，一看自己牌力的强弱和牌形的特点，二看对家配合自己的力度和出牌情况，三看对手的阻击力度和出牌情况。其中，最主要的还是看自己牌力的强弱和牌形的特点。

强牌进攻的力度要大一些，宜先发制人。掼蛋的双方都在进攻，如果你进攻的节奏太慢，就会给对手创造过多的机会，那对方进攻的节奏就有可能变快，很可能到最后对方发起冲锋时，你再想制止已经来不及了。最后对方有可能会用大炸冲牌成功或你自己被迫送走敌人，如果这种情况下你还有不少大牌和炸弹，那会非常可惜。所以，强牌进攻的节奏不宜太慢，应该适当快一些，态度强硬一些。

如果牌弱，企图顺走一些牌，等对手暴露出一些情况后再采取相应的对策，那么，就要慢一些，不要硬拼，而要耐心等待机会顺牌，在关键时候再出手，牌手应该韬光养晦，后发制人。有时，弱牌由于隐忍恰当，顺走了不少牌，或者等对手冲锋受挫后自己较小甚至很小的整牌连牌都无人能管，最后竟然能打成头游。

如果自己的牌整齐，某一两种牌型的牌很多，那就可以很早发起进攻，进攻的力度大一些。在某一两种牌型很多的情况下，早早发起进攻，不但可以为对家指明方向，早早形成合力，在对家的大力支持下，出很多牌；还能让对手牌力发挥不出来，打乱对手的部署。比如，我对子特别多，首发对子，尔后用大炸上手再发对子，给对家传递出明确的主攻信号和牌型信息，敌为了压制我的对子，可能要拆牌、消耗炸弹，最后也许我的小顺子可以成为封顶牌，使牌力发生变化。例如，当盘打4，我的全牌是：大王、44、AA、K、QQ、JJ、10101010、999、8、777、6、555、33。组牌为：

单牌二组2张：大王、K；

对子八组16张：44、AA、QQ、JJ、99、77、55、33；

顺子一组5张：9-8-7-6-5；

炸弹一组4张：10101010。

这手牌牌力不强，只有一炸，特大牌只有一个大王和两个4，但牌形特点特别突出，对子特别多。早早打出对子，对家必然会全力配合，会打得敌人相当难受。如果对子一直出下去，余牌不多时打出顺子，即使最后冲牌不成功，剩下大王和单K，也仍有机会先出完牌。比如，很有可能敌人单牌多，会被迫送我先走。

如果自己的牌散乱，牌形特点不突出，那么，在牌力不是特别强的情况下，进攻的力度不要太猛。牌散的情况下，需要出的次数多，如果发牌，则必然会消耗大牌和炸弹；牌形特点不突出的情况下，既要出这种牌型，又要出那种牌型，往往会给对手送不少牌，甚至既送了这种牌，又送了那种牌，这对阻击对手十分不利。选择较慢较柔的进攻节奏，自己可以少耗费一些大牌和炸弹，还有可能多顺走一些牌，对自己进攻和防守皆较有利。尤其是在自己有大炸弹可以控制对手的情况下，采取不要太猛的进攻节奏，攻防效果都很好。

主攻在进攻时，力度过大、速度过快容易遭到对手集中和强大的阻击，力度过小、速度过慢又可能会失去良机和放纵对手，因此，这两种打法都有可能导致把本可打赢的牌打输。就算自己的牌力很强，也须知天外有天，提防对手的牌力更强，不能冲击太猛；就算自己的牌力较弱，也须知事在人为，精确出击可以达到最佳效果，不能隐忍过度。所以，一般来说，主攻最好还是采取柔中有刚、绵里藏针的态度，既不要打得太急，也不要一味忍让。在每一盘，从开始到结束，主攻始终都要仔细观察、认真分析、审时度势，既要掌握好忍耐的限度，又要把握住进攻的时机，灵活、科学地控制好进攻节奏：要快中有慢、慢中有快，该强则强、该弱则弱。

三、设计具体打法

同样的牌，打法不同，结果往往不同。打法有高低差异，结果有胜败之分。如果打法高超，可能获胜；如果打法低劣，就会失败。在打牌时，主攻要根据自己的牌形牌力精心设计打法。

主攻在设计打法时，要注意三点。一是，要使自己的牌力发挥出最大的能量。比如，需要用牌压制敌方时既不浪费也不错过，选择出牌时对己最有利而对对手最不利。二是，要让对家大力配合，支持自己，充分发挥对家的作用。比如，为请求对家送牌，就早早明确发出信号。三是，要看怎样才能使敌人判断和决策失误，使他们的牌力发挥不出来或者发挥不好。比如，使对手打超或漏打、互相牵制或给我方送牌。

因为牌手对对家和对手的牌情及打法只能预先有一定的推测，所以，主攻在设计打法时，既要有多种预案，又要根据牌局的进展情况不断调整。也就是说，无论在打牌的什么阶段，主攻都要根据不同的牌形特点和牌力大小在打法上进行精心设计。这样，才能把牌打好、打出最佳效果。

主攻在设计打法时主要应当考虑下面一些问题。

一是，先出什么，后出什么。比如，自己的单牌多，王和级牌也多，就可以考虑先出单牌，这样既可以回手，又能使自己余牌的手数迅速减少。再如，自己的顺子很多，而且有大顺子，就可以考虑先出小顺子，以图既多出牌，又容易回手。

实战中，当主攻有三个王，第一次需要上单王时，先上哪个王，很有讲究，要根据单牌的多少和牌力的强弱决定。

如果单牌较多，或者牌力较弱，需要打持久战，同时为了迷惑对方，要先出成对的王中的一个。我方主攻手中是一个大王、两个小王时，如果先出大王，手中没有大王的对手很可能担心我方还有大王，上手后往往不敢发单牌；如果先出小王，对手会上大王封顶，有的对手判断不出我方王的情况，上手后很可能会继续出单牌。我方主攻手中是两个大王、一个小王时，如果先出小王，对手无大王压牌，必会知道我方还有两个大王，他们上手后往往不敢发单牌；如果先出大王，对手难以判断出我方王的情况，上手后很可能会继续出单牌。

如果单牌不多，牌力较强，不需要打持久战，要先出不成对的单王。这样，对王没有拆开，必要时可以出对王压牌。尤其是当主攻手中是一个大王、两个小王时，这三个王反正只能封顶两次，而先上大王，就可以立即赢得一次封顶机会，而且，这还使余下的两个小王成对，牌型还有变化，后面，主攻既可以拆开对小王，也可以用对小王压对子封顶。如果先出单小王，被对手用大王压住上手，不但我主攻没能封上顶，而且，当对手主攻牌整，早早就开始出对子进攻时，我主攻的单大王和余下的单小王不能成对，会很被动。而且，无论主攻手中的三个王是什么情况，先出不成对的单王，或者会让对手判断出我方有两个大王，或者会让手中没有大王的对手很可能担心我方还有大王，他们上手后往往不敢发单牌，而我主攻单牌不多，对手发别的牌型我主攻顺牌的可能性较大。

二是，二张以上的相同大牌是否需要拆开出。最常见、最有效的拆牌是拆特大牌王和级牌。比如，虽然自己的王多，有三个或更多级牌，但由于自己的单牌过多，就需要早下决心拆掉三个级牌甚至级牌炸弹。有时，还需要考虑是否拆A或K，甚至更小一点的牌。比如，主攻有一个大王、一个小王、四个级牌、三个A，出三带对时下家上了三个级牌带对封顶，出单牌时上家出了级牌，这时，对方手中已经无级牌。再打单牌时，主攻拆A就可以把对手的王顶下来，当对手的王出完后，再打单牌时，主攻的王、级牌和A就都能封顶了。

三是，决策如何调配牌型更加有利。例如，当盘打6，主攻的全牌是：大王、小王、♥6♠6、♠A♣A、♣K、♥Q♠Q♠Q♦Q、♦J、♠10♣10、♦8、♥7、♠5♠5♣5、♥4♥4♠4♦4♣4、♠3♠3、♠2。

这手牌虽然有大小王和两个级牌，还有两炸，但是单牌和对子太多，有明显的缺陷，如果不拆炸弹组顺子的话，手数太多，主攻几乎不可能打赢。通过观察分析牌形，主攻认为，要想取得胜利，必须拆炸弹，组顺子，如下组织牌：

单牌三组3张：大王、小王、♠3；

三带对一组5张：♥Q♠Q♠Q－♠5♣5；

顺子二组10张：♣A－♣K－♦Q－♦J－♠10，♣10－♥6－♦8－♥7－♠6；

炸弹二组9张：♠5－♠4－♠3－♠2－♠A、♥4♥4♦4♣4。

这样组织手牌，大量减少了手数，组成的两个顺子中包括一个最大的顺子，回手的可能性非常大，虽然拆开了四个Q和五个4的炸弹，但仍然组成了两炸，而且包括一个同花顺，对跑牌非常有利。

四是，怎样出牌会造成对方超打或漏打。一般情况下，无论对方是超打还是漏打，都对我方有利——超打会浪费对方牌力，漏打会让我上手。主攻可以根据情况精心设计出牌，诱导对手超打或漏打。比如，自己有大王、小王和两个级牌，在上家出单牌后自己很强势地出级牌，表现出企图上手的样子，诱导下家用大王压级牌，使其打超。再如，主攻的特大牌有一个大王、两个小王、三个级牌，但单牌多。第一轮出单牌时，上家出牌后，主攻直接上级牌，如果下家有大王，往往会漏打。

五是，需要采取什么样的欺骗技巧。比如，主攻的单牌多，在前场出单牌时，主攻有大王，但故意不上，让对手以为主攻没有大王，下轮还发单牌，让自己有机会顺单。

第二节　快速跑牌的原则

主攻以跑牌为第一要务，为了快速跑牌，成功地先把牌出完，主攻要掌握好以下原则。

一、我主沉浮——牢牢掌握主动权

主动权能够左右牌局，使牌局向着对自己有利的方向发展，因此，掌握主动权非常重要。凡牌场高手，都非常重视掌握主动权。相对于助攻来说，主攻掌握主动权显得更加重要。主攻只有快速出牌、多出牌，才能早早把牌出完。更快更多地出牌，就要善于对牌场进行强有力的控制，牢牢掌握牌场的主动权。

掼蛋时，及时上炸能很好地控制局面，但是，炸弹毕竟有限，除过用炸，牌手可以通过以下打法很好地掌握主动权。

（一）通过回手掌握主动权

掼蛋时，主攻要快速减少手数，而发能回手的牌可以掌握住发牌权，对自己尽快减少手数、快速跑牌很有利。因此，掌握主动权，首先是通过发能回手的牌实现的。

主攻出牌后若能用封顶牌回手，就能掌握主动权。用封顶牌回手后，如果对手制止，会耗费一炸；如果对手不制止，就会重新拥有发牌权。比如，主攻有两个大王，出单牌就可以确保回手。

有时，主攻没有能回手的牌型可发，为了使己方掌握主动权，要发对家能回手的牌。对家能回手，发牌权仍在己方手中，对家发牌时可以给自己送牌。比如，自己单牌不能回手，但唯一的大王在对家手中，就可以考虑发单牌，交给对家回手。

如果自己不能确保回手，也不明确对家是否可以回手，就要进行判断，发自己和对家回手可能性大的牌。

发能回手的牌，主攻在一盘初始就要重视，对自己不能控制的牌型，最好不要先发。发不能控制的牌型，等于把主动权让给了敌人，会非常被动。主攻只有在实在没有办法的时候，才发不能控制的牌型。有的牌手担心自己的一些很小的牌不能顺走，会在很早就发这种牌型，一般情况下，这种打法是错误的。这么打牌，既失去了主动权，又给对家传递出了错误的信号，让对家无所是从，对己方十分不利。所以，一般地，不能回手且顺不出去的赘牌要等到后面择机再发。有的牌只要不是最小，有时还可以顺出去，或者到中局后期其他牌手打完了同类型的大牌，一些牌还有可能成为封顶牌。

总之，从通过回手掌握主动权这个角度说，主攻应该按照这样的顺序发牌：先发自己能回手的牌型，次发对家能回手的牌型，再发自己或对家回手可能性大的牌型，后发自己和对家都不能回手的牌型。

（二）通过留对方必会送上手的封顶牌掌握主动权

留下对方必会送上手的封顶牌，当对方出这类牌时，主攻就能封顶，或者上手，或者逼炸。

主攻往往既会有一些能够回手的牌型，也会有一些不能回手的牌型。为了跑牌，有时必须出掉不能回手的牌。一般情况下，主攻出完能回手的小牌后，要择机发不能回手的小牌。出这些牌虽然当轮不能回手，但由于留有其他类型的大牌，当对手打其他牌型时主攻能封顶，所以，主攻可以通过留大牌的办法掌握主动权。例如，主攻有两个大王、一个小王还有一对级牌，而自己手中的单牌并不多，但小三带对和顺子较多，这时，就可以打小三带对或顺子。虽然小三带对或顺子发出去后不能回手，但是，主攻手中有三个王和两个级牌，当敌人打单牌或对子时，主攻就能封顶。

如果主攻的两种牌型都有封顶牌，在选择出牌和留牌时，就要注意先出对手不易送上手的牌，而留下对手必会送上手或送上手可能性大的牌。例如，中局后期，我在主攻，上手后，余牌是：大王、AA、JJJJJ、9、77，大王和AA都是全场唯一的封顶牌。我下家是敌主攻，有一个级牌和另两个较小的单牌，我上家是敌助攻，有一张A和若干单牌。这时，无论我是出对7还是单9，都必能回手，在对手有两炸的情况下，我应该怎么出牌呢？应该出对7，之后，用对A回手。因为对手主攻的牌不整，必出单牌，我的大王能确保压敌封顶。所以，如果先出对7，一般地，在对手有两炸的情况下，我能够获胜。否则，出单9后虽然也能用大王回手，但对手上炸后如果不主动出对子，即使对手主攻有两张以上的单牌，必须先打单牌，一般情况下，我也会失败：如果我不拆对A，对手打完单牌后逐次拆开整牌打单，我必然失败；如果我拆开对A过单，对手就会用级牌管上，之后，对手主攻一直进攻整牌，先逼我下炸，或者对手主攻出单牌时其助攻用A守门，使我的单A用不上，再打整牌，我也必然失败。

如果主攻的两种牌型都有一手小牌，其中一种当时没有封顶牌，只有在出了一手，把对手的封顶牌引下来后，余下的一手牌才能封顶，而且对手不易送上手；另一种当时有封顶牌，而且对手容易或必然送上手，那么，在选择发牌时，就应该发对手不易送上手的那种牌型的小牌，留下对手必会送上手或送上手可能性大的那种牌型的小牌。例如，当盘打10，我主攻，上手后，余牌是：小王、KKK、JJJ、9999、8、66、4444、33。这时，小王是全场唯一最大的单牌，敌K以上的三个头只有一手AAA。对手中有两个大炸，但敌两家的单牌都不至一张。这种情况下，应该发单牌还是三带对？我们分析一下：第一种打法是发单8。虽然我出单8后小王必可回手，但是，这时，我手中只有两个炸弹，对手不但有两个大炸弹，还有可以封顶的三带对，在对手不出三带对或三个头的情况下，我的上手次数不够，必然失败。我们推演一下：我出单8后，用小王回手。这时，对手可炸可不炸。若对手不炸小王，我出JJJ-33，敌用AAA-××封顶。只要敌不出三带对或三个头，我想再发牌，必须用炸，但我和对手都有两个炸弹，我的炸弹不够用。若敌炸了小王上手，我想再发牌，必须用炸，在对手不出三带对或三个头的情况下，我不能把牌出完。第二种打法是发JJJ-33。我出JJJ-33，虽然这一轮不能封顶，但由于对手两家都有两张以上的单牌，因此，我的小王必然有封顶的机会。我有必然可以用上的封顶牌小王和两个炸弹，还有封顶牌KKK-66，只有一手累赘牌单8；敌有两个炸弹。我由于多了一次上手机会，在最后出单8的情况下，必能获胜。我们推演一下：我出JJJ-33后，对手用AAA-××封顶，我上炸，对手回炸。之后，对手出其他牌型时我再用炸，对手再次回炸。但由于对手两家的单牌都有两张以上，因此，我必然能用小王上手，上手后，用KKK-66冲牌，最后出单8，就能成功。

（三）通过可以变化的牌掌握主动权

主攻的牌型如果变化小，要不上的牌型就较多，就很容易失去主动权，因此，主攻留牌时，要留牌型富于变化的牌，尽量不要把牌打成没有变化、尤其是牌型过于单一的牌。实战中，我们经常会遇到这样的情况：某家打对子，主攻的对子不是太多，也不能封顶，但还要跟着过，一直把对子跟完。后面，当有人再打三带对时主攻竟然要不上了，后悔莫及。所以，当主攻的对子远远少于三头时，应当留下一两个对子，这样，牌型就有变化，无论别人再打三个头还是打三带对，都可以有效顺牌。

如果主攻有两手以上的封顶牌，一手是没有变化的死牌，一手是有变化的活牌，在选择出牌和留牌时，就应该出没有变化的死牌，而留下有变化的活牌。如果先出没有变化的死牌，即使对手上炸，因为留下的牌还有变化，主攻仍有赢牌的可能；而如果先出有变化的活牌，万一被对手炸掉，留下的死牌没有变化，应付不了很多情况，主攻赢牌的可能性会很小。比如，当盘打Q，当敌还有一个小王时，我的牌是：QQ、999、888、5555。QQ和999–888都是封顶牌，在对手还有两炸的情况下，我应该先出什么呢？应该先出999–888。出999–888后，对手上炸，但由于我手中还有两个QQ，牌型可以变化，既能应付对子，也能应付单牌，还有赢牌的可能：如果对手出对子，我上对Q就能赢牌；如果对手出单牌，我拆开对Q顺单，只要能上两次单Q，也能赢牌。如果我不先出999–888而先出QQ，一旦被炸，很难有人会送双飞，而999–888的牌基本上没有变化，既应付不了单牌，也应付不了对子，即使有人送上三头，也难以封顶，当对手还有一个比5555大的炸弹时，我不能用5555冲牌，必输无疑。

二、高举旗帜——早向对家发信号

玩掼蛋游戏贵在配合。主攻在跑牌时，往往需要对家的配合，只有配合得早、配合得好，才能发挥出集团优势、团队合力。二人要配合好，就要及早确定各自的角色。确定各自角色的关键就在于主攻及早发出信号，以表明态度。主攻早早地表明了态度，对家只要不与主攻抢着跑牌，自然就知道他自己是助攻了。

为了确定好主攻助攻的地位，让助攻配合好主攻，无论是在一盘的什么阶段，如果牌手实力较强或者非常强大，觉得自己有相当大的把握或者有完全的把握进行主攻，那么，就要及早向对家发信号。

很多时候，在开局时对于自己能否主攻成功，牌手并不会有绝对的把握，但这时，如果觉得自己的牌较好，主攻成功的可能性大，也要敢于决断。

有时，在中局后期，对方已经没有什么实力了，好像自己和对家都能跑掉一样。但是，这时大家的牌都很少了，有时对方的形势还会相当微妙，因此，即使对方的实力很弱，进攻也要有主有次，主次分工。这时，跑牌把握大的牌手要及时向对家发信号。甚至有时，有的牌手已经具有绝对把握、仅靠自己一个人的实力就能把牌跑完，那么，他就更应该坚定而明确地向对家发出跑牌信号，必要时要敢于把主攻任务“抢”过来，以免对家犯错误。

为了向对家传递信息，表明自己的态度，主攻需要发两个方面的信号。

一是，主攻发出进攻的信号，能够让对家明白主攻的实力和进攻的想法，避免两个人抢着进攻，空耗实力的局面。

二是，主攻在进攻时，常常需要对家的支持，早早发出长项牌型信号，会让对家配合时有的放矢，配合得密切、高效。一般来说，主攻发长项牌型的信号越早越好。

实战中，主攻早发信号非常重要。如果主攻能早早发出信号，对家就会全力配合；而如果主攻的信号发不出来，对家就不知道该如何打，对手就会趁机过牌，甚至过很小的牌。

人们把向对家发长项牌型信号的打法叫“发信号”，把打出的信号牌叫“信号弹”，说发这一手牌是“发信号弹”，这个比喻十分恰当而形象，充分说明了主攻发牌引路的重要性。主攻如果需要对家送牌配合，一定要善于发信号。

可以说，主攻发出的信号如同队伍的集合号一样，集合号吹得越早，队伍集合在一起的时间就越早。主攻发出的信号还如同黑夜中航船的航向灯一样。航向灯为黑夜中航行的航船指明了方向，有了它，航船就不会选错路线。航向灯挂出的时间越早，航船发现目标就越早，走的弯路就越少。总之，打牌时，主攻发出的信号越早，和对家的力量凝聚到一起的时间就越早，出错牌的可能就越小，打败对方的可能就越大。所以，主攻方要善于发信号、尽早发信号。

三、混水摸鱼——牌情不要早暴露

掼蛋时，双方都会重点防着敌方的主攻，力争不让敌方的主攻顺牌、封顶，所以，主攻为了避免遭受重大打击，除非为了使对家配合发优势牌型，就不要把自己的情况早早暴露出去，这样才有可能混水摸鱼，多顺牌、多封顶。

第一，开局之初少发三头或对子。在开局之初，当自己的优势牌型不明显，不是很需要对家送牌，而又必须打出一些小牌时，可以发单牌、三带对或顺子，不要发三头或者对子，以免让对手判断出我的对子或三头是短项。

第二，在最后冲刺前尽量不要使余牌过少。牌少自然明，比如八张牌，对手一般可以大胆地进攻三带对或者顺子。

第三，在既可暴露又可不暴露实力时，不要把实力早暴露出来。当自己要从两手牌中选一手牌出时，如果这两手牌都可以起到同样的作用，为了对对手隐藏实力，宜出大牌。比如全场只有一个大王和一个小王，都在自己手中，如果对手出单，一般情况下，我都要出大王。出大王后，对手可能判断不出来小王在谁手中；而如果出小王，对手必然能判断出来大王在我方手中。

第四，在同样的情况下，可以先打出去收贡或收还贡的牌，以避免别人记更多的牌。例如，当盘你收贡，收的是级牌梅花8，如果要用级牌压别人，当你的梅花8和方块8的用处相同时，应该先打梅花8，让别人弄不清楚你手中级牌的情况。再如，收还贡是黑桃4，你手中本来还有一张红桃4，这两张4的用处相同，在打包括4的顺子时，可以打出黑桃4，不让别人算准红桃4在哪里。

主攻不仅要借混水而摸鱼，有时，还要故意把水搅混，让敌人判断不清楚情况。比如，明明自己有大王，在打单牌时就是不压对手的级牌或小王，让对手误以为大王在其对家手中，下轮继续发单牌，让我顺牌。再如，自己已经没有单牌了，但有两个三头和三个对子，其中包括AAA，由于前面考虑发三带对需要用AAA-××回手，因此没有拆开A单出。后面对手打单牌时，我可以突然出一个A，让对手弄不清楚我是几个A拆的牌，为了防止我再过单A，对手很可能改变牌型打对子，这样对我更有利。

四、顺水推舟——手数不够拆牌过

有时，主攻需要顺走一些大的整牌才能够手。如果对手出的牌型恰好是主攻需要顺走的整牌，那最好，但往往对手出的牌型不是主攻需要的整牌。当对手出的牌型不是主攻需要顺走的整牌时，如果主攻能拆牌多次顺走，那么，主攻可以考虑把整牌拆开，多次顺走。这样打牌，虽然道路曲折，但最终需要自己走的手数还是减少了，同样可以达到有效顺牌的目的。

我们常常看到主攻拆对A、对级牌顺走的情况，有时，还需要拆对K甚至更小的对子顺走。如果是三个头，有时需要拆成单牌和对子顺走，甚至有时需要把三个头拆成三个单牌顺走。

需要特别注意的是：如果主攻同种牌型较多，需要用大牌封顶回手，那么，就不要拆开大牌，以免破坏大牌的封顶功能。比如，主攻的对子特别多，中局后期，对手还有一个级牌，主攻手中的牌是AA、KK、JJ、9999。对手如果出单Q，主攻是该拆对A呢，还是该拆对K？一般情况下，应该拆对K，保留对A，因为一旦主攻被迫用炸，出JJ后还可以用AA回手。再如，主攻手中的牌是：AAA、QQQ、JJ、777、4444。当AAA能够封顶时，最好不要为了使自己少一手牌而过一个单A。那样的话，如果对手还有三个K，主攻就不能成功冲牌，必败。如果不拆AAA，被迫无奈时，主攻上炸，打出777（-JJ）后用AAA（-QQ）回手，就能成功冲牌。

在中局后期，尤其是残局时的拆牌还有一个小技巧，在敌方一直出单牌或对子的情况下，主攻如果必须拆整牌和连牌，要早拆。早拆的话，如果对手单牌或对子多，主攻有可能会控制住；如果不拆，对手一直打单牌或对子，尤其是对手还可以拆出单牌和对子打，主攻不拆不行，最后被迫拆牌时可能会来不及控制住对手，导致输牌。例如，当盘打9，主攻的余牌是99、7-6-5-4-3，对家无王，对手有一个王。如果敌人出单牌，主攻要早拆9。早拆9，虽然对手可用王管上主攻的9，但如果对手还有单牌必须再出，那时，主攻可以用余下的9上手，出完牌；如果一直不拆，对手始终打单牌，到最后再余一张单牌时，主攻再拆9就来不及了。

五、受困好救——余牌容易被送走

主攻进攻受挫不能把牌出完时，尤其是最后冲牌时被敌拦住，余下一手牌，自己没有实力再上手时，要想走成功，就需要别人送走——主要是靠对家送走。在实战中，主攻剩下最后一手牌时，助攻也多会尽力送牌。这种情况下，主攻要想先走成功，余牌就要能够被送走。

如果主攻的余牌不能被送走，不但前面的进攻会白费，而且可能导致后面对家为了给主攻送牌而出错牌，不但空耗了对家实力、徒劳无功，甚至会让对手过很多牌，不但无益，反而有害，有时会让对方把输牌打赢，甚至有时会使对方已无任何希望的牌绝处逢生，并最终获胜。

为了在出现进攻受挫，尤其是最后冲牌失败，自己被对手所困的情况下，自己余下的牌容易被送走，主攻就要在出牌过程中预先筹划，在最后留下容易被送走的牌。

主攻要想让对家正确送牌，首先就要让对家知道你的牌型和大小。余牌越明朗，对家越容易送出正确的牌。在实战中，往往有这样的情况：明明自己的牌能够被送走，但是，由于没有打明，对家不知道该怎么送，结果最后耽误掉了。所以，要想让对家送牌，必须尽量把牌打明。把牌打明包括把牌型和大小打明两个方面。

把牌型打明要注意两点。一是，牌数越少，牌型变化越小，牌型越明。例如，主攻上手后，要在单大王和三个级牌中选择，无论出哪一手牌都能封顶，这种情况下，就应该选择打出三个级牌，留下单大王。留下单牌，对家肯定知道送单；如果留下三张牌，对家可能不敢肯定是否为一手牌。二是，同一数量的牌，牌型种类越单一，牌型越明。例如，主攻上手后，要在大对子和大顺子中选择，就应该打出大顺子，留下大对子。在只有一手牌的情况下，留下大对子，对家当然知道送对子；而如果留下大顺子，对家可能会在三带对和顺子之间犹豫，弄不清楚到底是什么牌型。

牌的大小是否明朗，要根据打牌过程的情况看对家是否清楚。例如，中局打单牌时对家用小王上手，一般情况下他会判断出仅有的一张大王在我手中，最后留牌时，留下大王，对家是十分清楚的。

有时，虽然余牌的牌型已明，但也有可能送不走。什么情况下余牌难被对家送走、甚至不能被对家送走呢？作为主攻，如何避免这些情况？

一是，余牌太小。不能被送走的情况多发生在余牌太小时。对家送牌必须经过对手时，会增大送牌的难度，有鉴于此，主攻留牌时，余牌一定要大，尤其是留单牌，要相当大才行。有时主攻留下一个单张，但太小。对家多次送牌，都被对方成功守门，挡住主攻。所以，主攻跑牌时，最好不要把过小的牌尤其是小单牌留到最后，要尽量留大牌。尤其是，如果主攻留的是单牌，一定要留非常大的单牌，尽量留唯一的封顶牌。因为单牌最容易被上家控制，如果单牌不是太大，上家可以阻挡多次。

二是，对家手中没有相同的牌型。有时，虽然自己手中的牌较大，但是，对家没有这种牌型，这也会形成余牌难被送走的情况。所以，为了方便对家送牌，要选对家容易有的牌型。在除过炸弹的所有牌型中，单牌最容易有，其次是整牌对子、三头、三带对，最后是连牌：顺子、三连对、双飞。主攻在留牌时，排除大小因素，能留单牌就不要留整牌；能留整牌就不要留连牌。比如，自己必须有一手牌被对家送走，如果是在三带对和单牌中选择，当同样有利于对手或同样不利于对手时，就应该选择留单牌。

有时，主攻能够根据行牌情况判断出对家没有什么牌型，在留牌时就要注意不要留这种牌型。例如，对家要不上对方很小的三头和三带对，当我在留顺子和三带对之间选择时，就宜留顺子。

有时，虽然自己留的牌型常见，但也有可能对家没有。例如，自己手中留下了AAA-QQ，但对家没有三带对。万一出现对家因没有同种牌型送主攻的情况时，主攻可以考虑破坏牌型结构，拆开分多次出牌，以便能被对家送走。比如，主攻有一手三带对，对家上手后送牌，由于他没有三头，因此，只好送对子，这时，主攻就要考虑用破坏牌型结构的办法，把三带对的牌拆成两个对子和一个单张，分三次走掉。

在实战中，有时，我方主攻担心对方过牌，手中的小牌或连牌迟迟不敢打，等到后面想打的时候却被对方制止住了，结果，余下了谁也送不走的牌。这样打牌往往会让人感到很窝囊：明明知道余牌是什么，对家也有很强的实力上手，但就是送不走主攻。所以，一般情况下，主攻留牌时还是要以余牌能被送走为原则，在留牌时，要留明朗化的牌，留大牌，留常见的牌型，留对家有的牌型。

特殊情况下，如果主攻能判断出对手尤其是敌主攻必会出不大的单牌，那么，也可以留下必能顺走的大单牌，让对手主攻在出完牌前先送走自己，那样最好。比如，我主攻的上家是对手主攻，他还有两个小单牌没有出，我主攻最后留了一个级牌，对手主攻在出完牌前必将在劫难逃、送走我主攻。

由于上家必定会在对家送牌时进行阻拦，因此，如果主攻最后留的牌是上家没有的牌型，或者有但牌太小拦不住，那么，上家要么无牌可拦，要么被迫用炸，对送走主攻非常有利。所以，在明确了上家的牌型后，主攻可以留上家无牌可拦的牌型。比如，上家没有大对子，主攻留了一对A，就非常容易被对家送走。按照这一原则，主攻留了这样的牌型后要注意不要无谓地拆牌，以避免拆成上家可拦的牌型。实战中，就有一些牌手本来留的牌型上家无牌可拦，对家也有牌可送，但他却把牌拆开了，使上家变得有牌可拦，最终导致失败，非常可惜。在一次比赛中，北家手中有一对级牌，东家手中有全场剩下的一个大王和一个小王，南家上手送对子后，东家用五头炸制止，上手。东家出单10，北家想了一下，觉得东家可能单牌较多，就拆出了一张级牌，结果被东家大王封顶。其实，东家手中的单牌仅剩下了小王和A。这时，虽然南家还有全场最后一个炸弹，但送不走北家了。东家把整牌出完后，最后用小王冲牌，南家被迫上炸，之后把自己手中最大的牌对K拆开送牌，结果被东家顺走了单A，东家成了头游。

六、不做嫁衣——单牌顺子要少留

在所有牌型中，单牌最没有变化，要出只能一张一张地出；其次就要算顺子了，顺子要变化牌型，只能拆单出，而且拆出的单牌多达五手，因此，它的牌型变化灵活性非常差。在后半场，主攻手中如果有这样的牌，当对手主攻也有这样的牌时，会非常为难：出吧，要送对手；不出吧，又没有变化或变化太小不能拆开出。因此，对于单牌和顺子，主攻要少留：单牌最多留一张，中小顺子宜早出。

（一）单牌最多留一张

在中局后期，常常会出现这样的情况：对手主攻还有一张大单牌，而这时我方主攻还有两张小单牌，如果对手主攻在我下家，那么，我无论怎么走、无论实力有多强甚至炸弹有多少，自己都必会把对手主攻先送走。如果对手主攻在我上家，除非我对家能用封顶牌或炸弹守门，我也会把敌主攻先送走。这种情况下我方主攻会被迫为敌方主攻做嫁衣。如果我方在还有实力、本可打赢时出现这种情况，会认为自己没有早打单牌是严重错误，会强烈自责为什么不早打单牌，使单牌最多只留一张呢？这样输牌，牌手会感到输得非常窝囊。

虽然说我方主攻可能送走对手主攻的情况不只是单牌，比如，对手主攻留了一个大对子，我方主攻满手都是小对子。但别的牌型有这样的情况相对较少，也较难防备。更重要的是，当我方主攻所留的其他牌型和对手主攻的牌型相同时，我方主攻还可以通过调整变化牌型进行挽救。而一旦出现了单张必送对手主攻的情况，我方主攻就没有任何办法挽救了。

为了不给对方做嫁衣，主攻要切忌单牌过多必会送走对手的情况发生，在留单张牌时注意不要超过一张。

主攻有两张以上的单牌时，一般地，应该在前半场出掉一些单牌，使单牌的数量只剩一张或者没有单牌。当然，如果有其他特殊情况，也可以考虑在前半场不出单牌，但一定要时时注意防止某位对手出牌后只剩一张牌或者一张牌和一两个炸弹，必会被我送走的情况出现，在适当的时候，主攻要出掉一些单牌，把单牌打得最多只剩一张。

（二）中小顺子宜早出

到后半场，如果自己有一个中小顺子，尤其是小顺子，往往难以调整，当对手主攻方仅余五张牌时，是否打出顺子，就是一个难题：打出吧，害怕自己把对手送走；不打吧，害怕冲牌不能成功。即使自己冲牌成功，也存在自己是头游，把对手送走成二游，或者自己是二游，把敌人送走成三游的情况。因此，如果主攻有中小顺子尤其是小顺子，要在适时的时候先打出顺子，最好不要等到冲牌前后。例如，我方主攻手中有炸，有三带对，有小顺子，对手主攻手中余牌十张。如果我主攻先出小顺子，即使对手顺走，余五张牌，由于我手中是三带对，也容易调整。而如果我主攻先出三带对，对手顺走后余牌五张，我手中的顺子又不能拆，将会十分为难。

为避免给对方做嫁衣，送走余牌仅剩一个顺子的对手；或者避免到最后阶段对手余牌五张时我主攻难以决策是否该出中小顺子，主攻要在适当的时候发出中小顺子，一般不要留到最后。

第三节　阻击对方的要领

主攻虽然以跑牌为第一要务，但攻防是相辅相成的，只有把对方成功地防住了，不让敌主攻跑成头游，我方主攻才有机会跑成头游。如果没有防守好，把对方放走了，那我方主攻也就失败了。主攻只有在防御好的基础上，才能保证自己先于对方把牌出完。因此，主攻在进攻的过程中，仍然要注重防敌。

一、最好攻防兼顾

主攻以进攻为主，但进攻并不总是与防守完全矛盾的，有的时候，进攻无法与防守兼顾，但很多时候，进攻可以兼顾防守，因此，主攻要有防对手的意识，在进攻过程中，能兼顾防对手时最好兼顾防对手。

首先，主攻在出牌时不能只顾进攻，不顾防敌，既要看怎么有利于自己尽快把牌出完，又必须尽可能地防止对手顺牌。

只顾进攻不顾防对手的做法有可能直接把自己打败。比如，东家和北家是各方的主攻，北家手中还有五张牌，能够判断是一个较大的三带对，东家也是满手的三带对，那么，作为东家，该发什么牌呢？虽然东家发三带对出牌最快，能使余牌的手数最少，但是，这时，东家绝不能发三带对。其道理再简单不过了，如果东家发了三带对，北家就会立即把余牌顺完，头游胜出。东家已经失败了，即使余牌手数再少，也没有任何意义了。

实战中，很多时候，对方只需要过一手牌就能冲牌成功，这种情况下，只有防守得好，才能把对方打败。例如：当盘打3，中局后期，全场无炸，已经落地两个大王、一个小王，我方主攻的牌是3、A、Q，我的下家是对手主攻，其牌是大王、K、6。这时，我的上家因为大王在其对家手中，发出了单牌J，那么，我应该出哪张牌？单纯从进攻的角度讲，我方主攻应该先出最小的Q，但这样对手主攻顺走K后，再以大王封顶上手冲牌，就可获胜。所以，这种牌，要防敌，不能先出Q，而应该先出A。先出A，让对手主攻不能顺走A以下的牌，无论对手是否上大王，我都能先于敌主攻出完牌。

实战中经常会遇到这种情况，自己和对手都有一炸，都有两手牌，但敌炸大。如果我先出大牌，对手不能顺牌，我会打败敌；如果我先出小牌，对手顺过一手牌后用大炸上手就能先出完牌，打败我。遇到这种情况，我进攻时就要重视防对手，先出大牌。

其次，防止对手主攻顺牌时，如果必要，我方主攻还需要拆牌。比如，某盘打5，我是南家，当主攻，对方东家在主攻。当东家接连出了两个相同的顺子J-10-9-8-7后，报牌七张。为了防止东家跑掉，这时，我上了四个6的炸弹，东家犹豫了一会，允许我发牌。我手中的牌是：大王、AA、KK、Q、8888。这时，东家只剩七张牌了，西家没有什么力量，不足为虑。通过战斗的进行情况可以作出如下判断：（1）东家的这七张牌只可能是一个单牌、一个对子和一个四头炸。（2）东家的炸肯定比我的炸大。（3）东家手中的对子是级牌5。（4）因为东家一开始就出掉了很多单牌，所以，这时东家的单牌肯定是上两手刚刚出过的顺子拆下的单牌，这张单牌肯定没有Q大。（5）西家没有K以上的牌。事实上，东家手中的牌是：55、QQQQ、9。东家希望过一手牌后再用炸弹冲牌，因此没有上炸，允许我发牌。这时，我应该怎么出牌呢？

其余两家没有力量，东家希望能过对5。东家明知我有一个大王，因此，一般情况下不敢拆对5。因为东家一旦拆对5，手中就会有两张单牌和一个炸弹，我再出对子，东家就没有办法了。这时，我只能耐心地出单牌，让东家无法顺牌。

正确的出牌顺序是：先发一张Q。因为东家有两个5，所以，我手中5以下的单牌不能超过两张，出单Q后，我手中的牌变整，仅有一张封顶的单牌大王。出了Q之后可能会遇到两种情况：（1）东家拆一个5过，那么，我用大王上手，再出对K、对A，就能打赢。（2）东家不要，那么，我继续出单K。如果东家这时拆开对5，用单5压我的单K，那么，我就用大王封顶，再出对A，必赢。如果东家不拆对5压K，我就再出单K，也必能赢牌。

如果不依照这个原则发牌，在手中除炸弹外还有两手以上的牌时，只要出上一对，东家就会顺走对5并封顶，把我打败。所以，这种情况下，只要我不出对子，使东家顺不走对5，就一定能够打败他。

需要注意的是，主攻以先跑完牌为第一要务，因此，主攻的防守是在进攻时兼顾的防守，防守只是主攻先跑完牌的手段，主攻的最终目的还是要先跑完牌，不能因为防守而影响了进攻。

二、要有主次选择

主攻在防对手时，对两个对手的防范要有主次之分，要有重点，这既要看对手主助攻是谁，又要看上下家是谁。

从防对手主攻助攻的角度讲，对对方的主攻，要严防死守；对对方的助攻，可以适当放松。

从上下家的关系上讲，由于上家出牌主攻顺牌的可能性大，因此，当主攻企图顺牌时，可适当放松对上家的打击，加强对下家的打击。当然，如果上家出牌危险，也是要严防的。

如果对手主攻在我方主攻的上家，防守敌主攻时，我方主攻的对家还有一道防线，我方防对手的责任要轻一些。这样的话，我主攻需要顺牌时就可以相对大胆地顺，把防守的责任交给对家。如果想留着大炸最后冲牌时用，也可以稍稍保守一些，适当放过一手，让对家炸敌主攻。

如果对手主攻在我方主攻的下家，那就要注意严防。一是，我方主攻出牌时要注意守门，不要让对手顺牌太多，同样的情况下，要多考虑如何对下家顺牌不利。二是，在该炸下家时，如果对家没有上炸，必要时，主攻要上炸。

三、大量减少余牌

我方在防对手主攻，对手也在防我方主攻，我方主攻的余牌越少，对手对我方主攻防得越严，不但会加强打击，而且在出牌时会顾忌很多，很可能会打乱对方的计划。所以，如果主攻先顺走一些牌的希望较小，一时难以够手冲牌，那也可以先用炸上手，大量减少余牌数量，即使留的牌不止一手，也会加重对方的负担，让对手感到压力很大。

我余牌数量较少时，对手很有可能被迫炸超。例如，中局后期，我出中小顺子后余牌为五张，是两个对子和一个单张，但敌不知道，他们害怕我是三带对或更大的顺子，既担心我的顺子封顶后一手把剩下的五张牌出完，又担心用较大的顺子管住我后我可用顺子回手，把余牌走完。这种情况下，对手很可能会用炸，尤其是下家有可能会在其对家可以管上的情况下用炸，这会浪费对方的实力。而且，我的余牌不多时，如果是一手牌的数量，对手在出牌时会顾虑我是否会顺走，这常常会对他们出牌不利。

尤其是，如果我的余牌只有一张时，对手不敢轻易出单张，我对家出小单张则无所顾忌，对手只能用大牌阻挡，我对家出赘牌对手不敢顺，等于出了大牌，根本不用考虑防敌过牌，而且敌还要严防我。当上家是对方主攻，他的余牌中有两张以上的小单牌时，必然会送走我。即使下家是对方主攻，当他的单牌有两张以上时，即使把一张单牌留在最后，前面出单牌时，也往往会逼得其对家用最大的单牌守门，甚至用炸弹守门。就算敌主攻的单牌只有一张，往往也会逼得敌用封顶牌或炸弹冲牌，把单牌放在最后，但那样打牌会冒很大风险。

所以，我方主攻的余牌数量较少时，往往会打乱对方的部署，浪费对方的大牌和炸弹，给敌造成很大的压力。这样，在中局后期，必要的时候，我就不要等到够手再冲牌，可以先上手出一些牌，使余牌的数量变得很少。例如，我手中有一大炸，一个三带对，一个单张，在敌和对家都不送我顺牌时，我可以出大炸上手，发三带对，余一张牌，对敌形成巨大压力。

第四节　照顾对家的诀窍

掼蛋时，同一方两位牌手共同的名次决定胜负和成绩，所以，为了取得最好的成绩，主攻在打牌时还要照顾对家。尤其是在自己牌好时，要注意把牌力发挥到极致，消耗对方实力，替对家减轻负担，给对家创造更多的出牌机会，帮对家取得较好的名次。

一、照顾对家的原则

掼蛋时头游决定胜负，主攻的第一要务是争取头游。在对方主攻已经取得头游时，须防对方助攻取得二游，我方主攻要力争二游。因此，主攻不能为了照顾对家而影响自己的名次，不要弄巧成拙，尤其是不能让自己的大牌和炸弹饿死。这是主攻照顾对家的第一原则——不影响自己的名次。

主攻和对家为同盟，二人的名次共同决定成绩，在主攻已经取得头游或二游的情况下，对家的名次越靠前，成绩越好。因此，在打牌过程中，只要有机会，能照顾对家时，就要照顾对家。这是主攻照顾对家的第二原则——能照顾时尽量照顾。

二、照顾对家的方法

主攻照顾对家的方法主要有两个，一是更强大地阻击对方，二是给对家创造更多的出牌机会。

（一）阻击对方的力度更大些

主攻在力量强大时，在保证不会影响自己名次的情况下，要多消耗对方的大牌和炸弹，更好地打击对方，为对家扫除障碍，减轻对家的压力，最后一手牌最好出封顶牌或炸弹，为对家留风或引敌下炸。

主攻在最后如果余牌全部为炸弹或者有大炸弹必能冲牌成功时，要择机炸对手，不要空出炸弹或炸对家，要发挥出炸弹的功效。例如，主攻出三带对后，余牌为一炸，但三带对被下家管上后，对家又管上了，主攻如果炸对家，明显浪费，这时，就要等机会炸对手，以减轻对家的负担。

主攻在牌力足够强大，保证不影响获得头游时，可以把一手封顶牌拆成多手封顶牌出，更多地消耗对方的实力，浪费对手的炸弹。例如，主攻上手后，手中有两个大王和一个同花顺，明明先出一对大王有利于快速跑牌，但为了浪费敌人的炸弹，先出一个大王，逼敌上炸，尔后再用同花顺炸，最后再出大王逼对手炸。有时，甚至可以把五个头以上的炸弹拆开，先打出单牌，用封顶牌回手浪费对手的炸弹，或者诱敌上封顶牌后自己上炸。例如，主攻封顶牌上手后，余牌还有一个五头炸。这时不发炸弹，而是拆开五个头，发出一张单牌。发出单牌后，对家接牌，等对手封顶后，我再上四头炸。这样可以帮助对家消灭掉对方一个封顶牌。

（二）给对家创造更多的顺牌机会

当对手主攻牌不强，未形成冲牌时，如果我方主攻余牌是一炸，可以不急着上炸先走，而是看看能否让对家顺一些牌，乘机再炸。比如，主攻只有一个大炸弹时，下家封顶或上炸后并不出炸，而是让其上手，看能否让对家顺一手牌，然后自己再择机出炸。再如，主攻有一个很大的炸弹和一手牌时，对家给自己送牌，不接对家，让其再走一些牌。

三、照顾对家的窍门

为了消耗对方的实力，不浪费自己的炸弹，主攻在照顾对家时，有一定的窍门。

（一）不要余成四同牌炸弹

当主攻有四张牌时，很多情况下，敌方是不会炸的，因为如果四张牌是一炸，在敌方不能冲牌成功的情况下，炸了也阻挡不了主攻取得头游；如果四张牌不是一炸，那就不是一手牌，不炸也一手走不完，因此，人们经常说“炸不打四”。因为主攻手中最后余四同牌炸弹往往吸引不了对方上炸，所以，主攻要想办法避免把余牌打成四头炸弹。

比如，当手中有四头炸和同花顺时，不要先出同花顺，而要先出四头炸，造成冲牌假象，骗敌上炸。有时，甚至对方出了大于你四头炸的炸弹，你也不要用同花顺回炸，可以再等一等，先上四头炸。

（二）示意对家走牌

有时主攻的牌力很强，手中会余下一炸，但对家有可能为了不影响主攻，能走牌时也不敢走。这种情况下，主攻要想办法让对家知道自己的实力很强，可以先主动下大炸，尔后再出一手牌，示意对家自己余下的牌就是一个炸弹，让对家放心大胆地走牌。

例如，某盘，东家炸多牌整，实力强，是主攻。西家炸弹少，但有三个王，单牌全能控制住。中局后，西家还有全场唯一的一个王，双方单A以上的牌都比较大了。东家炸弹较多，上手后，余牌是A、QQQQQ、♦J-10-9-8-7。此牌东家应该发哪一手牌？如果先出单A，对手没有大过单A的牌，不接，对家为了不影响东家的进攻，也不会接，东家只好空扔两炸，浪费。如果先出QQQQQ，万一被对手控制，有跑不掉的风险。因此，这手牌，东家应该先空出同花顺。东家出了同花顺，大家都会认为余牌肯定还有比这个同花顺大的炸弹，谁都不会上炸。尔后，再出单A，这时就是明确告诉对家要接牌了。

第五节　运筹出牌的方法

主攻以自己先跑完牌为要，因此，要不断出牌，快速减少手数。同时，主攻要对敌进行遏制阻击，以防对手出牌过多。主攻出牌的很多技巧本身就要求对敌形成遏制，而且，打击对方本身也是一种出牌策略，所以，主攻的出牌和阻击对方是相辅相成的。主攻照顾对家时，有时也需要出牌。为了更快地跑牌、更好地阻击对方、更好地照顾对家，主攻在出牌时要注意各种技巧。

一、主攻的发牌

主攻打牌最主要就是奔着快速跑牌去的——先于对手把牌出完。发牌是主攻出牌的重要方式之一，主攻的很多牌都是以发牌的形式出掉的。但是，敌我之间的斗争是复杂的，发牌时只想着跑牌往往反而不能先把牌跑完。为了最终能把牌早早跑完，主攻在快速跑牌的同时还担负着防对手的责任，因此，发牌的同时，还要注意不利于敌过牌，并且有利于自己下一步跑牌。所以，主攻发牌的技巧并不简单，如何发牌，大有讲究。对主攻来说，发牌水平的高低是成败的重要因素，主攻必须掌握好发牌技巧。

（一）发敌人要不上的牌

发对手要不上的牌，既能够达到自己跑牌的目的，又可以很好地防止对手尤其是对手主攻多走牌，或者迫使对手下炸。

在一盘的前场，当我方主攻还未充分暴露时，发出对方要不上的牌，这时敌可能不会炸，主攻能快速减少手数，为冲牌做准备。如果在一盘的后场，主攻已经明显暴露，再发敌要不上的牌，敌多会下炸阻止主攻再次出牌。

发对方要不上的牌时，要特别注意以下两点。

第一，某种牌型的大牌对方要不上，不等于同种牌型的小牌对方要不上。比如，有的对手要不上大对子，但却非常想过小对子。

第二，一开始对方不要某种牌型，并不等于到后面对方仍然不要这种牌型。对方决策出牌时会根据情况的变化和当前的形势设计打法，决定如何出牌，因此，虽然前面对方没有要某种牌型，但到后面，当情况和形势发生变化后，对方可能会要这种牌型。比如，有时，对方虽然有三个级牌，但在一开始，没有用三个级牌压我方的大三头，那往往是敌主攻当时想保存实力，为持久作战做准备。有的人看到敌人连QQQ都不要，本来发其他牌型更保险，就简单地以为敌人要不上大的三个头，结果一出AAA，正好被对手主攻封顶。有时，对手主攻在前面认为不用顺某种牌型，到后面，形势发生了变化，又需要顺某种牌型了。甚至还会出现前面因为决策错误而没有要牌，到后面发现了错误而要牌的情况。

另外，有的对手主攻还可能在前面故意示少而没有要某种牌型，其实非常想顺这种牌。

以上两种情况需要主攻特别注意，发敌人不要的牌型时看怎么发最保险。

（二）发自己或对家能回手的牌

如果搞不清楚对方是否需要某种牌，可以发自己能够收回来的牌。比如，主攻的牌除炸弹外有：大王、1010、888、77、5，无论发单牌、对子、三头还是三带对，对手都有可能要过牌，但是发单5主攻能收回来，这时，就可以考虑发单5。发单5后，大王能回手，对自己有利。

如果可发的几种牌型自己都收不回来，那么，可以考虑发对家能够收回来或者收回来可能性大的牌。随着牌局的进展，往往能够准确判断出或基本上能判断出有的大牌在哪一方手中，如果某种牌型的封顶牌肯定在对家手中或者在对家手中的可能性大，主攻就可以考虑发这种牌型，使发牌权仍然掌握在己方手中。

（三）发长项牌型

如果主攻的某种牌型是长项牌型，就需要出多手这样的牌。而且，早早发出长项牌型，对家在配合主攻，发牌送主攻时会非常明确，精准送牌。

如果长项牌型中有大牌，主攻发出自己的长项牌型后，在同一轮中，还有可能再次甚至多次顺牌，最后还可能封顶。

这样的话，主攻能跑得更快。比如，当盘打4，主攻手中多三头，共有五组：444、KKK、101010、666、333。发333后，主攻既有可能顺走101010和KKK，又很有可能用444封顶。

很多时候，我们判断不准别人会送什么牌型，这就需要把手牌调整成容易顺走其中一手的情况，而不要把牌打得过死。如果主攻手中有两种牌型，其中一种牌型有一手，另一种牌型有两手，为了容易顺走一手牌，这种情况下，要发长项牌型。发长项牌型后，会留下两种牌型，这样无论别人发两种牌型中的哪一种，主攻都能顺走一手牌。例如，主攻上手后，还有一大炸，但手中有两张单牌、一个对子，这时，就应该发单牌，留下一个单牌和一个对子，这样，无论别人发单牌还是对子，主攻都能顺走一手牌，满足冲牌条件。

（四）发小牌

如果主攻有一些较小的牌，很难顺走，那么，为了跑牌，主攻必须发这些小牌。反过来说，如果不及时发这样的牌，等到最后冲牌时被敌遏制，主攻可能就跑不了了。比如，非常小的单牌，如果不及时发，剩到最后，可能谁也送不走。

一般地，6以下的小牌，主攻顺走的可能性很小，因此，这些牌一般要靠主攻自己发。7到10的中等牌，主攻顺走的可能性相对也不大，尤其是单牌，因此，这些牌往往也需要主攻发。当然，最小的牌谁也送不走，如果不是为了留砣牌，最小牌必须由主攻自己发。

为了快速减少手数，当主攻手中还有多手相同的牌型时，要发小牌。发小牌后，对方可能为了顺牌或打持久战，有可能管牌不会太大，主攻还有机会再顺走一些牌。如果发较大的牌，对手有可能判断主攻这种牌型不多了，必然会用大牌管甚至封顶，或要管住牌的话被迫用大牌甚至封顶牌，那样主攻就顺不走牌了。例如，主攻手中还有三个对子：KK、QQ、44，如果发中间的对子QQ，敌人要拦，必然要用K以上的对子拦。而如果发44，对方判断不清主对手中对子的情况，很可能会认为主攻有很多小对子，对手有可能为了保存实力打持久战而出10左右的对子先试一试，尤其是对方需要过对子时，这样主攻再顺走一个大对子的可能性就大多了。

（五）发连牌

有连牌时，有时主攻会担心早出被敌人压住的可能性大，因而迟迟不出连牌，企图到最后再出，那时，连牌封顶的可能性会很大。一般情况下，这是对的。但在有的牌局，主攻的炸弹少，却有大炸弹，到最后，主攻往往需要用大炸冲牌。为了避免连牌到最后冲牌时成为累赘，主攻应该在适当的时候把连牌发掉。尤其是当这些连牌较小，没有变化，但封顶的可能性较大时，主攻更应该早早发掉这些连牌。

如果主攻在前场发连牌，那时，由于大家的牌都未明，对方往往会漏炸或因其他原因不炸，主攻还能再次发牌，而且，到最后主攻用大炸冲牌时，还会少一手牌，很可能主攻就会因为少了这一手牌而够手，能把牌打赢。如果主攻没能早早发掉连牌，到了后面再发，那时，由于大家的牌已经打得相当明朗了，对手有炸弹必然会用，那样，主攻就可能会因为多这一手牌而不够手，不能把牌打赢。主攻一个炸弹只能保一手牌，因此，最后是否少这一手连牌往往就成了主攻冲牌能否成功的决定性因素，从战局结果的角度也可以说，这一手连牌是否早发决定了主攻能否赢牌。例如，由于主攻没有早早出掉三连对，最后的牌成了：QQQQQQ、J、77-66-55。当对手有一炸时，虽然主攻的三连对能封顶，但也成了累赘。主攻用QQQQQQ上手后，还要出两手牌。当然，主攻必会用三连对冲牌。主攻出三连对后，对方当然会炸掉主攻。主攻不能成功冲牌，会落败。同样的牌，如果主攻很早就出三连对，那时，牌局尚不明朗，三连对封顶后，对手往往可能不炸，主攻最后的牌就会成为：QQQQQQ、J。当对手的炸弹小于QQQQQQ时，由于主攻再只有一手单J要出，所以，主攻上QQQQQQ后，无论对手还有多少炸弹，主攻都能成功冲牌，会获胜。

连牌中，由于三连对或双飞的牌型较少，尤其是双飞，对手往往管不上，主攻早出双飞或三连对往往能够封顶，会再次上手或者逼炸。在前场对手手牌较多的时候，有时可以拆出来三连对管我，但双飞就没有任何办法了。所以，主攻为了不让对手管上，想多出一手牌，在可以选择时，就要先出三连对和双飞。

有时，虽然主攻发出的三连对或双飞被敌管上，但对手要付出相当大的代价，这种情况在实战中经常出现。比如，出三连对后，有时会逼得对手拆牌，例如，从KKK、QQQ、JJ中拆出KK-QQ-JJ，会留下两张单牌，对对手进攻不利。再如，对手可能有很大的连牌，那样的话，如果我方被管上，也会消耗对手很大的实力。例如，对手有AAA和KKK，虽然管上了双飞，但消耗力量很大，对我以后出三带对和三头非常有利。

（六）三头和对子不匹配时发三带对

当三个头和对子不匹配，相差不多时，无论是先发三带对还是先发三个头和对子中更多的牌型，自己余牌的手数都是一样的。但是要注意，一般情况下，这时发三带对对自己跑牌更有利。

三头多、对子少的牌应该发三带对。比如，AAA、QQQ、999、88、55、444，从跑牌的角度讲，发三头不如三带对有利。如果发三带对，余牌手数不但会减少，而且容易调整牌型，有利于先走。例如，先出444–55，如果再能顺一手牌，以能顺走QQQ–88为例，余牌就成了AAA、999。这样的牌一般就是两手牌，如果再能顺掉一个A，余牌就成了一手三带对：999–AA。如果对手发三头，自然对自己过牌有利；如果对手出对子，还可以把较大三头拆成对子和单牌分别顺过，那样也等于过了一手牌。即使出444–55后被对手管上顺不走牌，也消耗了对手的大三头，对自己下一步回手有利。

三头少、对子多的牌也应该发三带对。比如，KKK、JJ、99、88、66、444。从跑牌的角度讲，应该发三带对，而不应该发对子。因为一旦发对子，敌方必会高位拦截，并且极有可能封顶，使其他对子顺不过去。而且，由于你主动发了对子，一般情况下，对手不会主动出对子，你不可能顺牌。而发三带对444–66后，如果KKK–88能够顺过，最好；如果被对方封顶，也消耗了对方大的三头，后场时，很有可能KKK可以封顶。另外，因为自己主动出的是三带对，对手发牌时往往不敢发三头，很有可能发对子，打到自己的长项牌型上。而且，从不暴露短项的角度讲，发三带对也对自己有利。

另外，在中局后期或残局阶段，对手有可能对子变少，出三带对时对手如果要牌，可能会破坏对手的牌型结构，甚至有的对手只有一个三头，没有对子，只能望洋兴叹，干着急没有办法，所以，从这个角度讲，也应该发三带对。

二、主攻的要牌

主攻发牌需要上手，上手要付出封顶牌或炸弹的代价，因此，能顺牌时，最好顺牌。但是，由于大小和牌型的问题，有的牌不能顺过，而且敌人往往还会严防主攻，因此，主攻不可能把手中所有的牌全部顺完，而只能顺势过一部分牌。为了跑牌，主攻还常常要用大牌和炸弹上手，自己发牌。而且，手中的小牌和连牌可能谁也送不走，或者有的牌虽然对家能够送走，但很难判断。所以，主攻常常要管牌上手，然后发别人送不走或难送走的牌。

主攻除跑牌外，还必须同时担负起阻拦对方的责任，而且，只有成功地把对方拦住，不让对主攻先走完牌，主攻才有机会自己先走成功。为了阻止对方出牌，主攻也必须管牌。

在敌我双方打牌的每一回合中，当轮到主攻出牌时，如果主攻既有小牌可过，也有大牌能管，那么，是顺牌呢，还是管牌？通过理论分析和实战经验的总结，我认为，主攻在决策顺牌和管牌时应该注意这么几个问题。

一是，如果自己的小牌较多，那么，可以考虑顺小牌。自己的小牌较多，要走牌，必须走多手，因此，应该顺走小牌。

二是，如果自己某一手牌很难被对家送掉，而自己又必须过这一手牌才能够保证先走成功，那么，可以顺牌。有时，对手发出了一手非常小的牌，自己正好有小牌要过，而且，这手小牌以后可能再也没有机会被送走了，如果自己要跑牌，最终还是必须走这一手小牌，现在不过，将来就必须靠上手才能把它打出去，因此，当自己的大牌和炸弹数量不多时，就应该过这一手牌。例如，当盘打7，主攻的牌是888888、AAA-99、444-66、10，如果上家出333-××，主攻就应该顺444-66，而不应该用AAA-66管牌。主攻顺过444-66后，很可能还有机会上AAA-99，尔后，余牌为一大炸和一单，极易先走成功。如果先上AAA-66管牌，被对手制止后，虽然有一大炸，但还有两手小牌，而且余牌中的444-99很难被人送走，要先走成功，困难会很大。

三是，如果自己没有大牌，用手中较大的牌拦，也拦不住，那么，就不如过一手。这是在情况比较艰难时的选择，因为反正阻拦不了对方顺牌，那就不如过一手小牌，以降低跑牌的难度。

四是，如果大牌较多，而且实力较强，当下家是对手主攻时，可以管牌。因为自己的大牌较多，实力较强，所以，虽然这次没有走小牌，但后面还有机会。更重要的是，管牌可以起到有效的阻挡作用，不使对手主攻顺利过牌，如果自己这一次没有管对手，就可能让对手主攻顺过本可挡住的小牌。

五是，如果对手主攻出的牌型自己很少，又没有小牌可过，那么，就可以管牌，甚至可以为了管牌不惜把整牌拆成多手，多次管牌。比如，我方主攻的牌已经整齐，但对方主攻发了一个单牌，如果我方主攻手中有三个级牌，而这时已经无王了，那么，我方主攻就可以用级牌管牌，这样既能阻止对方主攻再出牌，也可以上手自己发牌。

六是，如果发现对方主攻的实力很强，必须采用偏硬的打法，那么，就不必顾及先走不先走的问题，而要勇于管牌，先把其主攻的计划打乱再说。之后，再图谋自己如何先走。

三、主攻的炸牌

炸弹的威力巨大，什么牌都能压，是牌力大小最重要的因素。主攻在一般情况下，都会有一些炸弹。用炸去炸其他人的牌，既是主攻重要的出牌内容，又是主攻重要的打牌技巧。

（一）用炸的态度

为了确保跑牌成功，主攻有时想把炸弹尤其是大炸用在最关键的时候。然而，主攻同时还担负着阻止对手主攻跑牌的任务，因此，又不能过于保守地留炸弹。那么，到底什么时候该用炸，什么时候可以适当留一留炸弹呢？

一般情况下，主攻决策用炸与留炸时，应该注意这么几点。

一是，如果主攻的炸弹较多，那么，可以在保留一炸的情况下，把其余的炸弹先用掉。这样既能及时控制对方，确保不让对方为所欲为，又能保存一炸的实力，确保在关键时候还有能力控制局势。

二是，如果主攻的炸较小，可以先用掉。因为小炸不浪费，用掉了可以阻止对方出牌。如果不用，有可能造成对家对我方的实力和牌形判断失误，甚至还有可能最后把小炸饿死。

三是，如果主攻的炸比对方出的炸刚好大一点，一般情况下，应该把对方的炸弹炸掉。因为对方出的这一炸往往是手中最小的炸弹，如果这时不炸，那么，这一炸被饿死的可能性会相当大。

四是，如果对家的力量太小，已经没有炸或者可能有一大炸没有舍得用，这时，主攻应该上炸。因为，如果对家没有炸弹，要阻止敌主攻，就只能靠自己。主攻如果舍不得用炸，就有可能让敌主攻的计划得逞。有的主攻总想等到最后关头再下炸制止敌主攻冲牌，因而一等再等。实战中，这样往往会把炸弹饿死，或者即使用上了炸弹，但因为敌主攻的炸弹大，起不到作用了。如果对家还有一大炸，那么，对家的一大炸可以在关键时候把对方管住，破坏对手主攻的计划，打败对方，这种情况下，主攻更应该先把自己的炸弹用掉。

五是，如果主攻手中只有一炸，而且必须靠这一炸才能跑牌，那么，可以考虑先把炸留一留。留有一个炸弹，当对家和对手把炸拼光后，主攻就可以凭借这个炸弹比较自由地发挥了。

六是，如果主攻手中的炸特别大，那么，也可以留一留。有一个特别大的炸弹，不但可以保证最后冲牌必能成功，还可以管住对手主攻的冲牌，所以，特别大的炸可以留一留，根据下一步的情况再决定是否用。

七是，如果主攻炸了以后出牌对对方尤其是对手主攻有利，或有利的可能性很大，那也可以考虑适当留一留。这个道理很简单，虽然用炸上手后自己可以出牌，但出牌对对方有利，又等于在帮助对方。耗费自己的炸弹去帮对方，那还不如不炸呢！

总之，主攻除了在适当的时候可以留一留炸弹外，手中的炸弹还是要舍得出。主攻应该懂得这个道理：只有把对方的牌阻拦住了，使对手主攻不能先把牌出完，自己的跑牌才最有价值。如果阻挡不住对手主攻，哪怕自己跑得只剩一手，只要对手主攻先把牌跑完了，这一盘还是己方失败。所以，一般地，主攻用炸不要过于保守，不要总是留着炸弹舍不得用，以免使炸弹失去应有的作用，甚至到后面想用却来不及了，把炸弹饿死。而且，主攻有炸不用，往往使对家难以准确判断自己的实力，对配合不利。我们说助攻用炸时基本上不用顾虑，主攻虽然用炸要考虑得多一些，但千万不可顾虑太多，一再持炸忍让。实战中可以发现，主攻的炸弹用出去后，其结果也是错误的次数少，正确的次数多。

（二）用炸的顺序

多数情况下，主攻的炸弹都不止一个，因此，主攻在用炸时常常要考虑一个顺序问题。

一般地，主攻应该先用小炸，后用大炸。按从小到大的顺序用炸，自己不会炸超，对手却有可能漏炸，这两个方面对自己都有好处。

一方面，先用小炸，不会因炸超而形成浪费，而且，留着大炸有利于后面在关键时候控制局面，尤其是冲牌时，大炸显然比小炸冲牌成功的可能性要大。如果先用大炸，很可能会炸超，造成浪费，到后面，小炸有可能控制不住局面，在冲牌时，小炸还有可能被对手的大炸遏制，导致冲牌失败。

另一方面，先用小炸，对手有可能觉得自己的炸弹很大而不回炸主攻，主攻能以小炸上手，这有可能使主攻多上一次手。如果主攻先用大炸，当对手有能力回炸时，往往不会放过主攻，使主攻上手的次数不会增多。主攻能否多上一次手，有时非常关键。很多时候，就是因为对手看到主攻的炸小而放过了主攻，使主攻多上了一次手，从而使主攻的牌够手了。比如，助攻没有实力，主攻有三个炸弹：555555、♣8-7-6-5-4、3333，要保两手牌。敌人有四个炸弹：♦A-K-Q-J-10、♠J-10-9-8-7、99999、AAAA。如果主攻先上四个3，对手很可能觉得他们的炸弹大，用了浪费，从而放过主攻，这样，主攻必可够手，能赢牌；而如果主攻先上同花顺8到4，那么，对手一般不会放过主攻的同花顺8到4和四个3，虽然主攻能用六个5上一次手，但还是不够手。

在一般情况下，主攻按从小到大的顺序用炸都是正确的，主攻一般也应该坚持按从小到大的顺序来用炸。但在特殊情况下，主攻为了在组牌时留有变化的余地和欺骗对方，可以不按从小到大的顺序用炸。

为了留有变化的余地主要有三种情况。

第一种情况是，主攻有大牌形成的同牌炸弹时，为了避免在形势不好的情况下没有回旋余地，用炸时，可以先保留着这类炸弹。大牌形成的炸弹容易变化调整，如果遇到不好的情况，大牌形成的小炸比小牌形成的大炸要有用得多，为了给自己留一条退路，主攻在选择用炸时，可以先用小牌形成的大炸，而留着大牌形成的小炸。例如，当盘打4，主攻有三个炸弹：♦Q-J-10-9-8、66666、4444。如果发现敌人实力强，有可能需要拆4形成的炸弹，那么，在用炸时，就应该先上五个6。这样，万一形势不好，主攻仅靠用炸不够手时，还可以拆开4形成的炸弹，使牌有所变化，能够调整。

第二种情况是，有的同牌炸弹拆开后，可以与附近的牌组成连牌，为了预备调配牌型，可以先不用这样的炸弹。比如，主攻的牌是：♠8–7–6–5–4、A、KKKK、QQ、J、101010、33333。需要用炸时，应该先出五个3，留着四个K。因为留着四个K，A、KKKK、QQ、J、101010这些牌，既可以组成KKKK、A、J、101010–QQ四手牌，也可以组成A–K–Q–J–10、KKK–1010、Q三手牌，有利于主攻根据牌情发展灵活应对。

第三种情况是，有百搭牌形成的小炸弹时，为了先留住百搭牌，可以不急于出掉这个小炸弹。百搭牌在组牌时最为机动，因此，在不影响或基本不影响牌力的情况下，百搭牌形成的炸弹可以适当后用。例如，当前打7，主攻由于有♥7，因此，初步配成了四个炸弹：333♥7、6666、AAAAA、♣K–Q–J–10–9。这种情况下，出第一个炸弹时，一般不要先出333♥7，而应先出四个6，留着♥7变化大。

为了欺骗对方主要有两种情况。

第一种情况是，主攻炸少大牌多，需要诱骗对手尽快下炸，可以先上大炸。有的牌局，主攻的炸少，但大牌较多，如果对方迟迟不下炸，一直留在手中，当主攻最后想用大牌或小炸上手冲牌时，就会因对方有炸弹或大炸而不能成功。为了防止主攻在后场被动，难以控制局势，主攻要用计骗对手迅速下炸。这时，主攻就应该先用大炸。主攻先上大炸，对方很可能会以为自己的炸小，被饿死的危险极大。之后，一旦主攻上大牌封顶，对方就会毫不犹豫地抓住这个能用上炸弹的机会，把自己的炸弹扔出去，以防止炸弹饿死。有时，主攻出大牌后，即使上家之对手有牌能够封顶，但下家之对手担心同盟不能封顶，同时害怕自己的炸弹饿死，也会用炸。比如，因为主攻前面出过五个头的炸，在主攻出三个K时，虽然上家之对手可能有三个A，但下家之敌不能肯定，为了防止自己四个头的炸弹被饿死，下家之对手往往就会直接上炸。甚至，有时，主攻有可能顺牌时，对方为了防止主攻顺牌后够手，也会用炸阻拦。比如，主攻发小三头，虽然对方有大的三头能拦，但有炸的敌人担心主攻有更大的三头，怕主攻过更大的三头后够手，饿死自己的小炸，这种情况下，对手也会用炸直接炸掉主攻的小三头。实战中，如果主攻此计成功，对方的炸弹便会纷纷落地，当对方剩余的炸弹很少或者已经把炸弹用完时，主攻凭借大牌和炸弹就能够轻松地控制局面了。

第二种情况是，主攻需要通过发牌来欺骗对方，为了确保上手，在用炸时，要先用大炸。比如，当前打3，主攻的牌是：♣A–K–Q–J–10、9999、33、77、666、222。当敌人有一个能压住主攻四个9的小炸时，主攻必须用计使对3封一次顶才能成功。这时，先上哪个炸就很重要了，它关系到主攻的计谋能否成功，并最终关系到主攻能否获胜。如果主攻先上四个9，被对手用小炸制止，主攻的同花顺A到10虽然能上手，但必须先过一手牌才能冲牌成功。但是，在这种情况下，敌人往往不会主动给主攻送三带对，送对子的可能性也很小，主攻多会因不够手而输牌。如果主攻先用同花顺A到10上手，之后发小三头222，往往能达到欺骗对手的目的。主攻的三个2自然会被对手用大的三头封顶，主攻当然不会用炸弹管，而会让对手发牌。因为主攻牌多，对手很难判断出主攻的牌型组成情况，多会发对子。对手发对子后，主攻用对3封顶，就能赢牌。

四、主攻的冲牌

冲牌就是冲出一手对手管不上的牌，上手后再发出最后一手牌，把牌打完。在力量不是绝对强大时，主攻往往需要最后用封顶牌或炸弹冲牌。如果冲牌成功，对手管不上或者没有管，主攻上手后就能把最后一手牌发出去，出完手牌；如果冲牌失败，被对手管上了，那么，主攻最后一手牌就暂时出不下去。主攻冲牌的成功与否常常直接决定了一盘牌的胜负成败，所以，主攻必须掌握好冲牌的技巧。

作为主攻，要有冲牌的勇气，敢于冲牌。冲牌是主攻跑完牌的主要方式之一，是非常常见的打牌方法，因此，主攻在必要的时候，不能过于保守，要勇于冲牌。而且，即使主攻冲牌失败，仍有两个好处，一是，冲牌往往能消耗对手的炸弹，破坏对手的计划；二是，主攻冲牌后余牌往往不多，这有利于把自己的牌打明，使对家送牌送得更加精确。所以，牌手尤其是主攻牌手不能一味忍耐，在适当的时候，就应该冲牌。

如果主攻害怕对方有炸而一直不敢冲牌，最后常常会以饿死炸弹或大牌的结果被对方打败。所以，主攻在最后面临危险的时候，宁可出掉炸弹或大牌被对方打败，也不能因为不敢上炸弹或大牌而眼睁睁地让对方把牌出完，最终把炸弹或大牌饿死在手中。出掉了炸弹或大牌，即使输牌，主攻也没有大的错误，不会后悔；如果因为不敢出炸弹或大牌而导致了失败，那就等于主攻因为胆小保守而放弃了赢牌的机会，主攻往往会因为自己有错而后悔不已，自责难过。

冲牌包括用无人管上的炸弹和封顶牌两种办法，当自己的炸弹不大或者无炸且有的牌暂时不能封顶时，牌手要运筹谋划。而且，为了增大冲牌成功的可能性，主攻并非只有到中局后期将要冲牌时才谋划如何冲牌，而应该很早就进行谋划，甚至在刚理好牌后、发首牌前就要进行谋划。

第一，自己的炸弹小时，要逼敌下大炸，然后再用小炸冲牌。在中局后期，大家的炸弹都不多，当敌还有一大炸或疑似一大炸，而我除了一手不太大的炸弹外还有一手封顶的大牌和一手不能封顶的牌时，为了防止对手过牌后用大炸先冲牌；或者防止对手管住我的小牌后我被迫用小炸先冲牌，但必会或很可能会被敌大炸压制，导致冲牌失败。这种情况下，我要先出封顶牌逼炸，尔后再用小炸冲牌，确保冲牌成功或者提高成功的可能性。例如，当盘不是打8，中局后期，主攻上手后，余牌是：大王、888-QQ、77777，对手应该有只有一个炸弹，但是大炸同花顺。这时，主攻如何发牌？显然，主攻应该发大王，引出对手的同花顺，尔后再用自己的小炸冲牌。否则，主攻发888-QQ后，如果被对手管上，在对手不送单牌的情况下，主攻必不能先走成功。

第二，自己的一些牌暂时不能封顶时，要诱对手把能管住我牌的大牌先出掉或先拆开，或出得没有这种牌型，使我的牌能封顶，尔后再冲牌。比如，主攻上手后，余牌是：KKKK、小王、级牌、7-6-5-4-3，对方没有炸弹，但有一个大王，还有大顺子。这时，主攻要发级牌，顶下来对手的大王，使小王成为封顶牌，尔后上炸，最后用小王冲牌。再如，当盘打A，主攻上手后，余牌是8888、KK-QQ-JJ、99、444-33。这时，主攻要发99。如果对手有最大的三连对AA-KK-QQ，很可能为了压99而拆掉一对。敌人拆掉了最大的三连对，主攻的KK-QQ-JJ就能封顶了，之后上炸，最后用KK-QQ-JJ冲牌。再如，当盘打J，我主攻上手后，余牌为：小王小王、AAA、99、888、666、33，全场无大王，对手主攻余牌还有五张，应该是KKK-JJ，对手助攻已无实力。这时，我主攻不能出三带对，要先出小对子。出小对子后，如果对手主攻顺对子，余牌三张，我主攻的三带对就能封顶了，因此，用对小王回手后出三带对，能冲牌成功；如果敌主攻不顺对子，我主攻要再出小三头，之后，按照出小对子的办法依次出牌，必能先走成功。

冲牌最直接地关系到主攻方的胜负，非常重要！为了提高冲牌的成功率，也为了防止对手方有炸，主攻在冲牌时必须注意一些重要问题。

（一）无炸时的冲牌要确保能够封顶

没有炸弹时，要成功跑牌，必须依靠封顶牌冲牌。既然是冲牌，就要以确保封顶、使对手管不上为原则。

冲牌时，首先要判断什么牌是封顶牌。那么，什么牌能封顶或者封顶的可能性大呢？一是大牌。封顶的大牌对手管不上，实战中，很多时候，主攻最后都是用封顶的大牌冲牌的。到了中后场，随着大牌的落地，较大的牌也会成为封顶牌，能够冲牌。二是连牌。由于连牌比较稀缺，到了中局之后，主攻往往可以用连牌冲牌，尤其是双飞，封顶的可能性很大。三是对方没有的牌型。有时，虽然主攻的牌不大，但由于在前面的战斗中对手已经把这种牌型消耗完了，这种牌也成了封顶牌。这种情况往往出现在双方相持时间很长，战斗进行得比较艰难、惨烈的牌局。

在最后冲牌时，如果有两手牌，一手牌必能封顶，一手牌封顶的可能性大，为了确保冲牌成功，要用必能封顶的牌冲牌。比如，当主攻最后的牌是大王、666-555时，还是用大王冲牌最保险。因为，虽然双飞封顶的可能性极大，但仍有被对手管上的可能，实战中，即使在后半场，也不乏双飞被对手管上的例子。

如果最后必须依靠冲牌才能成功，当牌型还有变化时，就要出确保封顶的牌型。举一个很明显的例子。中局后期，主攻的牌是：AA、KK、QQ、JJJ、77777。这时，对手已经没有炸弹了，但有三张级牌。这种情况下，当对手打三带对时主攻千万不要过JJJ-QQ。因为，顺走JJJ-QQ后，手中的牌是：AA、KK、77777。敌人压住JJJ-QQ后，只要不发对子，主攻除炸外还有两手牌：AA、KK，不能形成冲牌态势。这样的牌，主攻要用炸弹上手，之后，再用封顶三连对AA-KK-QQ冲牌。

冲牌时必须封顶的道理告诉我们，如果整的大牌不拆能够封顶，在最后可以成功冲牌，那么，就不要拆；如果不能确定整的大牌是否能封顶，或者虽然能确定整的大牌能封顶，但自己不够手，那么，就要趁早拆开顺牌，以图顺利地分次顺完这些大牌。最忌讳的就是拆了一半，既没能把牌顺完，使需要发牌的次数减少；拆剩下的余牌又失去了封顶的功能，没有办法冲牌。所以，当一些整的大牌本身能封顶而拆开后余牌不能封顶时，在是否拆这些牌的决策上，要坚持一个原则：要么为了减少一手牌早拆开顺牌，使拆开的牌能全部顺完；要么就不要拆，以免破坏牌的封顶能力，最后不能用它冲牌。当然，如果自己的实力较强，不需要靠大牌压牌封顶，只要顺走大牌就能成功时，那么，还是以趁早拆牌顺完为妙。比如，主攻的手中有两个级牌，拆不拆？在自己实力较强，根本不需要靠对级牌压牌封顶时，为了少发一手牌，应该在一开始有机会顺牌时就拆开为好。如果没有拆，大小王都已经现身时，就在最后等待冲牌时用对级牌冲牌。如果在一开始决定不拆，后来发现自己手数不够，必须顺走对级牌时，也可以找机会分两次顺走。或者发现王成对了，冲牌会面临失败，也可以找机会顺走两个级牌。最害怕的就是一开始不拆对级牌，到后面又决定拆对级牌，但拆开后，或者因对手已经发起进攻，使你再没有机会顺走剩下的单张级牌；或者你拆对级牌时被对手察觉，他们用级牌堵住了你剩下的单张级牌，使你剩下的单张级牌不能顺走，而对手还有王，你剩下的单张级牌不能封顶，这样，你就把本来能封顶的对子级牌打成了不能封顶的单张级牌，等于使自己多了一手小牌，很多时候，输牌就输在这上面。

（二）在对手牌不多，主攻手中仅余两炸时，要用大炸冲牌

掼蛋游戏有同花顺炸和逢人配，因此，实战中常常会出现两个同样大小的炸弹。有的牌局经过激烈的争斗后，可能双方都到了冲牌阶段，这时，就看谁的炸弹更大了。为了避免把自

己的炸弹堵在手上，在对手牌不多时，如果主攻手中仅余两炸，为防止对手的炸弹和我的大炸大小相同，我要用大炸冲牌。例如，当盘打5，我方主攻牌力很强，大牌很多，助攻又非常配合，因此，中局后期，主攻把牌出得就剩下了两个炸弹：♦A-K-Q-J-10、8888。但主攻为了为了配合助攻，并没有急于先把牌出完。某轮出三带对，对手主攻用大的三带对封顶，余牌是♠A-♠K-♥5-♠J-♠10、77。这种情况下，我方主攻应该先上哪个炸弹呢？必须先上♦A-K-Q-J-10。否则，为节省牌力，先上8888后，被对手用和我大炸同样大小的同花顺♠A-♠K-♥5-♠J-♠10压制，我将无法回炸，会余下大炸同花顺而输牌，那是非常可惜、非常窝囊的！

（三）大牌不一次冲完

如果不能判断清楚对方是否有炸弹，或者对方肯定还有炸弹，甚至炸弹数量很多，那么，主攻在冲牌时就要注意不要一次把拆开也能封顶的整牌出完，而要分成多次冲牌。比如，王下完后，主攻有三个级牌和一个小单牌，这时，需要用级牌冲牌。但是，是出三头级牌吗？不是！这要用到多次冲牌的技巧：先出单张级牌，看对手有无炸弹；再出单张级牌，进一步看对方有无炸弹；第三次出单张级牌，冲牌。第一次出单张级牌时，余牌还有三张，如果某位对手有炸，当他判断主攻的余牌是三头时，就会下炸。对手下炸后，主攻还有两个级牌，因此还有机会上手。如果有炸的对手高明一些，在主攻出了第一个级牌后不炸，主攻再出第二个级牌，这时，一般的对手都会下炸。对手下炸后，主攻因为还有一个级牌，仍有机会上手。而如果主攻在冲牌时一次就出了三个级牌，只要敌人有一炸，主攻就必输无疑了。

有时，主攻还要把多次冲牌与发牌骗敌的技巧结合起来，以达到先引敌下炸后给自己送封顶牌的目的。例如，当盘打Q，主攻上手后，余牌是：QQ、AAA、J，王已经出完，QQ和AAA都是封顶牌。如果对方还有一炸，用AAA-QQ冲牌被炸后，主攻就没有任何回旋余地了。所以，这时只能先出QQ和AAA中的一手牌。那么，应该先出哪一手牌呢？如果先出QQ，余牌是四张，对手一般不会用炸，不能达到骗敌的目的，主攻会失败。为了把对方的炸弹骗下来并给自己送牌，主攻应该先发AAA。发AAA后，手中只剩下了三张牌。这时，如果对方有炸，往往会因为判断主攻的余牌是三个头而下炸，尔后，无论对方打单牌还是对子，主攻都可以封顶上手，成功冲牌。

当对方的炸弹较多并有较大的炸弹时，主攻还要特别注意把多次冲牌、先用大炸和发牌骗敌的技巧结合起来，使对方上炸后再次送自己上封顶牌。例如，当盘打8，中局时助攻的实力已经基本用完，对方一直出三带对和顺子，主攻手中的牌是：88、AAAAA、J、3333，当时，四个王已经出完，8就是封顶牌了。因为对方还有两炸，主攻仅靠牌面自然形成的牌型打牌，最后不能成功冲牌，所以，主攻要先用大炸AAAAA上手，尔后打单8，给对方造成主攻在用单8冲牌的错觉。这时，一般情况下，对方都会下炸制止。而且，对方往往会认为主攻手中再无8了，在发牌时多会发单张，那样的话，主攻就能用专门留下的单8封顶，对手只剩一炸，主攻必胜。

大牌不一次冲完的打法很高妙，但是主攻必须明白：之所以要用到多次冲牌的技巧，是因为敌方的炸弹多，主攻不够手，如果把大牌一次打完，敌人一旦用炸，主攻就会输牌。在敌人炸弹较多的情况下，主攻最后要取胜，必须把一手大牌分成两手甚至多手，先用部分大牌引出对方的炸弹，对手上手后发牌，主攻再用部分大牌封顶。也就是说，主攻要使封顶的整牌封顶的次数由一次变成两次甚至多次。多次冲牌的目的是为了弥补炸弹的不足，实质上等于使部分大牌发挥出了炸弹的作用。懂得了这个道理，主攻就要注意：如果自己的炸弹大，已经够手，就不必分多次冲牌，以免被对手的小炸控制，那样的话，多次冲牌就是画蛇添足，不但多此一举，还会犯错。例如，当盘打6，已经无王，主攻的牌是：66、♠A–K–Q–J–10、999、44。如果基本上能够判断出♠A–K–Q–J–10是最大的炸弹，必能上手，主攻就应该用对6直接引炸，而不要再拆开对6分成两次冲牌了。因为，如果对手有两炸，且牌较整的话，主攻打出单6后敌人上炸，之后，对手不打单牌，当情况危机时，主攻就要用♠A–K–Q–J–10炸敌人，虽然炸后能上手，但是主攻手中还有6和999–44两手牌，在对手还有一炸的情况下，主攻的这两手牌不能一次出完，反而会吃败仗。

（四）冲牌前要想好留下最后一手什么牌，要留有退路

有的牌局，在最后冲牌时，主攻往往不能肯定对方无炸，这种情况下，主攻就要考虑在冲牌时留有退路。如果没有留退路，一旦冲牌失败，那就只有死路一条了；而如果留有退

路，万一冲牌失败，那还有路可走。说冲牌时留有退路，主要是指冲牌时留下的牌还有上手的可能，少数情况下是指留下的牌较大，虽然不能上手，但有可能顺完。如果冲牌时留下的牌没有上手和顺走的可能，万一冲牌失败，主攻只有认输；而如果留下的牌还能上手或顺走，即使冲牌失败了，主攻还有机会赢牌。所以，如果主攻在冲牌时能留下还有上手或顺走可能的牌，就应该考虑留这些牌。

比如，主攻的牌是：小王小王、A、K、Q、J、10。在最后需要冲牌时，既可用A-K-Q-J-10冲牌，也可以用对小王冲牌。但是，如果用对小王冲牌被对手炸阻止，由于留下的A-K-Q-J-10变化很小，在敌人不送顺子的情况下，主攻很难先走成功。如果用A-K-Q-J-10冲牌被对手炸阻止，由于留下的一对小王既能应付单牌，也能应付对子，先走的可能性还是很大的。

第十二章 助攻打牌技巧

掼蛋游戏的胜负和成绩取决于各家的名次，名次越靠前，成绩越好。作为助攻，既要尽量帮助对家获取最好的名次，也要争取自己获取较好的名次。这就决定了助攻要以配合对家走牌为主，同时兼顾自己进攻，并且在阻击敌人时更加舍得用掉自己的实力。

掼蛋讲究配合，但人往往喜欢当主攻，因此，甘于做助攻、善于做助攻才更能体现牌手的境界和技巧。助攻的技巧与主攻大不相同，差异很大。要想成为掼蛋的高手，必须高度重视和充分掌握助攻的技巧。

第一节 密切配合对家

掼蛋游戏的每一方牌手都要集中力量使己方有一人先出完牌，主攻的第一要务是自己先出完牌，助攻的第一要务是力促对家先出完牌。助攻要明白这个道理：对家先出完牌就是自己胜利。助攻的地位决定了在打牌时要密切配合对家出牌。

助攻密切地配合对家，就等于完美地把牌力叠加给了对家，这会极大地增加对家获得头游即己方胜利的机会。

一、早早向对家示意

当牌手的牌力弱、牌形差，先跑完牌的希望很小时，宜当助攻。为了不形成两人都在等对家当主攻的被动局面，助攻要早早地发出信号，向对家示意，请对家主攻。

助攻发出的信号越早，对家明白得就越早，这有利于对家早做打算。比如，对家发现你要当助攻的意图后，他为了主攻成功，在前场有顺牌机会时就会抓住机会顺牌。

实战中，己方第一次上手后的首发牌往往会传递出重要的信号。如果牌手不想当主攻，首发牌就要向对家示意。大家都知道，主攻为了快速跑牌，发首牌时，有时会发小单牌、小顺子或小三带对，这样发牌容易让人判断出牌手是想当主攻。而作为助攻，在发首牌时，就最好不要发小单牌、小顺子或小三带对，以免让对家误以为你是想当主攻。实战中，助攻首发牌多会发对子或三头，这样发牌使敌方有效顺牌的可能性降低了很多，因此，对家往往能明白首发牌出这些牌是想当助攻。有时，发大的单张也意味着不想跑牌，想当助攻。

二、善于给对家送牌

主攻在进攻时，常常希望助攻能给自己送牌。高明的助攻非常善于送牌，主攻需要什么他就送什么，送得主攻非常舒服。但在实战中，经常会出现这样的情况：助攻费力上手后，发牌送对家，甚至不惜拆乱自己的牌型送对家，但对家接不上，甚至有时反而让对方顺了牌或封了顶。所以，助攻要善于判断主攻的牌型组成情况和余牌大小，看对家需要顺走尤其是急需顺走什么牌，以提高送牌的精准度。

为了更好地给对家送牌，助攻需要注意这么几个技巧。

（一）送对家顺牌或封顶把握更大的牌

有时，助攻上手了，但主攻的牌尚未打明，这种情况下，助攻该如何发牌呢？这时，助攻要本着有利于对家不利于对手的原则，发对家顺牌或封顶可能性更大的牌、发对手顺走或封顶可能性更小的牌，千万不能随便发牌，否则，一旦让对手主攻顺过或封顶一两手牌，就极有可能导致己方失败。比如这么一种情况：北家是对方主攻，他不要对子，南北家手中没有王。西家明显有先走的想法，其单牌除过王以外，已经出完。当东家上手后，该如何发牌呢？很简单，先发北家不要的对子。但是，如果发出对子后，由于对子偏大，西家接不住，这时，又该如何发牌呢？一般地，错误非常容易发生在这种情况下：东家一看对家不要对子，就以为对家要三个头或顺子等牌型，便开始打三个头或顺子等牌型。这种情况下，最保险的办法是发大单牌甚至级牌。发大单牌后，西家用王上手，尔后，再出对子或其他自己需要出的牌，很可能西家只需要这一次上手机会就能成功。如果东家不发大单牌，而是盲目地发三个头或顺子等牌型，让北家过一两手牌，就可能会犯下致命错误。

（二）送牌时要不惜破坏自己的牌型结构

助攻送牌时，如果能不破坏自己的牌型结构最好，那样既能送主攻，自己的牌型又得到了保护，还能走牌。但是，有的情况下，不破坏牌型结构可能送不好主攻。这就要求助攻送牌要彻底，要敢于并不惜破坏自己的牌型结构送主攻。这样送牌，虽然自己牺牲了牌型结构，但很可能使主攻过了关键的一手牌而跑牌成功。比如，对家要过一个三带对，助攻的整牌只有88、77、66、333，这样的牌要跑牌的话，应该出88-77-66和333，但为了送对家，就要舍得拆开三连对，用333带一对送牌。甚至有时，当对家的牌非常明确且是大牌，而下家无力阻拦时，可以破炸送对家。

（三）送牌时要灵活

主攻出牌的情况往往能显示出他的牌形和大小，但是，主攻在前面出牌时要考虑种种因素，因此，单纯依据主攻前面的出牌情况判断他手中的余牌并不会绝对准确，所以，助攻送牌时要善于根据情况灵活处理，送主攻最希望送的牌，使主攻的牌走得越快越好。

有时，主攻早早就发出了长项牌型的信号，但到后场，有可能主攻的长项牌型已经出完了，或者需要变化。例如，前面主动出三带对，余牌有八张时，可能已经不吃三带对了，有可能要顺对子或三头。再如，前面出三头或对子，后面再有九张牌，那很可能还有一手三带对。

甚至有时，随着主攻长项牌型的不断落地，另外的牌型会变成最多的。例如，主攻开始进攻时发的是对子，一般地，主攻的对子肯定多，三个头肯定少，但如果主攻一直在出对子，最后有可能把对子打得只剩下了一两个甚至出完了，三个头反而多了。

（四）需要多次送牌时，先不要送最小牌

助攻给对家送牌时，下家往往会守门甚至封门，如果先送最小的牌，下家抬高或封门后，对家顺不走较小的牌，到后面下家无力阻拦时，助攻有可能会无小牌可送。在实战中有的助攻一心一意给对家送牌，从最小的送起，结果遭到了下家的强力阻拦，虽然等到最后明明自己能上手，但已经没有小牌送了。所以，给对家送牌时，为了防止下家抬高或封顶导致前几次送牌时对家顺不走，可先送较大的牌，后送小牌。留下小牌，先送较大的牌，即使下家阻拦几次，后面还有机会给主攻送小牌。这一技巧在下家阻拦能力较强，需要多次才能把对家送走的情况下特别重要。

（五）要慎送连牌

如果判断不准对家的牌型，不要轻易送连牌。送连牌有两个弊端，一是，有可能对家接不上，而自己由于组连牌把牌拆得比较乱，牌型难以调配，大幅降低了送牌和管牌能力。二是，连牌被对手管上后，容易封顶，很可能会让对方上手或逼

我方下炸。

（六）送牌时要注意适当守门

如果下家是对手主攻，在送对家时，要防止下家顺走小牌，这种情况下的送牌，就要适当兼顾守门。

（七）为了提高送牌能力，注意留牌门类齐全，并留一定的小牌

助攻的送牌特别关键，尤其是到主攻冲锋阶段和冲牌前后。实战中，有的助攻上手后，想给主攻送牌，但由于送牌能力太弱，无牌可送。为了避免发生这种问题，助攻要提高送牌能力。送牌能力主要体现在两点，一是门类齐全，二是有小牌。

第一，助攻留牌时要注意使自己的牌型种类齐全。打到后场时，主攻有可能非常需要助攻送走一些牌，这时，助攻的牌型种类是否齐全非常重要。如果没有主攻需要的牌型，哪怕助攻的实力很强，上手的机会很多，也送不走主攻。因此，助攻要注意尽量使自己的牌型种类齐全。

第二，助攻要注意留小牌。实战中，主攻跑牌时，往往不可能到最后剩的牌都是大牌，尤其是非单牌。比如，对手主攻不要对子，我方主攻为了使自己余牌手数快速减少，虽然手中有中小顺子或三头，但没有先出，打到最后，主攻剩下的中小顺子或三头就可能非常希望助攻送走。为了能够送走主攻，助攻就要注意在前场不要把自己的小牌出完了。如果主攻就剩了

一手不大的牌，而助攻又送不走，那主攻可能就走不成了。

为了使留下的牌门类齐全并有小牌，助攻在出牌时就要注意，不要随意跟牌发牌，并要刻意留一点小牌。

三、不破坏对家进攻

主攻在进攻时，经常希望顺走一些牌，而敌方对主攻肯定会严加防范，用抬高、守门、封顶、上炸等一些手段阻拦主攻走牌。对于对方的拦截，己方没有办法，但在实战中，有的助攻在对家出牌后，也会抬高或接牌。很多助攻不明白，这样做是在替对方干事，甚至干了对手想干但没有能力干的事——挡住了对家顺牌或接了对家的封顶牌，结果破坏了对家进攻，给主攻造成了很大麻烦，有时甚至就此一着导致了最终输牌。

为避免破坏主攻进攻，助攻在打牌时要注意以下几点。

（一）主攻前场发出的牌，注意一般不要拦截，以免挡住对家顺牌

主攻在发牌时多会发自己的优势牌型，他在前半场尤其是开局阶段，发出的牌大多数都能回手，助攻不要过于担心对家发出的牌收不回去，所以，一般情况下，主攻发出的牌，助攻不要抬高。

当然，如果对方管了牌，尤其是用相当大的牌管了后，助攻还是要替对家担责任的，不能任何情况下都放任不管。例如，对家主攻，发出了小对子，如果上家出的对子小，自己可放过，不要抬高；如果上家用很大的对子压制，自己可以上大

对子管牌或封顶，尔后再传小对子送对家。

（二）一般情况下，不要接主攻的牌，以免夺走对家上手的机会，破坏对家的进攻形势

主攻进攻时，发出的牌如果上家没有管，一般情况下，助攻不要接牌。接对家的牌容易管住对家，让自己上手，但助攻上手既不能先出完牌，又会夺走主攻上手的机会，很有可能使主攻不够手，不能成功冲牌。例如，南家助攻，北家主攻，北家除有一个特大炸外，还有三手牌：一个单张、一个小三带对、一个小顺子。北家判断出对方不要顺子的可能性大，就发了小顺子，西家不要。南家手中的顺子多，看到上家不要，自己就顺了一手。南家是这样想的，如果对家能要上，那自己就再不管了，对家可以上手出牌；如果对家要不上，那自己就再发小顺子送对家。结果对家再没有顺子了，既要不上这一手牌，南家再送小顺子后也要不上。之后，北家再无顺牌机会，最后没有冲牌成功。如果当时北家出小顺子后南家不要，北家上手再发一手牌，就必然能获取头游。所以，助攻一般不要接主攻的牌。

需要注意的是，一般情况下不接主攻的牌，并不是永远不接主攻的牌。在下面两种情况下，助攻可以接主攻的牌。一是，对家力量非常强大时，形成了大炸冲牌或者后面全是炸弹或大牌，确保能走的情况下，助攻可以接对家的牌，出一出牌，为自己后面走牌减轻负担。二是，在打牌过程中，助攻本来是配合对家走牌的，但走着走着，发现自己顺走一手牌后能形成冲牌态势，这时，助攻可以顺牌，转为主攻。

（三）掌握好故意漏打的技巧，把封顶和顺牌机会留给对家

为了增加对家上手发牌和顺牌的机会，有时，助攻要故意漏打。故意漏打有三个技巧。

一是，如果自己和对家都有封顶的牌，当上家出大牌后，自己不要封顶，让对家封顶。因为，第一，自己封顶后对家的大牌未出，仍多一手牌。第二，对家封顶后有可能敌不炸，这样对家能上手发牌。第三，即使自己封顶后敌不炸，但还要再给主攻送牌，送牌就有可能送得不科学，还有可能让下家顺牌。因此，关键时候，要故意漏打，把封顶的机会让给对家。

二是，有时，主攻需要顺不是很大的牌。如果上家出牌后，自己跟着出牌，下家就有可能会抬高，这就可能会挡住对家要顺走的一手牌。所以，有时，为了给对家创造顺牌的机会，自己可以故意不要牌。

三是，漏打下家让其上手，给对家制造更多的顺牌机会。下家出牌，对家顺牌的可能性大，所以，当下家发牌对我方威胁不大时，尤其是在前场，可以故意漏打下家的牌，让其上手发牌，给对家创造顺牌尤其是顺小牌的机会。例如，对家主攻，明显需要顺单牌，当前全场仅余大小王各一个，自己有大王。当轮发单牌，下家上小王，对家和上家都没有管，这时，自己也不管，让下家上手发牌。这种情况下，下家很可能会以为大王在其对家手中，多会发单牌，这

有利于对家顺走单牌。

第二节　强力阻击对方

助攻以协助主攻为要，不以自己先跑完牌为第一要务，因此，在阻击对方时，要比主攻阻击得更加强而有力。

一、勇于全力阻击

阻击对方的直接目的主要是不让对方顺牌、封顶、上手，作为助攻，在阻击对方时，就要尽力守门、努力管牌、强力用炸。

（一）守门

助攻要守好门，尤其下家是敌主攻时。敌主攻在跑牌过程中，肯定想多顺走一些牌，我方主攻由于要跑牌，因此，常常会在守门和顺牌之间抉择，助攻阻击敌主攻的任务优先于自己跑牌，因此，要守好门。

守门时，尤其要守好单牌。实战中，对手主攻经常需要过单牌，守单牌的效果一般都很好。而且，对手主攻的单牌比其他牌型相对容易判断，可以守得比较准。所以，助攻守门，首先要把单牌守好。当然，很多情况下，为了防止对方过整牌或顺子，也须抬高这些牌型。

为了守好门，助攻有时需要拆牌。例如，为了不让下家的单牌顺走，把自己的A、K等大对子拆成两个单张守门。

（二）管牌

助攻在管牌时，要尽量用大牌，尤其是用封顶牌管。对于顺子等连牌，能封顶时要封顶，以免被敌封顶。例如有A–K–Q–J–10时，就不要用K–Q–J–10–9，因为用后者，万一敌上A–K–Q–J–10，我方就吃亏大了。

助攻在管牌时，要舍得破坏自己的牌型结构，不惜一切代价管对手主攻的牌。比如，在中局，敌主攻发出顺子后，我方如果要管牌，会把自己的牌拆得很乱，如果是主攻，有可能为了不增加手数和过度减小牌力而放弃管牌，但如果是助攻，哪怕拆得很乱，也要把敌牌管上。

为了提高管牌能力，助攻在出牌时要注意留下变化大、可调配成更多牌型的相关牌，并注意留下一些大牌。例如，留下有两个对子和一个三头的三连牌，变化很大，既可组成单张和三连对，也可组成对子和三带对，如果在后场管住敌人的三连对，常常可以起到一个炸的作用。再如，不要过早顺大单牌，以免破坏大顺子。尤其是，助攻要注意不要轻易浪费大牌和过早地拆连牌。例如，不要用大小王或级牌超打。再如，手中有AA、KKK、QQQ、JJ、1010时，如果要出单牌守门，一般先不要出K，而要先出A。先出A，牌型有单张、对子、三头、三带对、顺子、三连对、双飞等七种牌型；先出K后，就管不上对方的双飞了。

（三）用炸

主攻有时为了跑牌，手中的大炸尤其是特大炸和王炸，往往想留到最后冲牌时再用，助攻不以跑牌为第一要务，因此，在用炸时，要更加舍得。

为了提高炸的威力，助攻在组牌时，要多组炸、组大炸。主攻为了减少手数，有时需要牺牲炸弹的数量或质量，助攻为了增强打击对方的效果，可以牺牲手数，哪怕增加一些手数，都要把炸组多些、组大些。例如，A、K、Q、JJJJ、10，如果主攻有这些牌，为了减少手数，往往会把牌组成两手：A–K–Q–J–10、JJJ；如果助攻有这些牌，为了增加炸弹数量，就要把牌组成五手：JJJJ、A、K、Q、10。

二、选择打击重点

从两个对手中选择一个重点敌人打击，首先要选择打击敌方主攻。

如果没有分出敌方的主攻助攻，要着重打上家，放下家。上家出牌对家顺走的可能性小，因此，从对方两个人中选择重点打一个时，应该更侧重于打上家，不打下家，以方便对家顺牌。打上家有时还能为对家减轻负担，因为对家有时可能会为了压制对方而出炸，助攻先打了上家，对家就不用打了。

如果敌主攻在我助攻上家，那么，无论从哪个角度讲，助攻都应该严防。如果对手主攻在我助攻下家，那就要根据攻防两个方面衡量了。从进攻的角度讲，既要看我方主攻是否需要顺牌，下家发牌能使我方主攻顺牌的可能性有多大，又要看对手主攻上手是否危险。当对手主攻上手很危险时要严防，不危险而我方主攻需要顺牌、顺牌可能性大时，可适当放松。

三、佯攻耗敌实力

在实战中，炸弹的控制能力最强，大牌的控制能力次之，消耗对方的炸弹和大牌能为主攻进攻减少阻力，铺平道路，创造良好条件，使我方主攻更好地掌握战场的主动权，所以，助攻要想办法先多多地消耗对方尤其是对手主攻的炸弹和大牌。当敌主攻或敌两家的炸弹和大牌，尤其是炸弹变得很少或者用完时，我方主攻就可以凭借手中的炸弹和大牌很好地控制住局面了，这对取得头游非常有利。

由于牌手都知道重点防对手主攻的道理，因此，作为助攻，要想吸引对方的火力，就要佯攻骗敌：假装要跑牌，把对方的注意力吸引到自己身上，故意惹火烧身，引对手出大牌、下炸弹。等把对方的炸弹和大牌消耗得差不多时，再向对家表示自己不想跑牌，这就为对家先走扫清了障碍、创造了条件。

佯攻的办法很多，经常用的办法就是多出牌，使自己的余牌较少。对方一般会通过出牌情况尤其是出牌的数量判断我方谁是主攻，谁是助攻，因此，多出牌会吸引对方火力。而且，当自己的余牌很少时，对方会顾忌很多，常常会打乱其计划，使敌不敢过小牌，甚至会逼得对方开炸，这会大量消耗敌方实力。实战中经常出现这样的情况，某家只余一手牌或疑似一手牌时，对方根本不敢轻易给他顺牌的机会，为此消耗了很多实力。

第三节　兼顾自己进攻

掼蛋游戏虽然头游决定胜负，主攻的名次最为重要，但助攻的名次决定了胜负的大小，也很重要，因此，助攻在密切配合对家和大力阻击敌人的同时，还要兼顾自己跑牌。

一、不白白浪费实力

助攻在配合对家和打击敌人时，不要白白地浪费实力，以免到后面自己进攻时实力太差，难度过大。例如，当AA和KK都能封顶时，就可以用KK，不要浪费AA，留下AA，后面自己进攻时，AA比KK更容易顺走、封顶。

二、送牌时兼顾跑牌

助攻在送牌时要以送走主攻为主，尤其是一心一意送主攻时，甚至要不惜破坏自己的牌型结构，但是，如果自己的牌形也不错，在基本不影响主攻跑牌的情况下也可以适当兼顾自己跑牌。因为，第一，主攻成功先出完牌后，助攻还要出牌，如果助攻在送牌时兼顾到了自己跑牌，后面自己单独进攻时，会容易一些。第二，有时，主攻进攻会受挫，无望先走，那时，就需要助攻转化为主攻，如果助攻在送牌时兼顾到了自己跑牌，那么，就对转化为主攻后跑牌十分有利。比如，助攻上手后，自己的牌还有：一个大炸、三个三带对、一个大单牌。在主攻牌形不清的情况下，主攻可以发一个三带对。这样出牌，即使对家没有顺成牌，但如果自己再能过一个三带对，再找机会顺掉一张大单牌，就形成了用大炸冲牌的态势，自己可以跑牌成功。

当然，送牌时如果能够兼顾自己跑牌，即边送边跑，那最好；如果不能兼顾，一般情况下，为了配合主攻跑牌，助攻还是要以全心全意送主攻为上策。

三、为进攻留有余地

在配合对家和打击对方时，助攻要为自己跑牌留有余地，因为助攻在对家成功跑完牌后，毕竟自己还是要出牌的。如果前面为配合主攻和阻击对手完全不顾自己进攻，有可能后面自己本有机会取得较好名次，但由于当时没有为进攻留有余地而没能取得较好名次。所以，助攻在不影响主攻进攻和阻击对手的情况下，要为自己进攻留有余地。例如，自己手中有8、7、6、55、4、33。下家已经出了多轮对子，发33和55基本上不影响防守下家，这种情况下，如果自己上手，并且应该发对子，那就要发33，留下55。如果发55，余牌为8、7、6、4、33，这样的牌很难跑完；如果发33，余牌为8、7、6、55、4，可以组成8-7-6-5-4和5，后面自己进攻时，较容易成功。

后 记

掼蛋是一种趣味性和技巧性都很强的扑克牌游戏，玩这种游戏既能消遣娱乐，又能益智长能，还能交友联谊。近几年，我很喜欢玩掼蛋，写成并出版一本玩掼蛋的著作，是我的一个心愿。

通过阅读这本书，大家可能会在一定程度上提高玩掼蛋游戏的水平，但是，玩掼蛋游戏看似打法简单，实则技巧复杂，要想成为高水平的玩家，尤其是高手中的高手，并不容易。

我认为，想快速提高玩掼蛋游戏的水平，要努力做到以下几点。第一，要多学习。掼蛋的组牌变化极大，打法非常灵活，因此，牌手要对前人总结的打法和高手打牌的技巧多学习，这样才能对掼蛋有一个全面的认识，系统学会诸多技巧。第二，要多思考。掼蛋的牌情发展快，有的情况非常微妙，因此，牌手要多思考各种牌情的内在原因和各种打法的利弊得失，这样才能悟透掼蛋牌理，掌握深刻技巧。第三，要多练习。掼蛋的对抗激烈，决策时需要考虑的因素多，因此，牌手要利用平时玩牌的机会和各种比赛多练习，这样才能提高实战中应对各种情况的反应速度，运用好各种技巧。第四，要多总结。掼蛋的很多牌情都会重复甚至反复出现，很多打法的道理相通，因此，牌手要学会复盘，并经常复盘，及时并善于总结经验和教训，这样才能深切明白各种打法的优劣，悟透掼蛋的奥秘，不断提升掼蛋技巧。

掼蛋游戏的玩家两人一组，相互对抗，虽然两个人的自然座次没有主次之分，但是与敌方对抗时却有主助攻之别，这就要求对家二人要密切配合，助攻要勇于牺牲。在实战中，有的玩家喜欢埋怨对家，甚至两个人互相埋怨。牌友要注意避免这种现象，不要埋怨对家，更不要与对家争吵，不要在本来是享受快乐的活动中制造不快乐。

掼蛋是非常刺激好玩的大众休闲娱乐游戏，给人们带来了很多乐趣，但是，我们要注意切忌出现两种问题：一是沉湎于玩掼蛋，二是借玩掼蛋进行赌博。有些人玩瘾过大，不但经常打，而且每次打的时间很长，那样必然会影响身体、学习、工作、生活。赌博容易使人上瘾，更加难以控制好时间，借掼蛋游戏进行赌博不但伤身费神，耽误正事，会给人们带来更大的危害，而且也与游戏的初衷相悖。对待掼蛋游戏，我们要用它来娱乐而不赌博，在休闲的时候高高兴兴、轻轻松松地玩。我们应该有这样的心态：谁在玩掼蛋游戏中获得了快乐，谁就是最大的赢家。

愿您在掼蛋游戏中获得更多的快乐！

作 者

2018年11月